CON
BOOK.

GABRIELA URBAN

WENN ICH GROSS BIN, WERD' ICH AUCH EIN MACHU PICCHU

EIN MUT MACHENDER RATGEBER FÜRS REISEN MIT KINDERN

Gabriela Urban auf Social Media:
Facebook: facebook.com/mami.bloggt
Instagram: instagram.com/mami.bloggt
YouTube: Gabriela Urban
Fotos zum Buch unter:
mami-bloggt.de/fotos-wenn-ich-gross-bin-werd-ich-auch-ein-machu-picchu

1. Auflage

www.conbook-verlag.de
Illustrationen im Innenteil: Konstantins Petkuns, Lettland
Einbandgestaltung: FAVORITBUERO, München
Satz: Röser MEDIA, Karlsruhe
Druck und Verarbeitung: Florjančič tisk d.o.o., Slowenien

ISBN 978-3-95889-187-6

Für alle Eltern und werdenden Eltern, die gemeinsam mit ihren kleinen Weltenbummlern das große Abenteuer wagen möchten.

Und natürlich auch für Dante, den allerbesten Reisebegleiter, den ich mir je wünschen könnte.

INHALT

VORWORT 9
In kleinen Schritten um die Welt

1. KAPITEL: INDONESIEN 15
Wir machen das jetzt einfach
REDEN WIR ÜBER den ersten großen Schritt

2. KAPITEL: MALAYSIA. 26
Roadtrip mit einer wildfremden Internet-bekanntschaft
REDEN WIR ÜBERS Alleinreisen mit Kind

INTERVIEW: USA 38
Allein mit drei Kindern und Wohnmobil die Westküste entlang

3. KAPITEL: SPANIEN 46
Mittagsschläfchen im Museum
REDEN WIR ÜBER Städtereisen

4. KAPITEL: KAMBODSCHA 58
Mittendrin
REDEN WIR ÜBER die wahren Stars auf Reisen

5. KAPITEL: SRI LANKA 68
Epische Zugfahrt in der dritten Klasse
REDEN WIR ÜBER ewig lange Fahrten

INTERVIEW: RUSSLAND 79
18.576 Kilometer mit der Transsibirischen Eisenbahn

6. KAPITEL: KOLUMBIEN 87
Das verpasste Highlight
REDEN WIR ÜBER vielfältige Reisemöglichkeiten

7. KAPITEL: NICARAGUA 100
Dunkle Wolken im Paradies
REDEN WIR ÜBER kleine Tyrannen

INTERVIEW: SCHWEDEN 112
Die Freiheit, morgens nicht zu wissen, wohin es einen abends verschlägt

8. KAPITEL: GUATEMALA 120
Schöne Bescherung
REDEN WIR ÜBERS Kranksein

9. KAPITEL: BELIZE 137
Surfstunden auf einem morschen Stück Holz
REDEN WIR ÜBER Langeweile

10. KAPITEL: RUMÄNIEN 150
Spontane Flucht in ein Land vor unserer Zeit
REDEN WIR ÜBER Planungssicherheit vs. Spontanität

INTERVIEW: AUSTRALIEN 166
Outback, Koalas und Kängurus – ein unvergesslicher Roadtrip

11. KAPITEL: MYANMAR 173
Das beste Team ever
REDEN WIR ÜBER Entwicklungssprünge

12. KAPITEL: VIETNAM 189
Eine Reise voller Desaster
REDEN WIR ÜBER Erwartungen

INTERVIEW: ISLAND 204
Elijah, der besondere Weltentdecker – Reisen mit Trisomie 21

13. KAPITEL: LAOS 215
Buddha trinkt Bier?
REDEN WIR ÜBER das, was bleibt

14. KAPITEL: ALBANIEN 229
Wenn ich groß bin, werd' ich auch ein Machu Picchu

INTERVIEW: CHINA 235
Weltreise mit einem schulpflichtigen Kind und zwei Geschwistern

NACHWORT 247
In Hamburg sagt man Tschüss

ANHANG 251
Fragen, die ich häufig gestellt bekomme
Insider-Wissen to go
Brief an Dante

REGISTER 281

Vorwort

IN KLEINEN SCHRITTEN UM DIE WELT

Jeden Tag erreichen mich zahlreiche Mails von Müttern und Vätern, die davon träumen, ihrem Nachwuchs die weite Welt zu zeigen. Oft haben diese Eltern etwas gemeinsam – ihnen fehlt noch der Mut. Oder besser gesagt: der ausschlaggebende Impuls, der sie ihrem Familienurlaub näherbringt. Wie schön, wenn ich ihnen bei der Entscheidungsfindung zur Seite stehen darf. Ich erzähle dann von meinen eigenen Reiseerlebnissen, wie ich in unterschiedlichen Situationen gehandelt habe, und freue mich, wenn sie sich durch mich motiviert und in ihrem Vorhaben bestätigt fühlen. Jedoch ist mein eigentliches Anliegen, ihnen zu zeigen, dass Reisen mit Kindern nicht nur möglich, sondern ein besonderes Abenteuer sind. Man muss sich nur trauen und den ersten Schritt wagen. Der Rest ergibt sich mit ein wenig Willenskraft, Erfahrung und System von selbst.

Mein fast fünfjähriger Sohn und ich haben gemeinsam 35 Länder bereist, sind 73-mal geflogen, und Dante hat 64 Stempel in seinem Reisepass gesammelt. Und es sollen noch viele weitere folgen. Bis zur Einschulung im Sommer 2021 wollen wir unsere kostbare Flexibilität nutzen und so viel wie möglich reisen.

Ich muss allerdings zugeben, dass mir nicht immer klar war, dass mein Kind und ich irgendwann um die Welt reisen werden. Noch dazu als Backpacker in die unterschiedlichsten Länder: Indonesien, Malaysia, Lettland, Bulgarien, Kambodscha, Sri Lanka, Kolumbien, Nicaragua, El Salvador, Guatemala, Belize, Georgien, Rumänien, Myanmar, Laos, Albanien, Kosovo, Peru, Bolivien, Paraguay, ... Oh, klingt das schön! Fast wie ein Traum! Und ich bin ehrlich mit dir: Ich hätte vor meinem eigenen Mutterdasein nie gedacht, dass diese Länder mit einem Kind möglich wären. Überhaupt war ich davon ausgegangen, dass meine wilde Reisezeit mit der Geburt meines Sohnes für viele Jahre vorbei sei. Ich hatte mich schon die kommenden zwei Jahrzehnte als Stammgast in einer Ferienwohnung an der Ostsee oder im Pauschalurlaub auf Mallorca gesehen – auch schön, aber halt nicht meine präferierte Reiseart. Jedoch hatte ich damals die Rechnung ohne meinen kleinen Weltenbummler gemacht. Mit jeder Reise bewies mir Dante nämlich, was für ein wundervolles Abenteuer es ist, Hand in Hand mit meinem Kind in kleinen Schritten um die Welt zu reisen. Und zwar (fast) überallhin!

Allerdings muss ich an dieser Stelle auch gestehen, dass meine erste Kurzreise mit Kind der blanke Horror war. Mit meinem damals viermonatigen Baby bin ich nämlich allein Zug gefahren. Von Hamburg bis nach Freiberg in Sachsen mit zweimal Umsteigen, noch dazu mit Gepäck und einem überdimensionalen Kinderwagen. Mir ging so was von die Pumpe. Ich war nassgeschwitzt und am Ende meiner Nerven. Deswegen hatte ich mir damals geschworen, nie wieder zu verreisen.

Wie gut, dass ich mich bereits ein paar Monate später nicht mehr an meinen eigenen Schwur erinnern konnte. Meine unbändige Reiselust war einfach zu groß. So wagte ich während meiner Elternzeit die nächsten Reisen. Diesmal weiter weg. Zuerst gemeinsam mit meinem Mann Lars nach Indonesien, und danach machte ich mit einer wildfremden Mama einen Roadtrip durch Malaysia. Anschließend sollte es wieder zurück an meinen alten Arbeitsplatz gehen. Mit 25 Tagen Urlaub im Jahr! Doch mein Chef hatte andere Pläne. Ich kam in diesen nicht vor.

Rückblickend betrachtet, war meine Kündigung das große Los. Ich fand mein neues berufliches Glück als freiberufliche Journalistin, Content-Marketing-Managerin und Autorin und gewann etwas Kostbares dazu: Zeit, Flexibilität und Freiheit. Immer wieder konnte ich meinen Rucksack packen und mit Dante die Welt erkunden. Meistens nur wir beide, da mein Mann uns aus beruflichen Gründen nur selten begleiten konnte.

Für mich ist das Reisen mit meinem Kind mittlerweile das Normalste der Welt. Oft dauert es eine Weile, wenn ich irgendwo da draußen auf einer Safari, im Dschungel, in einem vollgestopften mittelamerikanischen Chicken-Bus, auf einer abgelegenen Insel, im Museum, Tempel oder in der Wüste jemandem begegne, der mich verwundert anstarrt. Kurz grübele ich dann, ob ich vielleicht schmutzig im Gesicht bin, doch dann fällt es mir wieder ein. Für viele Menschen ist es einfach nur ungewöhnlich, ausgerechnet *hier* eine Mama mit ihrem Kind anzutreffen. In der Ferne. Und noch dazu ohne Mann!

»Ach, alles nur halb so wild«, winke ich dann ab. »Ist fast wie zu Hause, nur halt unter Palmen.« Denn mal unter uns: Die (abgesehen vom Gepäck) größten Herausforderungen, denen ich mich auf Reisen stellen muss, kenne ich auch von daheim. Im tropischen Paradies wird ebenso rumgemotzt, das Essen ausgespuckt, gekreischt, der Schlaf verweigert oder gleich ganz gestreikt. Auch im Urlaub müssen Windeln gewechselt, der Schnuller oder das Schnuffeltuch gesucht und Tränen getrocknet werden. Und nur weil man weit weg vom trauten Heim ist, bedeutet das nicht, dass die eigenwilligen Trotzphasen nicht mitreisen. Also fast alles wie zu Hause – nur in einer exotischen Umgebung, meist entspannter Atmosphäre und mit ordentlich viel Gepäck.

Viele Menschen, mit denen ich mich austausche, bewundern immer wieder meinen großen Mut – und gehen davon aus, dass ich perfekt organisiert bin. Sie irren! Ich bin weder besonders mutig noch perfekt organisiert. Allerdings bin ich mittlerweile routiniert und weiß, was auf einer Reise mit Kind besonders wichtig ist. Du solltest

dich im Vorfeld nicht verrückt machen
+ dich mit der Reiseart und dem Land,
für das du dich entscheidest, wohlfühlen
+ die eigene Angst zu Hause lassen
(denn Angst ist ein schlechter Reisebegleiter)
+ stattdessen auf dein Bauchgefühl hören
+ mit viel Respekt und allen Sinnen reisen
+ ruhig weiter atmen, wenn mal wieder nichts nach Plan läuft,
+ dir nach Möglichkeit viel Raum für Spontanität und Flexibilität
lassen

= entspannte Familienreise.

Das ist meine Zauberformel fürs Reisen mit Kindern. Mit außergewöhnlichem Mut hat das nichts zu tun – und wenn du das Chaos in unseren Unterkünften oder meiner Handtasche sehen würdest, wüsstest du, dass man auch ohne perfekte Organisation mit einem Kind reisen kann. Mit ein bisschen Willenskraft, Erfahrung und System, die man sich Schritt für Schritt aneignet, ist (fast) alles möglich, und die ganze Welt steht einem offen – auch und vor allem mit Kindern!

Was dich im Folgenden erwartet? Statt dich mit Fakten und Infos zu den gängigen Themen wie Packen, Fliegen, Dokumente, Checklisten und Co. zu erschlagen (die findest du dann gebündelt im Anhang des Buchs), nehme ich dich mit auf unsere zahlreichen Reisen durch nahe und ferne Länder und lasse dich hautnah teilhaben an unserem Leben als Mama und Sohn auf Reisen. Ich erzähle dir Geschichten von wundervollen Erlebnissen und unbezahlbaren Momenten unterwegs – und von Situationen, die einfach nicht so schön waren. Denn auch die Schattenseiten gehören zum großen Abenteuer mit dazu. In 14 Kapiteln findest du eine Menge Tipps, die mein Sohn und ich auf unseren gemeinsamen Reisen durch 35 Länder sammeln durften – und die ich jetzt gerne an dich weitergebe. Außerdem möchte ich vermitteln, was kleine Kinder eigentlich vom Reisen haben, was sie unterwegs lernen und wie ein Masterplan für den Notfall aussehen könnte. Dazwischen findest du Interviews mit anderen reisefreudigen Eltern, die von ihren eigenen Erfahrungen und Erlebnissen berichten. Kurz und gut: Dieses Buch soll Eltern, werdenden Eltern, Omas, Opas und anderen reisefreudigen Menschen Mut machen und aufzeigen, was alles möglich ist.

DAS GLEICHNIS VOM FAHRRADVERRÜCKTEN RENTNER

Am Ufer des Mekongs unterhielt ich mich mit einem englischen Rentner. Während Dante Steine in den Fluss warf, die Sonne am Horizont unterging und Fischerboote im gemächlichen Tempo an uns vorbeituckerten, erzählte er mir enthusiastisch von seiner Fahrradtour durch Thailand, Laos, Kambodscha und Vietnam. Vier Monate war er mit seinen rüstigen Kumpels insgesamt unterwegs, und gerade hatten sie die Hälfte ihrer Strecke auf dem Fahrradsattel hinter sich gebracht.

Mit einem Mountainbike bei brütender Hitze auf staubigen Schotterpisten voller Schlaglöcher unterwegs zu sein stellte ich mir mächtig anstrengend vor. Noch dazu in dem Alter! Und mit Gepäck! Das wäre nichts für mich, dachte ich. Doch seine Augen funkelten lebendig, als er mir von seiner Reise vorschwärmte.

Die Sonne war bereits untergegangen, und der abendliche Himmel über dem Mekong hatte sich in ein wunderschönes, knalliges Pink verwandelt, als mich der Rentner interessiert fragte: »Wie ist es denn, allein mit einem Kind zu reisen? Ich stelle mir das extrem strapaziös vor.«

Plötzlich musste ich laut lachen. Genau das Gleiche hatte ich doch gerade über seine Tour durch Südostasien gedacht. »Nicht anstrengender als euer verrückter Fahrradtrip«, entgegnete ich lapidar.

Daraufhin fing der Rentner ebenfalls an zu lachen. In seinen Augen sah ich, dass er mich verstanden hatte.

1. Kapitel

WIR MACHEN DAS JETZT EINFACH

- Dantes **1.** Reiseland: **Indonesien**
- Dantes Alter: **7 Monate**
- ***Sind wir der Herausforderung gewachsen?***

36,4 Kilo?! Verstaut in einem großen Koffer, einer überdimensionalen Reisetasche und einem proppenvollen Rucksack. Plus Kinderbuggy, Reisebett, Maxi Cosi, Handgepäck und Winterjacken für zwei Erwachsene und ein Baby, ... Niedergeschlagen warf ich einen Blick auf die Gewichtsanzeige am Check-in-Schalter am Hamburger Flughafen und fühlte mich, als ob ich kläglich gescheitert wäre. Wir hatten uns fest vorgenommen, dass wir nur das Allernötigste für unsere Familienreise nach Bali mitnehmen wollten. Aber die Umsetzung dieses Vorhabens schien einfach unmöglich zu sein. Am liebsten hätte ich noch viel mehr eingepackt: weitere Bodys, Schlafsäcke, Moltontücher, kurze Strampler, lange Strampler und für den Fall, dass unsere fünf Flaschen Sonnencreme nicht ausreichen sollten, einen weiteren beachtlichen Vorrat. Ferner: eine Extrapackung Wundcreme, Feuchttücher, Zäpfchen, ... Wenn ich gekonnt hätte, hätte ich sogar für die kommenden Wochen Babybrei vorgekocht und mit auf die indonesische Insel der Götter geschleppt.

Mein Mann Lars gab nur ein gestöhntes »Puh« von sich. »Da werden wir ja einiges schleppen müssen.« Unsere Stimmung war am Tiefpunkt – und sie sollte noch tiefer in den Keller sinken.

Der Einzige, der blendende Laune hatte, war mein siebenmonatiger Sohn. Freudig aufgeregt zappelte Dante in der Trage vor meiner Brust und schien den Beginn seines großen Abenteuers kaum abwarten zu können. Unsere erste Reise zu dritt. Eine individuelle Koffer-Tasche-Rucksack-Reise durch Bali und Lombok.

Mein Mann und ich hatten uns entschieden, einen Teil unserer gemeinsamen Elternzeit in der Ferne zu verbringen. Wir wollten dem nassgrauen Winter entfliehen und die Auszeit unter Palmen genießen. Die zwei indonesischen Inseln Bali und Lombok schienen uns für dieses Vorhaben perfekt zu sein. Exotisch genug, um den routinierten, getakteten Alltag mit Milchfläschchen, PEKiP-Kursen, Brei kochen, Babymassagen, überquellenden Waschmaschinen und stundenlangen Spaziergängen mit einem sperrigen Kinderwagen für eine Weile zu vergessen. Und doch mit einigen Vorteilen der westlichen Welt ausgestattet – wie luxuriösen Krankenhäusern mit englischsprachigen Kinderärzten, gut sortierten Supermärkten mit einem vielfältigen Windelangebot und durchaus akzeptablen hygienischen Zuständen. Zudem kannte ich Bali, da ich vor meinem Mutterdasein bereits zweimal dort gewesen war. Dementsprechend konnte ich einigermaßen einschätzen, was uns erwarten würde. Lars und ich waren uns einig: Wir machen das jetzt einfach! Das wird ein unvergessliches Abenteuer.

Doch die nähere Umgebung war hinsichtlich unserer Reisepläne weniger euphorisch. »Seid ihr euch wirklich sicher, dass ihr all die Strapazen und den Stress auf euch nehmen wollt, nur um in der Sonne zu liegen?« »Das ist viel zu anstrengend!« »In die Tropen mit Baby? Das ist doch gefährlich!« »Das Baby wird auf dem Flug sicherlich ununterbrochen schreien. Von Hamburg bis Jakarta.«

Zugegeben. Wir waren uns nicht mehr ganz so sicher. Sollten wir das wirklich durchziehen? Waren wir der Herausforderung, mit einem kleinen Geschöpf in unbekannte Gefilde zu reisen, wirklich gewachsen? Wie sollten wir den Flug überstehen? Was sollte unser Sohn essen? Wie würde er mit dem Jetlag klarkommen? Und überhaupt, was würden wir machen, wenn …? Fragen über Fragen kreisten nachts unentwegt durch meinen Kopf. Denn beide Omas und die vielen, vielen Besserwisser hatten mich mit ihren Gegenargumenten ordentlich ins Wanken gebracht. Dennoch hielten wir an unserem Entschluss fest. Wir wollten unserer Familie ein besonderes Geschenk machen: Die Elternzeit im balinesischen Paradies verbringen, weit weg von unserem minutiös geplanten Alltag in den gewohnten vier Wänden.

Noch heute, etwa vier Jahre später, kann ich mich an meine zitternden Beine von damals erinnern, als ich das Flugzeug betrat. Ich tat mich schwer damit, die Kontrolle abzugeben und nicht zu wissen, was uns alles erwarten würde. Nur gleichmäßig weiteratmen, versuchte ich mich zu beruhigen. Doch dieses beklemmende Gefühl in meiner Brust wurde immer heftiger und heftiger. Mein Puls pochte gewaltig gegen meine Schläfen. Hoffentlich würde ich nicht gleich von einer Panikattacke übermannt. Krampfhaft versuchte ich, ruhig weiterzuatmen. ›Hatte ich wirklich an alles gedacht?‹, grübelte ich. Wie gut, dass ich zu jenem Zeitpunkt nicht wusste, dass ich tatsächlich die Feuchttücher in meinem übergroßen Handgepäck vergessen hatte, ansonsten wäre ich mit großer Wahrscheinlichkeit schreiend umgekehrt und nicht mehr zurückgekommen.

Eine Flugbegleiterin zerstreute meine karussellfahrenden Gedanken. Sie lächelte mich freundlich an, und beim Vorbeigehen kniff sie Dante liebevoll in sein kleines, zartes Füßchen. Sofort fing er an, vor Freude laut zu quieken. Er strahlte übers ganze Gesicht, und seine Wangen färbten sich verdächtig rot, als ob er sich gerade verliebt hätte. Ich musste schmunzeln. Kurz nachdem wir unseren Sitzplatz erreicht hatten, kam die Flugbegleiterin herbeigeeilt, reichte mir einen Loop Belt, mit dem ich meinen kleinen Reisebegleiter auf dem Schoß anschnallen konnte, und überschüttete meinen Sohn mit Geschenken. Dante war ganz aus dem Häuschen, biss sofort in seinen neuen flauschigen Spielgefährten hinein und inspizierte freudestrahlend die ungewohnte Umgebung.

Meine anfängliche Aufregung legte sich tatsächlich. Irgendwo über den Wolken, zwischen dem trauten Heim und dem fernen Indonesien, war sie unbemerkt von mir abgefallen. Als wir dann auf Bali aus dem Flieger stiegen, konnte ich es kaum glauben. Wir hatten es gewagt. Trotz großer Müdigkeit – einem latenten Zustand, den ich von zu Hause her gut kannte – fühlte ich mich lebendig und voller Adrenalin. Vor uns lag eine intensive Familienzeit mitten in den Tropen, umgeben von meterhohen Palmen, hinduistischen Tempeln, blühenden Frangipani-Bäumen, brausenden Meereswellen und malerischen Reisfeldern. Einen besseren Ort hätten wir uns für unser erstes großes Reiseabenteuer als Familie nicht aussuchen können. Lars sah es genauso – und Dante sowieso. Er hatte den Großteil des Fluges mit Schlafen verbracht und war jetzt bereit, endlich ein wenig Reise-Action zu erleben.

REDEN WIR ÜBER
den ersten großen Schritt

Rückblickend betrachtet, kann ich nach bestem Wissen und Gewissen sagen: Wie gut, dass wir nicht auf die anderen gehört haben! Wenn mein Mann und ich all den Kritikern um uns herum Folge geleistet hätten, dann hätten wir bis heute mit großer Wahrscheinlichkeit nur ein paarmal unsere eigenen vier Wände verlassen, um einen kurzen Urlaub an der Ostsee, in Dänemark oder im allerriskantesten Fall auf Mallorca zu machen.

Doch wir Eltern kennen es ja aus dem Alltag. Sobald es um Erziehungsfragen oder das Wohl des eigenen Kindes geht, reden plötzlich alle Außenstehenden mit. Komischerweise auch die kinderlosen. Die einen schreien vehement: Auf jeden Fall stillen, denn Flaschenkinder erleiden langfristig physische und psychische Defizite, die sie nie wieder aufholen können! Die anderen entgegnen: Ja, Stillen ist wichtig, aber bloß nicht zu lange. Spätestens nach Vollendung des ersten Lebensjahres muss das Kind abgestillt sein, besser schon viel früher. Und dann gibt es wiederum Eltern, die sagen: Mein Baby hat sich auch mit Milchpulver prächtig entwickelt. Kita fördert die Entwicklung und das soziale Verhalten des Kindes. Nein, auf keinen Fall, das Kind soll so lange wie möglich mit der Mutter zu Hause bleiben. Am besten bis es eingeschult wird. Mütter sollen arbeiten gehen. Oh nein, diese bösen, egoistischen Rabenmütter, die nur ihre eigene Karriere im Kopf haben ... Auf jeden Fall impfen! Auf keinen Fall impfen!!! Egal wie wir Eltern es machen, wir können es nicht allen recht machen. Diese kleine bittere Wahrheit lernen zahlreiche Mütter und Väter bereits in den frühen Monaten. Und dann heißt es, unbeirrt seinen Weg finden, mit dem sich Eltern und Kind wohlfühlen und der zum eigenen Lebensstil passt.

Genauso verhält es sich beim kontroversen Thema ›Reisen mit Kindern‹. Sobald man nur den Gedanken ausspricht, dass man in Erwägung zieht, mit der Familie in die Ferne zu reisen, wird der Aufschrei in den eigenen Reihen unüberhörbar. Das war bei uns nicht anders – und ich fühlte mich sofort als Rabenmutter abgestempelt, die aus egoistischen Beweggründen ihrem kleinen Kind ein untragbares Leid aufbürden möchte. Auch andere Eltern werden mit dieser Kritik heftig vor den Kopf gestoßen. Viele wollen, auf Teufel komm raus, diese Eltern von ihrem irrwitzigen Vorhaben abbringen. Und das, obwohl sie eigentlich niemand so richtig nach ihrer Meinung gefragt hat und obwohl sie nie selbst mit einem Kind in die Ferne gereist sind.

Macht es nicht mehr Sinn, diejenigen zu fragen, die weitreichende Erfahrungen gemacht haben und genau wissen, wovon sie sprechen? Was einen erwartet? Wie es vor Ort wirklich ist? Und mit welchen Hürden und Herausforderungen man zu rechnen hat?

Wenn man sich auf die Suche nach Eltern begibt, die tatsächlich mit ihrem Nachwuchs das große Reiseabenteuer gewagt haben, weichen die Meinungen plötzlich von den vielen Kritikerstimmen ab: »Die Reise war viel entspannter, als wir zuvor gedacht hatten, und wir haben uns im Vorfeld viel zu viele überflüssige Gedanken gemacht.« »Reisen mit Kindern ist wirklich kein Hexenwerk, und unsere Reise war eine besondere und unvergessliche Zeit.« »Kaum zu Hause angekommen, haben wir sofort überlegt, wohin unsere nächste Reise gehen soll.«

Also doch! Wir sind nicht die einzigen wagemutigen Exoten, die so etwas unternehmen wollen. Reisen mit Kindern ist möglich – und geht sogar wunderbar. Man muss es sich nur trauen.

Gemeinsame Elternzeit – die perfekte Gelegenheit

Gemeinsame Elternzeit wird in unserer Gesellschaft immer salonfähiger. Zum Glück! Mehr und mehr Väter entscheiden sich, ihren Job für eine befristete Zeit gegen Windeln, Babyrassel und Kinderlieder einzutauschen, um die eigene Beziehung zum Kind zu intensivieren und ihm beim Wachsen zuzuschauen. Ein wunderbares Geschenk an die Familie, das uns der deutsche Staat ermöglicht.

Selbstverständlich kann man die gemeinsame Elternzeit zu Hause bleiben. Doch es spricht nichts dagegen, diese Gelegenheit aktiv zu nutzen, um einen anderen Ort zu erleben. Im Gegenteil, mir fallen zahlreiche Gründe ein, das unbedingt zu tun:

1. Die Möglichkeit, ohne nennenswerte Hürden so viel Urlaub am Stück zu bekommen, ist einmalig (zumindest mit einem Kind). Während andere Menschen hierfür ihren Job kündigen oder sich ein Sabbatical erkämpfen, müssen Mütter und Väter ihren Arbeitgeber nur rechtzeitig informieren, dass sie in Elternzeit gehen. Dank der Gesetzeslage in Deutschland sind sie noch nicht mal verpflichtet zu fragen.

2. So niedlich und herzerwärmend die kleinen Geschöpfe auch sind, der Familienalltag kann kräftezehrend und nervenaufreibend sein. Und gerade nach den ersten Monaten im Leben des neuen Erdenbewohners tut allen Familienmitgliedern eine Erholung gut, weit entfernt von den nervigen Verpflichtungen im Haushalt und Alltag. Warum also nicht gemeinsam mit der Familie den Blick übers Meer schweifen lassen, statt daheim auf die liegengebliebene Steuererklärung zu starren? Beim gleichmäßigen Rauschen der Wellen lässt sich die Familienzeit viel besser genießen, als wenn sie jeden Augenblick vom Piepsen der fertigen Waschmaschine unterbrochen würde.

3. So günstig wird das Reisen nie wieder! Denn Kinder bis zwei Jahre reisen quasi kostenlos mit. Im Flugzeug benötigen sie keinen Extrasitzplatz, der das Reisebudget strapaziert. Das gilt auch für andere Transportmittel wie Züge oder Boote – und im Hotel wird auf die Rechnung kein zusätzliches Bett draufgeschlagen, da sie ja eh im Elternbett schlafen oder ihr eigenes Reisebett mitbringen. Und wenn erst das gemeine Wort »Schulferien« das Familienleben beherrscht, wird es leider so richtig teuer und unflexibel. Dann heißt es: bye-bye, du preiswerte Nebensaison.

4. Kleine Kinder sind um einiges anpassungsfähiger, als viele Menschen annehmen. Sie fühlen sich vor allem wohl, wenn ihre Eltern um sie herum sind. Und wenn Mama und Papa entspannt und relaxt sind, steigt ihr Stimmungsbarometer in der Regel ebenfalls an. Ob es nun im eigenen Kinderzimmer oder unter der tropischen Sonne Balis ist, ist dem kleinen Nachwuchs schnurzegal. Außerdem will er noch nicht das Urlaubs-

programm bestimmen. Das kommt erst später, wenn das Museum »sooo langweilig« ist.

5. Mal unter uns, wer möchte nicht noch Jahre später auf seine gemeinsame Elternzeit in Australien, Südafrika oder Costa Rica zurückblicken und sich voller Wehmut an das große Familienabenteuer erinnern? An die wundervolle, unbeschwerte Zeit, reich an Erlebnissen und Begegnungen. Ach, wie schön, dass wir es einfach gemacht haben!

Ruhig weiteratmen und nicht verrückt machen

Reisen mit Kindern ist anstrengend? Auf jeden Fall! Und meistens liegt es daran, dass wir Eltern uns im Vorfeld zu viel Stress machen – und nicht an unseren kleinen Reisebegleitern. Diese ewigen Fragen, die mit einer schwindelerregenden Geschwindigkeit in unserem Kopf kreisen, uns zermürben und fast verrückt machen. Dieser Gedanke, dass wir die Kontrolle abgeben müssen und nicht zu 100 Prozent wissen, was genau uns erwartet. Hinzu kommen die ganzen Vorbereitungen, das Packen (im Idealfall unter 36,4 Kilo!) und das Gefühl, dass man dem ganzen Abenteuer nicht gewachsen ist – und schon würde man lieber im dunklen Kämmerlein die Bettdecke über den Kopf ziehen, statt ins Flugzeug Richtung unbekanntes Terrain steigen. Ich kann nur sagen: Alles ganz normal! Und ja, dieses beklemmende Gefühl in der Brust, diese pochende Frage, ob man wirklich an alles gedacht hat, oder den flatterigen Zustand, der sich wie eine lähmende Panikattacke anfühlt, kenne ich nur zu gut. Und bis jetzt bin ich noch keinen Eltern begegnet, die sich vor ihrer ersten Familienreise nicht so gefühlt haben. Da hilft nur eins: ruhig weiteratmen, sich bloß nicht verrückt machen und schön entspannt bleiben.

Was sich gerade wie der gut gemeinte Rat einer Hebamme für die anstehende Geburt anhört, ist bereits die halbe Miete für eine stressfreie Familienreise. Denn sind die Eltern entspannt, sind es die Kinder in der Regel auch. Das gilt zu Hause, aber vor allem in der Ferne. Der Rest der Miete sind zum kleineren Teil eine gute, systematische Vorbereitung und vor allem, dass die Eltern sich wohlfühlen. Mit ihrer Entscheidung. Mit dem Ziel. Und auch mit der Art und Weise, wie sie ihren Urlaub verbringen. Ob es ein Pauschalurlaub im Luxusresort auf Mauritius, eine individuelle Koffer-Tasche-Rucksack-Reise mit dem Mietwagen durch Neuseeland oder ein wagemutiger Backpacker-Trip durch Kolumbien ist, müssen Eltern für sich entscheiden. Seinen eigenen Weg finden, heißt die goldene Regel. Trotz des kleinen Reisebegleiters. Oder vielleicht gerade wegen ihm.

FÜNF DINGE, DIE ICH AUF BALI GELERNT HABE

- All meine Befürchtungen und Ängste waren unbegründet. Wieso sollten wir der Herausforderung und Verantwortung, mit unserem Kind zu reisen, eigentlich nicht gewachsen sein? Die Herausforderung, Eltern zu werden, ist um einiges größer!
- 36,4 Kilo Gepäck ist viel zu viel. Egal wie weit und wie lang man unterwegs ist. Das Gepäck war auf unserer Bali-Reise die schwerste Belastung. Mit der Hälfte wären wir ebenfalls klargekommen. Und wahrscheinlich sogar mit noch weniger!
- Von wegen das Kind wird den ganzen Flug weinen! Ich habe S-Bahn-Fahrten erlebt, die stressiger waren als der Flug nach Indonesien, den Dante zum größten Teil in seinem super gemütlichen Baby-Bassinet verschlafen hat.

- Jetlag? Halb so wild! Wir waren ja im Urlaub und konnten alles mit viel Ruhe angehen.
- Auch ohne selbst gekochten Babybrei kam mein Sohn wohlgenährt von Bali zurück.

MEIN STECKBRIEF FÜR BALI

Geeignet für: Reiseanfänger

Beste Reisezeit: Mai bis Oktober (Trockenzeit)

Kosten: günstig

Visum: für deutsche Staatsangehörige nicht notwendig bis zu 30 Tagen Aufenthalt, keine Option auf Verlängerung

Am besten fortbewegen mit: Moped, Taxi, privatem Fahrer

Highlights mit Kindern: Monkey Forest (Ubud), Tempel, Turtle Conservation and Education Center (Sanur), Butterfly Park (Tabanan), Delfine beobachten (Lovina), Waterbom-Park (Kuta)

Unsere schönsten Momente: erstes Weihnachten zu dritt am Strand, der Ausblick vom Infinity-Pool auf die malerischen Reisfelder in Sidemen

Unsere größten Herausforderungen: die Speedbootfahrt nach Lombok, das Gepäck und nichts zu verlieren

Lieblingsorte: Sidemen, Nusa Penida, Jimbaran, Amed

Auf keinen Fall verpassen: Canggu, Dreamland Beach bei New Kuta, Wanderung durch Reisfelder bei Sidemen, Tempel Tanah Lot, faule Strandtage auf Gili Meno oder Gili Air

2. Kapitel

ROADTRIP MIT EINER WILDFREMDEN INTERNET-BEKANNTSCHAFT

- Dantes **3.** Reiseland: **Malaysia**
- Dantes Alter: **10 Monate**
- ***Kann ich auch allein mit meinem Kind reisen?***

Ich hatte sie bereits aus weiter Entfernung gesehen. Die Frau kam direkt auf uns zu. Die letzten Meter schien sie sogar zu laufen. Ich hielt den Atem an, weil ich gleich einen fürchterlichen, ohrenbetäubenden Schreikrampf erwartete. Nur noch drei Meter, zwei Meter, einen ... Als die komplett verhüllte Frau bei meinem Baby und mir ankam, kniff ich die Augen zu. Gleich würde es losgehen. Dante würde wie am Spieß schreien, weil er Angst vor der unbekannten Frau in Schwarz haben würde. Schließlich hatte er noch nie eine Burka gesehen. Ich wartete und wartete. Doch ich vernahm kein Kreischen, stattdessen quiekende Laute. Als ich wieder meine Augen öffnete, konnte ich sehen, wie mein Sohn die Frau in der Burka anstrahlte. Sie hatte sich zu ihm runtergebeugt und sogar den dunklen Schleier vor ihrem Gesicht etwas angehoben. Sie machte lustige Faxen und prustende Geräusche. Dante konnte sich nicht einkriegen vor Lachen. Die Frau bedeutete mir, dass sie mein Baby auf den Arm nehmen wollte. Ich zögerte kurz. Doch das strahlende Gesicht meines Sohnes ließ meine Zweifel verfliegen. Ich reichte Dante der Frau. Sogleich wurde sein Quieken noch lauter. Ich beobachtete die beiden. Sie hatten sichtlich Spaß miteinander. Die Frau fing an, ihn zu kitzeln. Ich konnte erkennen, wie entzückt sie von dem kleinen blonden Jungen war.

Auch meine Reisepartnerin Madeline, die neben mir stand, beobachtete aufmerksam das Geschehen. Sie war meine Internetbekanntschaft, und ich war ihr und ihrem Baby Phil vor 14 Stunden das erste Mal begegnet. Das war am Flughafen in Penang gewesen. Sie hatte uns mit einem gemieteten weißen Bus abgeholt. Wir wollten gemeinsam einen Roadtrip durch Malaysia machen. Sechs Wochen lang. Nur wir zwei Mamas und unsere beiden Babys ... Madeline lächelte mir komplizenhaft zu und nickte, als sie ihren Kopf zu Dante und der Frau in der Burka drehte. Phil blieb von dem ganzen

Ereignis völlig unberührt. Mit wackeligen Schritten kämpfte er sich auf seinen zarten Beinchen vorwärts. Er hatte erst vor Kurzem das Laufen gelernt. Das war jetzt wichtiger, als schwarz verhüllte Frauen.

Es war zwei Wochen her, dass ich Madeline aus einer undefinierbaren Laune heraus bei Facebook angeschrieben hatte. Ich hatte in einer Gruppe mitbekommen, dass sie allein mit ihrem Kind in Thailand unterwegs war. Seit ich mit meiner Familie von unserer gemeinsamen Elternzeit auf Bali zurückgekommen war, wollte ich nur noch eins: Das Ende meiner Elternzeit nutzen, um noch mal in die Ferne zu reisen. Lars konnte nicht dabei sein, da seine Elternzeit mittlerweile vorbei war, dennoch ermutigte er mich, mit Dante zu verreisen. Allerdings war ich mir nicht so sicher, ob ich es schaffen würde. Allein mit meinem Kind zu reisen schien mir zu jenem Zeitpunkt einfach unmöglich zu sein. Ich redete mir ein, dass ich dem ganzen Vorhaben nicht gewachsen war. Der lange Flug, nicht allein auf Toilette gehen zu können, die komplette Verantwortung zu tragen, ... Und wie um Himmels willen sollte ich das Gepäck plus Baby gleichzeitig managen?

Aber mein Fernweh ließ mir keine Ruhe, pochte immer wieder auf die perfekte Gelegenheit, drängte mich zum Handeln. Kurzerhand schrieb ich Madeline eine Nachricht. Ich stellte mich kurz vor und fragte sie salopp, ob sie sich nicht vorstellen könnte, dass wir uns zeitnah irgendwo in Asien treffen würden. Ehrlicherweise hatte ich niemals mit einer Antwort gerechnet, die jedoch prompt kam. Bereits nach wenigen Chats hatten wir uns geeinigt. Wir wollten uns in Malaysia treffen, ein größeres Auto mieten und gemeinsam mit unseren zwei Babys das Land auf eigene Faust erkunden.

»Du willst waaasss???«, fragte mich Lars ungläubig beim Abendessen, als ich ihm von den gemeinsamen Plänen mit der wildfremden Mama erzählte.

»Aber du hast doch gesagt, dass ich es ruhig machen soll«, erwiderte ich.

»Da hatte ich aber an einen Städtetrip nach Berlin oder vielleicht einen kurzen Ausflug nach Portugal gedacht. Aber Malaysia ...«, versuchte er zu kontern.

Nun gut, ich musste zugeben, dass mein Vorhaben mehr als verrückt klang. Mich mit einer Unbekannten zu treffen, die ich bis jetzt nur von ihrem Profilfoto auf Facebook her kannte, um dann mit einem gemieteten Bus durchs streng muslimische Malaysia zu fahren ... Doch ich konnte nicht anders! Dieses Abenteuer klang einfach viel zu spannend, um es nicht zu wagen. Ich schob all meine Befürchtungen beiseite und traf eine Entscheidung.

Unser Roadtrip durch Malaysia wurde zu einer unvergesslichen Reise, von der ich sicherlich noch meinen Enkelkindern erzählen werde. Wir fuhren quer durchs Land. Wenn uns zur Abwechslung nach Inselleben war, parkten wir unser treues Gefährt auf dem Festland, stiegen in ein Boot und mieteten einen Bungalow direkt am Strand. Während wir Mamas den Blick übers Meer schweifen ließen, tollten die Babys in der riesigen Sandkiste vor unserer Haustür herum, planschten in den seichten Wellen im Südchinesischen Meer oder erholten sich bei ihrem wohlverdienten Mittagsschläfchen unter Palmen. So wie wir Mamas auch. Wenn wir mehr Action haben wollten, kehrten wir der Insel den Rücken zu und fuhren zurück aufs Festland. Wir unternahmen Wanderungen durch den Dschungel, schlenderten in großen Städten und kleinen beschaulichen Orten über Nachtmärkte, wo unsere beiden Babys immer die ganze Aufmerksamkeit der Malaien auf sich zogen und zu absoluten Shootingstars wurden. Wir machten einen kurzen Abstecher nach Singapur und verbrachten insgesamt über 3.000 Kilometer in unserem weißen Bus *on the road*. Es war der ideale Abschluss meiner Elternzeit, voller Erlebnisse, Begegnungen und Abenteuer an der Seite einer unbekannten Mama und ihres Babys, die schon bald zu den besten Reisebegleitern wurden, die wir uns wünschen konnten. Die gemeinsame Zeit verging wie im Flug. Leider. Und der Abschied verlief sehr tränenreich. Madeline flog zurück nach Deutschland und ich weiter auf die Insel Langkawi, wo ich allein mit Dante eine Woche verbrachte und zusah, wie mein großes, kleines Baby am Strand beim Sonnenuntergang seinen ersten Meilenstein machte: Dante richtete sich freihändig auf, schwankte auf seinen kleinen Beinen hin und her, jauchzte dabei vor Freude, klatschte in die Hände, ging zwei zaghafte wackelige Schritte, plumpste in den warmen Sand und krabbelte mit einem breiten Lachen zum Meer.

REDEN WIR ÜBERS Alleinreisen mit Kind

Was für ein Glück, dass Madeline auf meine Mail geantwortet hat! Denn ich bin mir nicht hundertprozentig sicher, ob ich mich zu jenem Zeitpunkt allein getraut hätte. Damals hatte ich viel zu viel Angst, dass ich das nicht gewuppt bekomme. Dementsprechend war ich froh, dass ich durch Zufall eine passende Reisepartnerin gefunden habe – und vor allem, dass mein Mann mir, nachdem er die frohe Kunde beim Abendessen einigermaßen verdaut hatte, den Rücken stärkte. Natürlich war er traurig, dass er auf unseren Sohn und mich so lange verzichten musste, doch er konnte gut nachvollziehen, dass ich diese Gelegenheit nutzen wollte.

Vielen Müttern und Vätern, ob alleinerziehend oder nicht alleinerziehend, ergeht es ähnlich wie mir. Sie hätten die Zeit und gegebenenfalls auch finanzielle Mittel, um mit ihrem Kind zu verreisen, aber sie trauen sich nicht. Zugegeben, mit dem Nachwuchs allein dieses Abenteuer zu wagen, erfordert eine Extraportion Mut und selbstverständlich auch eine gute Belastbarkeit und Organisation. Vor allem beim ersten Mal! Aber im Grunde ist das Alleinreisen mit einem Kind oder gar mehreren Kindern ähnlich, wie auf eine befristete Zeit alleinerziehend zu sein – nur halt in einer deutlich entspannteren Atmosphäre als zu Hause. Die alltäglichen Aufgaben, Verpflichtungen und Herausforderungen mit Kind kennt man ja bereits von daheim, allerdings fallen im Urlaub in der Regel viele Tätigkeiten im Haushalt weg, wie zum Beispiel Kochen, Wäsche, Aufräumen, Einkaufen oder Kücheputzen. Das ist eine enorme Entlastung. Was allerdings neben der Reiseplanung und dem Gepäck hinzukommt, ist in erster Linie das erdrückende Gefühl, dass man auf sich allein gestellt ist und eine enorme Verantwortung trägt, die man nicht kurz mit jemandem teilen kann. Zudem auf unbekanntem Terrain! Dementsprechend ist die erste große Hürde, sich von dieser Angst zu befreien. Ich weiß, keine einfache Aufgabe! Aber mal angenommen, diejenigen von uns, die nicht alleinerziehend sind, müssten auf einmal ihren Alltag mit Kind für ein gewisses Zeitfenster allein stemmen. Ohne jegliche Hilfe und Unterstützung. So wie es Alleinerziehende tagtäglich tun. Würden wir diese Herausforderung nicht auch meistern?

Trau dich!

Ganz klar. Nicht alle Mütter und Väter fühlen sich dabei wohl, allein mit ihrem Kind die Welt zu entdecken. Und das ist absolut okay, denn es ist wichtig, dass jeder Mensch die eigene Belastungsgrenze kennt. Wer diese deutlich überschreitet, wird auch im Urlaub keinen Spaß haben. Jedoch gibt es viele Eltern, die darüber nachdenken, aber noch etwas Motivation benötigen, um den ersten Schritt zu tun. Für euch möchte ich liebend gern die Rolle des Motivators übernehmen: Liebe Mutter oder lieber Vater, trau dich! Wenn du dem familiären Alltag zu Hause gewachsen bist, dann kannst du auch allein mit deinem Kind verreisen. Und im Grunde entscheidest du, mit welcher Art von Reise du dich in Begleitung deines Nachwuchses wohlfühlst und was dich nicht überfordert. Ob es nun der entspannte Urlaub in der Hängematte am Strand, ein aufregender Städtetrip wenige Stunden von der eigenen Haustür entfernt oder eine abenteuerliche Rundreise in der Ferne ist, entscheidest du. Glaub mir, allein mit dem eigenen Kind unterwegs zu sein ist eine wunderbare Erfahrung, die eure Beziehung um Welten intensivieren wird.

Wie hole ich meinen Partner mit ins Boot?

Mal angenommen, du hast für dich die Entscheidung getroffen, dass du gerne mit deinem Kind das Abenteuer wagen würdest, dann gilt es natürlich, auch die nächste große Hürde in Angriff zu nehmen – und zwar: Wie spreche ich mit meinem Partner oder dem anderen Sorgeberechtigten darüber? Und wie hole ich ihn mit ins Boot? Leider kann ich hierfür kein Patentrezept liefern. Dennoch kann ich dich nur ermutigen, mit dem Vater oder der Mutter über diesen Wunsch zu sprechen. Ihm oder ihr zu erklären, warum du das machen möchtest. Verdeutliche, wieso die Gelegenheit gerade perfekt ist. Zeige auf, dass auch andere alleinerziehende oder nicht alleinerziehende Eltern dieses Abenteuer wunderbar meistern.

Ich selber habe Blut und Wasser geschwitzt, bevor ich meinem Mann von meinen Reiseplänen erzählte. Natürlich wusste ich, dass ich ein enormes Opfer von ihm forderte, weil er so lange auf seine Familie verzichten sollte. Doch nach anfänglichem Knurren und Brummen, gönnte Lars mir und Dante die Auszeit. Außerdem sah er ein, dass er an meiner Stelle sicherlich einen ähnlichen Wunsch gehabt hätte. Wenn er ebenfalls die Zeit gehabt hätte, wäre auch er gerne mit Dante auf Reisen gegangen. Und vor allem wusste er von unserer gemeinsamen Bali-Reise, wie sehr Dante die Zeit unterwegs genossen hatte.

Der Survival-Guide für allein reisende Mütter und Väter

- Vor allem bei Reisen außerhalb Europas ist es wichtig, dass allein reisende Elternteile eine **unterschriebene Einverständniserklärung des anderen Sorgeberechtigten** dabeihaben. Das gilt auch für alleinerziehende Mütter oder Väter, die nicht das alleinige Sorgerecht haben. Ohne diese Einverständniserklärung kann es passieren, dass Grenzbeamte die Einreise oder bereits die Abreise nicht genehmigen. Vom ADAC gibt es eine kostenfreie Vorlage, die in verschiedene Sprachen übersetzt ist. Zusätzlich sollte man eine Kopie des Reisepasses des anderen Sorgeberechtigten dabeihaben, damit die Unterschrift abgeglichen werden kann.

- Eine **internationale Geburtsurkunde des Kindes** (Kosten etwa 20 Euro) sollte ebenfalls immer im Handgepäck dabei sein, vor allem wenn man einen anderen Nachnamen trägt als das Kind.

- Alleinerziehende Elternteile, die das alleinige Sorgerecht haben, brauchen vom Jugendamt eine **übersetzte Negativbescheinigung**.

- Achtung: Es gibt ein paar Länder, zum Beispiel Südafrika, deren Auflagen für allein reisende Elternteile sehr streng sind. Hier sind **weitere notariell beglaubigte Dokumente** notwendig. Deswegen ist es empfehlenswert, sich vorab im Internet und bei der zuständigen Botschaft zu informieren.

- Vorsicht, jetzt kommt eine der schwersten Herausforderungen: Packe dein Gepäck so, dass du es immer und überall allein bewältigen und in den Griff bekommen kannst. Trotz Kind! Zur Not auch für mehrere Stunden!

- Frage nach Hilfe, wenn du Hilfe benötigst! Kaum einer wird dir eine helfende Hand verweigern, egal in welchem Land oder in welcher Situation du dich befindest.

- Denk an die goldene Regel: Stress dich nicht, und lass dich auch von anderen nicht stressen.

- Leg dir im Kopf bereits einen sogenannten **Masterplan für den Notfall** zurecht, für den Fall der Fälle: Was tust du, wenn dich eine Grippe niederstreckt? Oder ein gemeiner Magen-Darm-Virus? Wie beschäftigst du dann dein Kind? Hast du einen Zettel mit allen notwenigen Kontakten griffbereit? Und was geschieht, wenn du außer Gefecht gesetzt bist? Den imaginären Masterplan sollten sich selbstverständlich auch nicht allein reisende Familien zurechtlegen. Glaub mir. Es hilft ungemein, wenn man sich bereits im Vorfeld mit unangenehmen Eventualitäten auseinandergesetzt und Lösungsansätze gefunden hat. Wie mein eigener Masterplan für den Notfall aussieht, kannst du im 11. Kapitel nachlesen (siehe Seite 185).

Mit einer Freundin? Oder doch lieber allein?

Obwohl meine Internetbekanntschaft Madeline und ich sehr unterschiedlich sind und während unserer gemeinsamen Reise nicht immer einer Meinung waren, waren wir dennoch ein Herz und eine Seele. Praktisch von der ersten Minute an, als wir uns am Flughafen in Penang begegnet waren. Ein Glückstreffer! Denn du kannst dir sicher vorstellen, wie viel Streitpotenzial es gibt, wenn zwei Mütter (und bestimmt auch Väter) mit unterschiedlichen Meinungen 24 Stunden am Tag auf engstem Raum miteinander verbringen, sechs Wochen lang, und noch dazu einige Herausforderungen bei hitzigen Temperaturen meistern müssen. Ohne Zweifel hatte ich in Madeline die perfekte Reisepartnerin gefunden. Ich bin mir allerdings sicher, dass es nicht mit allen Müttern so harmonisch verlaufen wäre, wahrscheinlich sogar nur mit den aller-, allerwenigsten. Das ist auch einer der Gründe, warum ich seitdem nicht nach einer anderen gleichgesinnten Reisepartnerin Ausschau gehalten habe und es vorziehe, allein mit Dante unterwegs zu sein. Denn so schön und entlastend es in vielen Reisesituationen auch sein mag, mit einer Gleichgesinnten zu reisen und sowohl besondere Momente als auch Verantwortung zu teilen, besteht eben auch die Gefahr, dass es zu erheblichen Differenzen kommt, die ihren Schatten über den Urlaub werfen. Vor allem bei Menschen, die sich kaum kennen – aber auch bei guten Freundinnen, die bereits seit Jahren gemeinsam durchs Leben gehen. Manchmal bringt es mehr Freiheiten mit sich, allein mit seinem Kind auf Reisen zu gehen. Dementsprechend bin ich der Meinung, dass man sich mit der Frage, ob man das große Abenteuer wirklich zusammen mit einer anderen Person bestreiten möchte, vorab intensiv beschäftigen sollte.

FÜNF DINGE, DIE ICH IN MALAYSIA GELERNT HABE

- Allein mit Kind zu reisen ist im Grunde wie auf befristete Zeit alleinerziehend zu sein. Man gewöhnt sich schnell an die Herausforderung und Verantwortung – und die gemeinsame Zeit, die man zu zweit an den wunderschönsten Orten verbringt, intensiviert die Beziehung zum Kind um ein Vielfaches.
- Auch in Malaysia hatte ich noch zu viel Gepäck dabei. Bei meiner nächsten Reise würde ich es (hoffentlich) endlich schaffen, mit weniger Gepäck zu reisen.
- Vor allem im muslimischen Malaysia werden kleine süße Babys zum großen Star. Für mich als Mama war das ganz schön gewöhnungsbedürftig, aber Dante hatte seinen Spaß an der vielen Aufmerksamkeit.
- Tägliche Videotelefonie mit Papa hilft enorm gegens Vermissen. Von beiden Seiten aus.
- Die ideale Reisepartnerin zu finden ist ein wahrer Glückstreffer. Es kann funktionieren, muss aber nicht!

MEIN STECKBRIEF FÜR MALAYSIA

Geeignet für: Reiseanfänger

Beste Reisezeit: Dezember bis Februar (Westküste), März bis Oktober (Ostküste), Januar/Februar und Juni bis August (Kuala Lumpur), Dezember bis Mai (Borneo, rund um Kota Kinabalu)

Kosten: mittel bis teuer

Visum: für deutsche Staatsangehörige nicht erforderlich

Am besten fortbewegen mit: öffentlichem Transport oder Mietwagen

Highlights mit Kindern: Schwimmen und ggf. Schnorcheln auf den Perhentians oder auf Langkawi, Legoland (Johor Bahru), KICC Aquarium (Kuala Lumpur), Sunway Lagoon Waterpark (Kuala Lumpur), Kuala Lumpur Bird and Butterfly Park, Sepilok Orangutan Sanctuary (Borneo, Sarawak), Dschungeltour zu den Iban-Indianern (Borneo, Sarawak)

Unsere schönsten Momente: das faule Strandleben auf Perhentian Kecil und Pulau Kapas genießen

Unsere größten Herausforderungen: vom idyllischen Inselleben Abschied nehmen, ungezuckertes Milchpulver finden

Lieblingsorte: Pulau Kapas, Perhentian Kecil, Melaka, Johor Bahru, Kuching (Borneo)

Auf keinen Fall verpassen: Nachtmarkt in Melaka, Wanderung in den Cameron Highlands, faules Strandleben an der Ostküste, Abstecher nach Singapur, in Kuala Lumpur den Blick vom Pool auf die Petronas Towers genießen

Interview: USA

ALLEIN MIT DREI KINDERN UND WOHNMOBIL DIE WESTKÜSTE ENTLANG

Mit einem Wohnmobil durch die USA? Noch dazu als Mutter mit drei Kindern? Klingt ganz schön fordernd. Doch manchmal ergeben sich Gelegenheiten im Leben, die muss man einfach ergreifen. Und das tat Elly kurzerhand. Ein unschlagbares Angebot, gebucht, geflogen – und plötzlich befand sich die damals alleinerziehende Mutter mit ihren Zwillingen (sieben Jahre), ihrer Tochter (zehn Jahre) und einem gemütlichen Wohnmobil auf einem unvergesslichen Roadtrip entlang der US-amerikanischen Westküste.

Elly, wie hast du dich auf die Reise vorbereitet?

Ich habe viele Reiseblogs gelesen. Parallel dazu habe ich mir fleißig Notizen gemacht und in einer Tabelle alle Ziele mit den jeweiligen Tipps der Blogger festgehalten. Außerdem gibt es ein tolles Wohnmobil-Forum www.womo-abenteuer.de/forum mit vielen Tipps, und meine Kinder kannten die US-Notrufnummer, sodass sie im Notfall die Polizei hätten kontaktieren können. Zur Sicherheit hatte ich sie auch im Camper aufgehängt.

Was sollte man auf so einer Wohnmobiltour durch die USA unbedingt dabeihaben?

Das Wichtigste hat man im Wohnmobil ja ohnehin schon: eine kleine Küche, Kühlschrank mit Eisfach und sein eigenes kleines Bad. Was ich aber empfehlen kann, sind zusätzliche Decken, denn nachts wurde es teilweise sehr kalt. Die Kinder hatten Spiele und Malsachen dabei. Vermisst haben wir nichts. Aber einen kleinen Tipp habe ich noch: ausreichend Quarters (Viertel-Dollar-Münzen) für die Waschsalons einstecken. Davon hatten wir anfangs ständig zu wenig.

Wo hast du das Wohnmobil gebucht? Und worauf hast du geachtet?

Gebucht habe ich bei einem Anbieter mit günstigen Preisen und einem deutschen Ansprechpartner. Vor der endgültigen Buchung hat man mir geduldig all meine Fragen zur Wohnmobilreise beantwortet – denn schließlich war das Neuland für mich.

Du, allein mit deinen drei Kindern und zum ersten Mal mit einem Wohnmobil – wie hat das geklappt? War das eine große Herausforderung für dich? Oder doch eher easy?
Es ist schon etwas anderes, ob man allein mit drei Kindern reist oder ob noch ein weiterer Erwachsener dabei ist. Denn so ist man für alles verantwortlich, fährt die ganzen Strecken, regelt alle Buchungen und Reservierungen selbst. Aber nach der Trennung vom Vater der Kinder war ich öfters allein mit ihnen unterwegs. Deswegen wusste ich, dass wir ein gutes Team sind. Meine Kinder können Englisch, wir sprechen zu Hause öfters Englisch. Insgesamt hatten wir drei Handys dabei, und meine Familie wusste immer genau, wo wir gerade sind (Stichwort Live-Standort). Wir blieben außerdem auf den üblichen Touristenpfaden, so waren wir auf den Campgrounds nie allein. Nur abends, wenn die Kinder schliefen, da fehlte mir manchmal jemand zum Reden. Jemand, mit dem man die ganzen Eindrücke teilt. Jemand, mit dem man den Abend ausklingen lässt.

Allerdings ist mein Alltag als alleinerziehende und berufstätige Mutter von drei Kindern oft eine größere Herausforderung, als es unsere USA-Reise war. Glücklicherweise gehört das für mich der Vergangenheit an. Seit Kurzem leben wir nämlich das Abenteuer Patchworkfamilie.

Wie sah eure Route aus? An welchen Orten wart ihr? Wann?
Wir waren im Frühjahr in den Monaten April und Mai da, und unser USA-Trip verlief genauso, wie wir es vorab geplant hatten. Erst zwei Tage Los Angeles, dann zwei Tage San Francisco – und dann startete unser eigentlicher Roadtrip. Jeden Tag *on the road*, jeden Tag woanders. Wir waren unter anderem in Monterey, San Simeon, Calicio, Las Vegas, Valley of Fire, im Zion-Nationalpark, Bryce Canyon, Monument Valley und Grand Canyon. Dann fuhren

wir die legendäre Route 66 entlang. Dabei passierten wir urige Orte wie Seligman, Hackberry und Amboy. Unser nächstes Ziel war der Joshua-Tree-Nationalpark, und unsere letzten Tage verbrachten wir am Strand südlich von Los Angeles.

Wir waren viel unterwegs, es war aber keineswegs zu stressig. Wir hatten überall ausreichend Zeit und konnten auch noch spontane Zwischenstopps einlegen. Die Kinder fanden es super, noch heute fragen sie, wann wir endlich wieder mit einem Wohnmobil einen Roadtrip machen können.

Was waren eure Highlights in den USA?

Das Gefühl von Freiheit, wenn man mit dem Wohnmobil diese unendlichen Straßen entlangfährt. Außerdem die Kinderfreundlichkeit, die einem in den USA überall begegnet. Zum Beispiel in den Restaurants, die Kinder bekamen meist sofort eine Karte zum Ausmalen und Stifte, die sie auch behalten durften. Außerdem ist die Natur dort einmalig und unbeschreiblich. Wenn man oben am Grand Canyon steht und in den Canyon hineinblickt, wird man ehrfürchtig vor dem, was die Natur zaubert. Wenn man sieht, wie viel Leben selbst in einer scheinbar kargen Steinwüste steckt, begreift man, wie wundervoll unsere Natur ist.

Und was hat euch nicht so gefallen?

Es ließ sich ja nicht ändern, aber das Wetter im Frühjahr hat uns einfach einen Strich durch unsere Reiseplanung gemacht. Dann waren da noch Erdrutsche, die den Weg zum Big Sur für uns unpassierbar machten, die starken Windböen, welche die Wasserspiele am Hotel Bellagio verhinderten, und was uns auch traurig gemacht hat, war die aufgrund des Regens ausgefallene Stadttour in San Francisco. San Francisco ist so eine schöne Stadt, wir hätten so gerne mehr davon gesehen.

Wie viel Zeit habt ihr circa* on the road *verbracht? Und wie hast du deine Kinder beschäftigt?
Jeden Tag ein paar Stunden, es war nicht zu viel. Wir hatten genug Zeit an unseren Zielen, dann haben sich die Kinder dort die Landschaft angesehen, gemalt oder Spiele gespielt. Außerdem haben sie ein Reisetagebuch geführt und jeden Tag aufgeschrieben, an welchen Orten sie waren und was für sie am schönsten war.

Wohnmobiltour durch die USA mit Kindern – dein Fazit?
Immer wieder! Man spart sich das Kofferein- und auspacken beim Ortswechsel, kann jederzeit auf einem Parkplatz einen Picknickstopp machen. Im Eisfach hatten wir immer selbst gemachtes Joghurteis dabei und außerdem ein eigenes kleines Bad mit WC, wodurch wir nicht auf die örtlichen Gegebenheiten angewiesen waren.

Planst du noch mal eine Reise in die USA?
Ich habe viele Reiseideen auf meiner Wunschliste stehen, eine Tour mit dem Wohnmobil ist definitiv dabei. Dann aber gerne woandershin. Unser Traumziel ist Australien, aber dafür muss unser Sparschwein erst einmal ordentlich gefüttert werden ...

Was würdest du bei deiner nächsten Wohnmobilreise anders machen?
Weniger Gepäck!

Und hast du schon eine Idee, wohin eure nächste Familienreise geht?
Ich würde gerne mit den Kindern Richtung Österreich-Kroatien-Slowenien. Mal sehen, ob mit Auto oder Wohnmobil. Ginge es nach den Kindern, wird es wieder ein Wohnmobil. Überhaupt,

ginge es nach den Kindern, würden wir wieder Richtung Amerika fliegen. Oder nach Australien. Meine älteste Tochter hat mich kürzlich mit der Aussage überrascht, dass sie gerne mal am Great Barrier Reef schnorcheln möchte. Darüber hatten wir zuvor nie geredet. Und mein Sohn möchte gerne einmal Tiger und Löwen in freier Wildbahn erleben. Und meine Jüngste? Sie träumt vom Disneyland.

ELLYS STECKBRIEF FÜR DIE USA

Geeignet für: Reiseanfänger

Beste Reisezeit: Das kann man pauschal nicht sagen, da es darauf ankommt, wohin man reisen möchte. Wenn man wie wir im Frühjahr an die Westküste reist, kann man zum Beispiel Ziele wie Death Valley besuchen. Jedoch kann es sein, dass einige Passstraßen noch wegen Schnee gesperrt sind. Im Sommer darf man mit vielen Fahrzeugen nicht ins Death Valley einfahren. Zudem ist es an vielen Orten sehr heiß, und es ist natürlich Hauptreisezeit.

Visum: Vor der Anreise müssen deutsche Staatsangehörige nur einen ESTA- Antrag (https://esta.cbp.dhs.gov/esta/) stellen. Kosten: 14 US-Dollar pro Antrag

Am besten fortbewegen mit: In den Städten mit Mietwagen oder Hop-on-Hop-off-Bus. Außerhalb der Städte mit Wohnmobil – und am Pacific Coast Highway am besten mit einem Cabrio.

Highlights für Kinder: Las Vegas. Das hätte ich vorher gar nicht gedacht, aber Las Vegas ist ein interessantes Reiseziel für Kinder. Und Calico hat ihnen ebenfalls gut gefallen. Beeindruckend fanden sie auch den Bryce Canyon und den Grand Canyon.

Unser schönster Moment: Die Abende am Lagerfeuer. Ich habe diese Momente genossen. Schön war auch der letzte Abend. Hinter uns lag eine aufregende Reise. Wir waren am Meer, die untergehende Sonne tauchte alles in ein warmes Licht, die Kinder spielten noch einmal ausgiebig am Strand, und ich genoss die letzten Stunden unseres unvergesslichen Roadtrips.

Unsere größte Herausforderung: Mit dem Wohnmobil durch Los Angeles zu fahren. Die Straßen zwischen den Nationalparks in den USA sind alle angenehm breit und meistens auch eher leer. Aber Los Angeles war eine Herausforderung, und dann noch die vielen schmalen Baustellen.

Lieblingsorte an der Westküste: Laguna Beach, San Francisco und sicherlich wäre es auch der Julia Pfeiffer Burns State Park mit seinem McWay Falls direkt am Highway 1 geworden, wenn wir ihn auf unserer Route hätten besuchen dürfen.

Auf keinen Fall verpassen: Lohnenswert fanden wir den Sonnenaufgang im Monument Valley und den Sonnenuntergang in Los Angeles vom Griffith Observatory. Ein Spaziergang am Grand Canyon South Rim birgt immer wieder neue Ausblicke auf dieses Naturwunder.

USA: WOHNMOBIL MIT KINDERN

Das musst du vorher beachten: Man muss in manchen Fällen Extras separat hinzubuchen, wie zum Beispiel Geschirr, Campingstühle etc. Brennholz haben wir bei Walmart gekauft, dort gibt es auch Chemie für die Campingtoilette zu kaufen. Zum Thema ›Kindersitze‹ kann ich nichts sagen, meine Kinder brauchten keinen mehr. Es gibt aber in den Staaten unterschiedliche Gesetze, daher unbedingt vorher informieren. Außerdem gibt es beim Alkoven (über der Fahrerkabine) keinen Rausfallschutz, daher ist das für kleinere Kinder nicht unbedingt als Schlafplatz geeignet. Während der Fahrt sitzen die Kinder angeschnallt am Tisch, da können sie malen oder spielen.

Ellys Reisetipps: Zur Vorbereitung ruhig mal ein paar Reiseblogs durchstöbern. Und nicht alles komplett durchplanen, damit man auch Zeit hat, mal spontan anzuhalten.

Das muss immer mit: Kuscheltiere für die Kinder. Und bei mir: Kamera. Außerdem natürlich der Ordner mit allen Reiseunterlagen und eine Kreditkarte – besser zwei, weil nicht alle Kreditkarten an allen Geldautomaten funktionieren. In den USA zahlt man nahezu alles mit Kreditkarte.

Besser nicht: Man legt auch in den USA Wert auf gutes und höfliches Benehmen. Rumrennende und schreiende Kinder in Restaurants werden trotz aller Kinderfreundlichkeit nicht gerne gesehen. Außerdem sollte Bitte und Danke zum Standardrepertoire gehören.

Über Elly Heuvers

Ich bin Elly, 37 Jahre alt und lebe mit meinen drei Kindern, meinem Lebensgefährten sowie seinem Sohn auf dem Land im Münsterland. Ich arbeite bei einem Physiotherapeuten im Büro sowie nebenbei in einem Fotostudio. Meine Kinder und auch meinen Partner mit seinem Sohn habe ich längst mit meinem chronischen Reisefieber angesteckt. Sie sind ebenso neugierig auf die Welt wie ich, und ich hoffe, dass ich noch viele schöne Reisen mit ihnen unternehmen kann. Über unsere Touren blogge ich auf www.elly-unterwegs.de. In Fotoberichten nehme ich meine Leser virtuell mit auf unsere Reisen, dazu gibt es nützliche Infos, persönliche Erfahrungsberichte und hilfreiche Links für die eigene Urlaubsplanung.

3. Kapitel

MITTAGSSCHLÄFCHEN IM MUSEUM

- Dantes **6.** Reiseland: **Spanien**
- Dantes Alter: **1 Jahr und 3 Monate**
- ***Kulturprogramm mit kleinen Kindern ist doch nicht machbar, oder?***

Unser WG-Zimmer in der kleinen Dachgeschosswohnung in Madrid lag nur 800 Meter vom weltberühmten Museo del Prado entfernt. Bereits bei unserer Ankunft schwärmte mir Gabriel, unser sympathischer Vermieter, mit dem ich ab jetzt zwei Wochen lang Wand an Wand schlafen sollte, vom größten und bedeutendsten Kunstmuseum der Welt vor.

»Den Prado dürft ihr auf keinen Fall verpassen«, rief mein Namensvetter enthusiastisch, während Dante gerade auf seiner abgewetzten Couch Purzelbäume schlug. »Es ist ein irres Gefühl, wenn man vor Caravaggios Meisterwerk *David mit dem Haupt des Goliath* steht. Aber mein absolutes Lieblingsgemälde ist *Las Meninas* von Diego Velázquez. Ich könnte stundenlang dieses Bild der spanischen Königsfamilie bewundern. Jedes Mal, wenn ich davorstehe, entdecke ich neue Details.«

Gabriels Laudatio wirkte ansteckend. Es kribbelte in meinem Bauch, wenn er enthusiastisch von all den Rembrandts, Goyas, Rubens, Botticellis und Dürers schwärmte. In meinen Gedanken sah ich mich schon selbst durch die verschiedenen Stockwerke wandern und mich voller Ehrfurcht auf die Spuren der großen Künstler begeben. Und in Madrid gab es ja noch weitere wichtige Kunstmuseen: Museo Reina Sofía, Museo Thyssen-Bornemisza, ... Doch plötzlich wurde meine kunstvolle Euphorie brachial zerschlagen, und zwar von meinem Sohn, der gerade um eine Haaresbreite von der Couch gefallen wäre, wenn ihn der Kunstliebhaber Gabriel nicht rechtzeitig aufgefangen hätte. Jedoch stoppte nicht Dantes Beinahe-Sturz meine Vorfreude, sondern eher meine mütterliche Ahnung, dass das ein schwieriges Unterfangen werden würde: Mit einem Kleinkind ins Kunstmuseum? Würden die Mitarbeiter uns nicht gleich nach zehn Minuten rausschmeißen?

Ich sollte nicht ganz recht behalten. Immerhin musste ich meine ambitionierte Kunstmission erst nach 30 Minuten abbrechen. Gabriel hatte mir erzählt, dass man im Sommer ab 17 Uhr kostenlos ins Museo del Prado könne.

»Sei aber rechtzeitig da, denn es warten immer viele Leute davor. Und um 20 Uhr schließt das Museum ja schon«, informierte mich mein Vermieter.

Und ja, es stimmte! Als ich um 16:40 Uhr vor dem Museum eintraf, wartete bereits eine mehrere Hundert Meter lange Schlange an Kunstliebhabern, die geduldig auf den kostenlosen Einlass warteten. Ich wollte schon umdrehen, da ich auf keinen Fall in der brennenden Augustsonne mit meinem Kleinkind warten wollte, als eine Mitarbeiterin des Prados zu mir kam.

»Stellen Sie sich doch gerne in den Schatten am Eingang. Mit einem kleinen Kind müssen Sie selbstverständlich nicht warten. Ich gebe Ihnen gleich Bescheid, sobald Sie reinkönnen.«

Brav folgte ich der freundlichen Dame und merkte, wie mich die neidvollen Blicke der anderen Wartenden verfolgten. Ich war mir sicher, dass sich der Großteil von ihnen gerade auch ein Kind wünschte, um die nervige Wartezeit in der prallen Sonne zu umgehen. Jedoch musste ich mir eingestehen, dass ich von meinem anstehenden Museumsbesuch nicht besonders überzeugt war. Ein Blick zu Dante im Buggy bestätigte meine Skepsis. Mein Sohn hatte keine gute Laune. Gerade beschwerte er sich laut kreischend über irgendeine Nichtigkeit, die ihm mal wieder nicht passte. Heute war halt einer der vielen Tage, an dem ich ihm gar nichts recht machen konnte. Als sich die Türen des Prados öffneten, zögerte ich immer noch. Doch die freundliche Mitarbeiterin wies mir bereits den Weg ins Innere.

Die ersten zehn Minuten verliefen verhältnismäßig okay. Doch danach wurden Dantes schrille, lang gezogene Schreie immer häufiger und vor allem lauter. Ich hatte es gerade in den ersten Stock geschafft, als ich resigniert beschloss, dass ein Besuch im Museo del Prado mit einem Kleinkind doch zu ambitioniert war. Niedergeschlagen gab ich auf, verabschiedete mich von meiner Vorfreude auf Caravaggios *David mit dem Haupt des Goliath* sowie Velázquez' *Las Meninas* und sah zu, dass ich Hackengas gab. Denn mittlerweile häuften sich die genervten Blicke, die meinen kleinen Störenfried und mich ziemlich vorwurfsvoll anvisierten. Ein Mitarbeiter des Prados näherte sich uns. Ich gab ihm kleinlaut zu verstehen, dass ich auf dem schnellsten Wege das Museum verlassen würde. Freundlich lächelte er mir zu und begleitete mich ein Stück. Er wollte wohl sichergehen, dass wir auch ja nicht den Ausgang verpassten.

»Gib nicht auf. Vielleicht hat Dante morgen mehr Lust auf Kunst«, versuchte Gabriel mich abends aufzumuntern. Seine Worte waren zwar lieb gemeint, aber so richtig Trost spendeten sie mir nicht. Ich musste mich wohl damit abfinden, dass wir Madrid verlassen würden, ohne ein Kunstmuseum richtig gesehen zu haben.

Doch am nächsten Tag überraschte mich Dante. Er hatte tatsächlich viel bessere Laune. Mich beschlich das leise Gefühl, dass ich mich eventuell noch mal trauen könnte ... Allerdings auf keinen Fall erneut in den Prado. Ich hatte die Befürchtung, dass wir in diesem Museum nicht mehr willkommen waren. Zum Glück hatte Madrid noch weitere spannende Kunstmuseen im Angebot. Am Nachmittag versuchte ich mein Glück im Museo Reina Sofía. Eingeschüchtert betrat ich das Gebäude. Doch siehe da, Dante schienen die Picassos, Dalís und Mirós wesentlich besser zu gefallen als die angestaubten Kunstschätze von Fra Angelico, Bosch und Barocci. Zumindest schnuffelte er vergnügt an seinem Kissen, gab zufriedene Schmatzer von sich, und kurz vorm kolossalen *Guernica* war er friedlich eingeschlafen. Ich hatte es nicht für möglich gehalten, doch jetzt hatte ich genügend Zeit, um Picassos Gemälde, das mit seinen 27 Quadratmetern einen ganzen Raum füllte, voller Demut zu bewundern. Während mein kleiner Sohn friedfertig in seinem Buggy schnarchte, studierte ich die düsteren Details des wohl bekanntesten Werks der Moderne. Und mir blieb sogar ausreichend Zeit, noch andere Exponate zu bestaunen, denn Dantes wohlverdientes Mittagsschläfchen dauerte an jenem Tag sage und schreibe drei Stunden an. Ein wahrer Rekord!

Ich setzte meine Museumstour an den darauffolgenden Tagen fort. Auch der Besuch im Museo Thyssen-Bornemisza verlief erstaunlicherweise ruhig. Ich hatte erneut das Zeitfenster des Mittagsschläfchens gewählt, und mein Plan ging auf. Kurz nachdem wir das Museum betreten hatten, fiel Dante in einen komatösen Schlaf. Und ausgerechnet unterm Gemälde *Das karge Mahl* von Picasso stieß Dante einen besonders zufriedenen Seufzer aus und kuschelte sich noch tiefer in seine heiß geliebte Schnuffeldecke. Ich wurde den Eindruck nicht los, dass vor allem die Picassos besonders beruhigend auf ihn wirkten.

Unsere zweiwöchige Städtereise nach Madrid war ein voller Erfolg. Nicht nur hatte ich es tatsächlich geschafft, zwei bedeutende Kunstmuseen (und den Prado immerhin 30 Minuten lang) zu besuchen, ich konnte mir mit Dante auch noch viele weitere Sehenswürdigkeiten in der spanischen Hauptstadt anschauen. In aller Ruhe flanierten wir gemeinsam durch die Prachtstraße Gran Vía, wir sahen uns den Königspalast und anschließend den Tempel von Debod an, verweilten an den beliebten Plätzen Plaza de Cibeles und Puerta del Sol, bewunderten die exotischen Palmen und den

Schildkrötenteich im Bahnhof von Atocha, aßen in der quirligen Markthalle Mercado de San Miguel Tapas und statteten der Spanischen Nationalbibliothek einen Besuch ab. Wenn uns nach Erholung oder Toben war, schlenderten wir durch den Retiro-Park oder jagten im Botanischen Garten Enten hinterher, unsere Abende verbrachten wir auf der Plaza Mayor und anschließend auf dem Spielplatz an der Plaza Santa Ana direkt vor unserer Haustür. Wohlgemerkt, das alles mit einem Kleinkind! Zweifelsohne, vor unserer Reise hatte ich ja keine Ahnung gehabt, wie gut so ein Städtetrip funktionieren kann.

REDEN WIR ÜBER Städtereisen

Städtereisen mit Kindern hören sich für viele nach Stress an. Und das können sie definitiv sein. Insbesondere wenn man im Sommer, in der hitzigen Hauptsaison, in den beliebtesten Städten der Welt hektisch sein Sightseeing-Programm abspult und möglichst alles in der kürzesten Zeit gesehen haben möchte. Puh, wie anstrengend! Sogar ohne Kinder. Dann doch lieber ans Meer, in die Berge oder aufs Land …?

Dabei können Städtereisen auch für Kinder spannend und abwechslungsreich sein. Eltern sollten nur der goldenen Regel folgen: Weniger ist mehr! (Gilt übrigens auch für andere Reisearten.) Wer Mut zur Lücke beweist und die Tage mit Ruhe und Gelassenheit angeht, wird mit seiner Familie am Ende des Städtetrips deutlich erholter und trotzdem mit vielen Eindrücken nach Hause fahren. Deswegen macht es Sinn, sich lieber nur wenige Attraktionen an einem Tag vorzunehmen und anschließend mehr Zeit in Parks, auf

Spielplätzen, in gemütlichen Cafés oder auf der Picknickdecke zu verbringen. Das hat auch den Vorteil, dass man tiefer ins urbane Flair abseits touristischer Hotspots eintauchen kann – und so dem authentischen Stadtgefühl ein großes Stück näherkommt. Perfekt, oder?

Städtereisen eignen sich auch hervorragend für einen Kurztrip, zum Beispiel für ein verlängertes Wochenende. Die Vorteile der meisten Großstädte liegen klar auf der Hand. Meistens ist die Anreise relativ unkompliziert, zumindest innerhalb Europas, die Verkehrsanbindungen vor Ort sind sehr gut, man kann eine Menge erleben, und das Angebot an Unterkünften und Gastronomie ist vielseitig. Klingt nach einer tollen Gelegenheit, sich mit der Familie eine ereignisreiche Auszeit zu gönnen. Zudem gibt es viele Städte, die in der Nähe eines Strandes liegen, wie zum Beispiel Lissabon, Porto, Valencia, Tallinn, Lübeck oder Helsinki. So kann man morgens fleißig die Stadt erkunden und sich nachmittags am Strand beim Meeresrauschen erholen, während der Nachwuchs Sandburgen baut oder in die Wellen hüpft.

Welche Städte sind mit Kindern gut geeignet?

Bei der Auswahl des nächsten Citytrips sollten sich Eltern überlegen, welche Stadt sich besonders gut mit den eigenen Interessen, Ansprüchen und Bedürfnissen deckt. Ich bin der Meinung, dass prinzipiell jede Stadt gut mit Kindern geeignet ist. Auch Bangkok, Istanbul oder Buenos Aires! Jedoch gibt es einige Dinge, die Eltern bedenken sollten: Lässt sich die Stadt gut zu Fuß erkunden? Oder ist sie so groß, dass wir mit öffentlichen Transportmitteln unterwegs sein müssen? Wie sieht zur Rushhour der Verkehr aus? Wie sind die Gehwege? Kinderwagen- oder Buggy-tauglich? Gibt es viele kräftezehrende Steigungen? Können wir uns eine zentrale Unterkunft leisten, damit wir uns zwischendurch auch mal ausruhen können? Und überhaupt, muss es unbedingt Paris, Venedig oder Barcelona in der Hauptsaison sein? Ist die Nebensaison nicht deutlich angenehmer für eine städtische Erkundungstour gemeinsam mit einem noch nicht schulpflichtigen Weltenbummler? Oder kommen vielleicht auch kleinere Städte infrage, die keiner so recht auf dem Schirm hat?

Unbekannte Städte-Perlen

Gerade mit Kindern können kleinere Städte sehr reizvoll sein. Sie sind weniger überlaufen, oft auch wesentlich günstiger als die mondänen Hauptstädte, versprühen trotzdem ihren individuellen Charme und bieten zusätzlich ein breites Angebot an Aktivitäten und Möglichkeiten. Aus diesen Gründen bin ich persönlich ein großer Fan davon, »alternative« Städte zu entdecken. Hier meine weniger bekannten Lieblingsstädte kreuz und quer durch Europa, die sich alle lohnen:

- Alberobello (Italien)
- Annecy (Frankreich)
- Aveiro (Portugal)
- Bilbao (Spanien)
- Eger (Ungarn)
- Košice (Slowakei)
- Kutaissi (Georgien)
- Tomar (Portugal)
- Łódź (Polen)
- Lviv (Ukraine)
- Olomouc (Tschechien)

- Plowdiw (Bulgarien)
- Prizren (Kosovo)
- Ribe (Dänemark)
- Riga (Lettland)
- Sibiu (Rumänien)
- Skopje (Nordmazedonien)
- Verona (Italien)
- Vimmerby (Schweden)
- Wroclaw (Polen)

Kulturprogramm mit Kindern? Warum nicht!

Ich bin überzeugt, dass sich mit Kindern fast alles machen lässt – und dass sie sogar an vermeintlich langweiligen Dingen ihren Spaß haben können. Es ist sicherlich eine Frage der Gewohnheit, wie man ihnen etwas vermittelt und vor allem inwieweit man ältere Kinder in die Planung miteinbezieht. Und natürlich darf man sich als Eltern auf keinen Fall selbst unter Druck setzen! Wenn also das Kulturprogramm in Geschrei endet, dann ist es halt so. Und wenn kein Schnuller, kein gutes Zureden und kein Snack weiterhilft, dann sucht man auf leisen Sohlen den Ausgang. Aber wenigstens hat man es versucht.

Dante und ich lieben Städtereisen. Seit Madrid haben wir auf den unterschiedlichsten Städtetrips zahlreiche weitere Museen angeschaut und Kirchen, Tempel, Schlösser, Galerien, Open-Air-Konzerte, Freilichtausstellungen, Partys, Restaurants, Märkte, Beachbars und vieles mehr besucht. Außerdem haben wir relativ problemlos diverse Aktivitäten unternommen, die auf den ersten Blick vielleicht als nicht besonders kindgerecht eingestuft werden könnten: Akropolis in Athen, Salzkathedrale in Kolumbien, Königspalast in Phnom Penh, Gottesdienst in Lissabon, Tempel Wat Pho in Bangkok, Sky Bar in Warschau, Wasserpuppentheater in Hanoi, Thermalbäder in Budapest, ...

Seit Dante zweieinhalb Jahre alt ist, verläuft unser Kulturprogramm etwas anders. Er darf mitbestimmen, was er erleben oder anschauen möchte, und selbstverständlich gibt es zur Belohnung auch öfters mal ein Eis. Ich bemühe mich, seine Aufmerksamkeit zu wecken, ihm Dinge zu erklären und vor allem spannend zu gestalten. Wenn wir uns zum Beispiel in dessen angeblichem Heimatort Sighişoara auf Draculas Spuren begeben, ist es für Dante deutlich aufregender, als ein langweiliges Haus anzuschauen. Auch Geschichten von Königen, Rittern, Piraten, Elfen, Hexen, Trollen und anderen Heldenfiguren beflügeln seine Fantasie, sodass er Schlösser oder alte Gassen mit anderen Augen betrachtet und schlussendlich auch den Städtetrip viel lebhafter, eingängiger und abwechslungsreicher erlebt. Und wenn er mal an einem Tag rumbockt, dann wird das Tagesprogramm voll und ganz auf ihn zugeschnitten. Dann fahren wir Boot, Rikscha oder Straßenbahn, machen ein Picknick, gehen auf den Spielplatz, besuchen ein Kindermuseum, gehen schwimmen oder bewundern voller Faszination die Unterwasserwelt in einem Ozeanarium.

FÜNF DINGE, DIE ICH IN MADRID GELERNT HABE

- Auf den Versuch kommt es an: Man sollte den Mut haben, auch mit einem kleinen Kind in ein Museum zu gehen oder an einem anderen Kulturprogramm teilzunehmen. Mehr als ein schreiendes Kind und genervte Blicke kann ja schließlich nicht passieren!

- Eine Unterkunft in zentraler Lage ist Gold wert. Muss ja nicht gleich ein WG-Zimmer sein, aber ich fand das Zusammenwohnen mit meinem Namensvetter toll.
- Abends auf den spanischen Spielplätzen steppt der Bär. Sogar zur späten Stunde noch. Dementsprechend haben wir unseren Tagesrhythmus angepasst und sind so wie die spanischen Kinder auch um einiges später ins Bett gegangen.
- Ein Hoch auf das Mittagsschläfchen! In dieser wertvollen Zeit konnte ich mich voll und ganz meinen eigenen Interessen widmen. Und ein zweites Hoch auf einen robusten, leichten und wendigen Buggy!
- Obwohl wir zwei Wochen in der spanischen Hauptstadt verbracht haben, haben wir es nicht ins populäre Stadtviertel Chueca geschafft. Egal, dann halt auf unserer nächsten Madrid-Reise.

MEIN STECKBRIEF FÜR MADRID

Geeignet für: Reiseanfänger

Beste Reisezeit: April bis Oktober

Kosten: mittel

Am besten fortbewegen mit: zu Fuß oder mit der Metro

Highlights mit Kindern: Spielplatz Plaza Santa Ana, Bahnhof Atocha, Retiro-Park, Botanischer Garten, Warner Park Madrid, Fußballstadion von Real Madrid (Santiago Bernabéu), Nationalmuseum für Naturwissenschaft

Unser schönster Moment: abends mit anderen Kindern auf dem Spielplatz

Unsere größte Herausforderung: die Hitze im August

Lieblingsorte: Plaza Mayor, Mercado de San Miguel, Plaza de España, Stadtviertel Las Letras

Auf keinen Fall verpassen: am besten alle drei wichtigen Kunstmuseen, Nationalbibliothek, Königspalast, El Rastro (Flohmarkt am Sonntag), Tempel von Debod

4. Kapitel

MITTENDRIN

- Dantes **11.** Reiseland: **Kambodscha**
- Dantes Alter: **1 Jahr und 7 Monate**
- ***Wie verhalte ich mich, wenn meinem Kind die Aufmerksamkeit zu viel wird?***

»*Do you speak English?*«, fragte ich Rithisak hoffnungsvoll.

»*Yes, yes*«, antwortete der Tuk-Tuk-Fahrer enthusiastisch.

Doch bereits in der nächsten Minute zerschlug sich meine Hoffnung auf verbale Kommunikation. Skeptisch stieg ich mit Dante in Rithisaks Tuk Tuk ein und hatte keinen blassen Schimmer, wie wir uns auf unserer Tour durchs ländliche Battambang verständigen sollten. Und überhaupt, wir hatten noch gar nicht so recht abgesprochen, wo wir überall hinfahren wollten. Das konnte ja heiter werden.

Doch bereits bei unserem ersten Stopp auf einer Krokodilfarm merkte ich, dass da eine besondere Spannung in der Luft lag. War es Liebe auf den ersten Blick? Ich sah zu meinem Sohn, der gerade Rithisak mit einem Gartenschlauch nassspritzte. Er brach in schallendes Lachen aus, und auch die Kinder drumherum grölten lauthals mit. Rithisak ging zum Gegenangriff über. Er schnappte sich einen kleinen Behälter, schöpfte Wasser aus dem Brunnen und rannte hinter der freudejubelnden Kindermeute her. Dante war der Jüngste in der Gruppe. Doch die älteren Kinder kümmerten sich rührend um ihn. Sie reichten ihm geschwisterlich die Hand, liefen gemeinsam los und versteckten sich aufgeregt hinter der nächsten Palme. Rithisak mimte ein orientierungsloses Gesicht, rief etwas auf Kambodschanisch und nahm die Fährte der laut quiekenden Winzlinge auf. In großen dumpfen Schritten näherte er sich deren Versteck und stieß ein freundliches »Buh« aus. Sofort liefen die Kinder hinter der Palme hervor und verstreuten sich in alle Himmelsrichtungen. Rithisak hinterher. Aus seinem Eimer spritzte er Wasser auf die herumlaufenden Kinder. Das ließen die Kleinen nicht auf sich sitzen. Sie schnappten sich erneut den Gartenschlauch und zielten auf ihren großen Spielgefährten.

Oh ja, es war Liebe auf den ersten Blick. Zwischen Dante und Rithisak hatte es spürbar gefunkt. Sie waren sofort ein Herz und eine Seele. Dass sie beide nicht die gleiche Sprache sprachen, interessierte sie überhaupt nicht. Nachdem alle Kinder in Sekundenschnelle gemeinsam eine Tüte Chips verputzt hatten, nahm Dante Rithisaks Hand. Der Fahrer verstand sofort. Gemeinsam gingen sie zum Tuk Tuk. Rithisak machte es seinem blonden Beifahrer hinten gemütlich, damit er während der anstehenden Fahrt wieder Kräfte fürs nächste Abenteuer sammeln konnte.

Als wir beim Wat Ek Phnom ankamen, gab mir Rithisak mithilfe von Handzeichen zu verstehen, dass ich mir den imposanten Hindutempel aus dem 11. Jahrhundert ruhig allein anschauen könne. Ich zögerte ein wenig. Meinen Sohn bei einem wildfremden Mann hier in Kambodscha zurücklassen? Doch dann fiel mir ein, dass der Tuk-Tuk-Fahrer für uns schon längst kein Fremder mehr war. Ich schaute Rithisak und Dante noch eine Weile hinterher, beobachtete, wie sie Hand in Hand zu einem schattigen Platz gingen. Sofort kamen andere Kinder hinzu. Ein Junge hatte einen Fußball dabei, den Dante mit strahlenden Augen gleich entgegennahm.

Ich entschied, dass mein Sohn bei Rithisak bestens aufgehoben war, also wagte ich es, auf Erkundungstour zu gehen. Zugegeben, ein merkwürdiges Gefühl! Während ich durch die Tempelruinen am Ufer des Sangkae-Flusses wanderte, spitzte ich immer wieder die Ohren. Obwohl ich mich nicht weit von meinem Sohn entfernt hatte, wagte ich kaum zu atmen. Angestrengt lauschte ich, ob ich das Weinen meines Sohnes vernahm. Doch bis auf das Rauschen des Windes hörte ich nichts.

Als ich von meiner viel zu kurzen Expedition zurückkam, war das Fußballspiel gerade in vollem Gange. Ein Junge im Rollstuhl pfiff das Spiel an. Sofort rannten alle los, kickten den Ball hin und her und zielten dann vorsichtig auf Dante. Mein Sohn lief ebenfalls los, täuschte an, stoppte kurz vorher ab, bückte sich, griff mit beiden Händen den Fußball und rannte mit ihm aus dem Spielfeld heraus.

Wie auf Kommando lachten alle laut los. Am lautesten lachten Rithisak und der Junge im Rollstuhl.

Am nächsten Morgen holte uns Rithisak in unserem Guesthouse ab. Er war zu früh. Ich gab ihm zu verstehen, dass ich mich beeilen würde, denn wir saßen noch beim Frühstück. Rithisak machte nur eine beschwichtigende Handbewegung. Ich verstand sofort, dass ich mir ruhig Zeit lassen konnte. Doch Dante schien keine Zeit mehr fürs ausgiebige Frühstücken zu haben. Kaum hatte er seine große Tuk-Tuk-Liebe erblickt, kletterte er von seinem Plastikstuhl herunter und rannte freudig erregt zu seinem neuen Freund. Nach einer innigen Umarmung waren die beiden auch schon spurlos verschwunden. Ich blieb mutterseelenallein am Frühstückstisch sitzen, biss in meinen mittlerweile kalten Toast und entschied spontan, noch einen Kaffee zu bestellen. Die Aussicht, endlich mal einen Kaffee in Ruhe und vor allem heiß zu genießen, war einfach viel zu verlockend.

An diesem Tag lernten mein Sohn und ich eine Seite Kambodschas kennen, die vielen Touristen verschlossen bleibt. Obwohl Rithisak und ich uns gar nicht so recht verständigt hatten, was wir heute machen wollten, fuhren wir einfach los. Auf erneute Erkundungstour durchs ländliche Battambang. Immer wieder hielten wir unterwegs an, weil neugierige Menschen zum Tuk Tuk kamen. Klarer Fall: Mein blondes Kerlchen war die absolute Attraktion hier auf dem Land. Wenn wir Halt machten, kamen alle aus ihren Häusern herbeigeeilt. Ob Jung oder Alt, alle waren hin und weg von dem exotischen, 80 Zentimeter großen Jungen, der sichtlich Spaß an den zahlreichen Begegnungen hatte. Sobald er schelmisch aus seinem Tuk Tuk winkte, waren alle seinem Charme verfallen. Dessen war sich Dante durchaus bewusst.

Ich konnte sehen, wie er die Aufmerksamkeit genoss. Ich hielt mich im Hintergrund und ließ ihn seine eigenen Begegnungen machen.

Beim nächsten Haus hielten wir erneut an. Ich hatte den Eindruck, dass man uns hier bereits erwartete. Sofort kam der Herr des Hauses freudig zu uns gerannt, half meinem Sohn vorsichtig aus dem Fahrzeug und entführte ihn. Ehe ich mich's versah, war Dante mit dem Mann bereits aus meinem Blickfeld verschwunden. Ich ging langsam hinterher. An der Tür wurde ich von lachenden Frauen in Empfang genommen. Sie nahmen meine Hände in ihre, hielten sie für eine Weile fest und stellten mir anschließend ihre Kinder vor. Während wir Mütter im Vorgarten standen und uns gegenseitig anstrahlten, wurde die Kinderansammlung um mich herum immer größer und größer. Ich war absolut entzückt von der Herzlichkeit, mit der wir empfangen wurden, und von den ganzen niedlichen Kindern, die mich spitzfindig und kichernd von allen Seiten musterten. Doch Moment mal, dachte ich. Wo war eigentlich mein eigenes Kind?

Ich ging ums Haus herum und entdeckte Dante sofort. Er saß im Garten auf dem Boden, umzingelt von Hühnern. Sein verdrecktes Gesicht strahlte vor Freude. Kein Wunder! Denn der Herr des Hauses zeigte ihm gerade ein süßes Küken. Behutsam streichelte Dante das Tierchen. Langsam wurde er mutiger und nahm es schließlich sogar in seine Hände. Doch der kleine Vogel entwich ihm sofort und eilte schnell zurück zu seiner Mama. Die nächste tierische Attraktion war jedoch schon im Anmarsch. Ein Mädchen kam mit einem kleinen Hundewelpen auf dem Arm. Jetzt war es um Dante geschehen. Vor lauter Aufregung verlor er seinen Schnuller, doch das störte ihn ausnahmsweise nicht. Er quiekte laut, klatschte in die Hände und wippte unentwegt von einem Bein aufs andere.

Gerührt beobachtete ich die Szene. Beim Anblick dieser Menschen, die sich über ihren ungewohnten Besuch freuten, machte mein Herz Luftsprünge. Ich war meinem Sohn so dankbar, dass ich das alles erleben durfte. Denn ohne ihn wäre ich auf keinen Fall hergekommen.

Lächelnd nickte ich Rithisak zu. Ich spürte, wie sehr ich unseren Tuk-Tuk-Fahrer mittlerweile ins Herz geschlossen hatte. Trotz anfänglicher Sprachschwierigkeiten.

REDEN WIR ÜBER
die wahren Stars auf Reisen

Gemeinsam mit Kindern fremde Länder und Kulturen zu entdecken ist ein wunderbares Erlebnis. Vor allem in Asien, aber auch in Südamerika oder Afrika sind die Menschen absolut kinderverrückt. Und wenn der kleine Begleiter in den Augen der Einheimischen auch noch exotisch anmutet, vielleicht sogar helle Haut, blonde Haare und blaue Augen hat, dann ist es um sie geschehen. Widerstand ist zwecklos. Sie können ihre eigene Entzückung nicht im Zaum halten, imitieren eine hohe, lang gezogene Singsang-Sprache, die jedes Kind weltweit versteht, und buhlen mit allen Mitteln um die Aufmerksamkeit des kleinen Touristen. Zur Not auch mit Süßigkeiten. Wenn das Kind dann noch neugierig wird, sich kontaktfreudig zeigt oder gar anfängt zu lachen, ist das Eis fix gebrochen. Trotz sprachlicher und kultureller Differenzen.

Zweifelsohne machen es einem Kinder auf Reisen leicht, mit Einheimischen in Kontakt zu treten. In vielen Situationen wird man freundlicher und netter aufgenommen, und man bekommt schneller Zugang zum lokalen Alltagsleben. Man begegnet anderen Eltern auf Spielplätzen oder im Restaurant, neugierige Kinder laufen einem am Strand oder auf der Straße hinterher, und im familiengeführten Guesthouse ist das Kind sofort der große Star.

Doch natürlich müssen sich vor allem die Eltern am Anfang einer Reise daran gewöhnen, dass ihr kleiner Begleiter ständig mit überschwänglicher Zuneigung überhäuft wird. Außerdem kann es schnell passieren, dass der laufende Meter einfach entführt wird. Kaum hat man beispielsweise das Restaurant betreten, kommt schon die Besitzerin mit einem breiten, entzückten Grinsen angerannt und nimmt ihren niedlichen Besucher auf den Arm oder an die Hand, um ihm etwas zu zeigen. Eben war das Kind noch da – und zack, ist es aus dem Sichtfeld verschwunden. Schließlich brennen im Nebenraum noch andere Familienmitglieder oder Mitarbeiter darauf, den Ehrengast kennenzulernen. Die Eltern bleiben verdutzt zurück. Was sollen sie jetzt tun?

Ich kann da nur raten: Wenn sich das Kind von der entzückten Angreiferin nicht abgewendet hat – und vielleicht sogar lacht, dann ist es in guten Händen. Dementsprechend sollten Eltern im Idealfall die Gunst der Stunde für sich nutzen, um in Ruhe zu bestellen und zu essen. In der Regel kommt das Kind irgendwann mit strahlenden Augen zurück, denn es wurde nicht nur von allen möglichen freudetaumelnden Menschen durch die Luft gewirbelt und ordentlich bespaßt, sondern es hält zudem noch einen klebrigen Lolli oder zerschmolzene Schokolade in der Hand. Auch daran sollten sich Eltern gewöhnen: Wer bis dato auf eine gesunde, zuckerfreie Ernährung Wert gelegt hat, wird sich wohl oder übel damit abfinden müssen, dass ihm dieses Vorhaben entgleiten wird. Aber was soll's, es ist ja Urlaub. Da soll auch der kleine Weltenbummler seinen Spaß haben, oder?!

Und abgesehen von den ständigen Entführungen und bestechenden Zuckerbomben, die an jeder Ecke lauern, ermöglichen Kinder uns einen wunderbaren Zugang zum Alltagleben der lokalen Bevölkerung. Ein tolles Reiseerlebnis, das man zurück in der Heimat auf keinen Fall missen möchte. Und oft bilden sich aus solchen Begegnungen auch herzerwärmende Reisefreundschaften, an die man sich noch lange wehmütig zurückerinnert. So wie wir uns an Rithisak.

Kinder eigene Begegnungen machen lassen

Bereits im frühen Alter fangen Kinder an, mit ihrer Umwelt aktiv zu kommunizieren und zu interagieren. Und von da an können sie auf Reisen ihre eigenen Erfahrungen machen.

Ich muss zugeben, dass es sich auch für mich sonderbar angefühlt hat, als Dante das erste Mal entführt worden ist: Mein kleines Baby in die Hände einer wildfremden Person geben? Und dann verschwindet sie noch mit ihm? Doch in vielen Ländern herrscht ein anderer Umgang mit Kindern. Während es in Deutschland eher üblich ist, fremde Kinder nicht anzufassen und die höfliche Distanz zu wahren, ist es woanders ganz normal, dass die Kleinen von einem Arm zum nächsten herumgereicht werden. Also inspizierte ich Dantes Gesichtsausdruck genau, sah seine freudestrahlenden Augen und beschloss, dass er im richtigen Alter war, um selbst Freundschaften zu schließen.

Allerdings kann ich es gut nachvollziehen, wenn Mütter oder Väter nicht wollen, dass fremde Menschen ihr Kind anfassen. In solchen Fällen wird es vielleicht schwieriger, seinen Wunsch zu kommunizieren, ohne dabei unhöflich zu wirken. Ich empfehle daher, sich eine profane Ausrede einfallen zu lassen wie zum Beispiel, das Kind sei müde, habe Hunger, es schäme sich oder fühle sich nicht wohl. So eine Entschuldigung verstehen viele Menschen eher, als wenn man direkt sagt: »Hände weg von meinem Kind!« Und wer weiß, vielleicht gewöhnt man sich im Laufe der Reise an die viele Aufmerksamkeit und daran, dass das Kind ständig entführt wird und der wahre Star der Reise ist.

FÜNF DINGE, DIE ICH IN KAMBODSCHA GELERNT HABE

- Dante genoss sichtlich die ganze Aufmerksamkeit, die er an jeder Ecke geschenkt bekam. Wenn es ihm zu viel gewesen wäre, hätte ich ihn aus der Aufmerksamkeitszone rausgenommen und womöglich auf dem Arm oder in der Trage behalten. In Kambodscha war Dante offen für Begegnungen und auch für andere Kinder, was mein Mama-Herz natürlich besonders erfreute.
- Endlich weniger Gepäck: Geht doch! Bei meiner dritten Fernreise hatte ich es geschafft, mit verhältnismäßig minimalistischem Gepäck zu reisen. So eine Erleichterung!
- Es gibt Spiele, an denen haben Kinder überall auf der Welt Spaß, zum Beispiel Verstecken, Fußball und ganz besonders: andere mit einem Wasserschlauch nass zu spritzen.
- Oberstes Gebot: Die Gunst der Stunde nutzen! Wenn also die Einheimischen mit Dante spielen, dann ist es die perfekte Gelegenheit, mich zurückzulehnen und meine kleine Auszeit zu genießen.
- Beim Süßigkeiten- und Chips-Konsum großzügig beide Augen zudrücken. Wie kann man das ungesunde Zeug seinem Kind verbieten, wenn es dieses gerade geschenkt bekommen hat? Zu Hause kann man dann ja wieder zu einer gesunden Ernährung übergehen.

MEIN STECKBRIEF FÜR KAMBODSCHA

Geeignet für: Reiseanfänger

Beste Reisezeit: November bis Februar

Kosten: günstig

Visum: für deutsche Staatsangehörige erforderlich, eVisa (www.evisa.gov.kh) oder Visa on Arrival möglich, Kosten circa 30–36 US-Dollar (Passfoto notwendig)

Am besten fortbewegen mit: Shuttles und Tuk Tuks

Highlights mit Kindern: Koh Rong Samloem, Kep Butterfly Farm, Fahrt mit dem Bamboo Train (Battambang), Fledermaushöhle (Battambang)

Unser schönster Moment: als wir am dörflichen Leben um Battambang teilnehmen konnten

Unsere größte Herausforderung: Speedbootfahrt auf die Insel Koh Rong Samloem

Lieblingsorte: Battambang und Umgebung, Kampot, Koh Rabbit

Auf keinen Fall verpassen: Königspalast (Phnom Penh), Angkor Wat, Kep Crab Market

5. Kapitel

EPISCHE ZUGFAHRT IN DER DRITTEN KLASSE

- Dantes **12.** Reiseland: **Sri Lanka**
- Dantes Alter: **1 Jahr und 8 Monate**
- ***Wie beschäftige ich mein Kind auf den langen Fahrten? Das dreht doch durch!***

Aufgeregt hielt ich unsere Fahrkarten in der Hand. Wir hatten großes Glück gehabt, dass wir noch welche ergattern konnten. Denn normalerweise ist diese beliebte Zugstrecke mehrere Wochen im Voraus ausgebucht. Wie ein hibbeliges Kind schaute ich immer wieder auf unsere wertvollen Tickets: Ella bis Kandy, dritte Klasse. Mein Mann Lars hatte vor ein paar Tagen die Hände überm Kopf zusammengeschlagen, als uns der Verkäufer erzählte, dass er nur noch zwei Plätze in der nicht klimatisierten dritten Klasse hätte. Umgangssprachlich wird sie auch Holzklasse genannt, da man bis auf die quietschenden kleinen Ventilatoren an der Decke absolut keinen Komfort erwarten durfte.

»Nehmen wir!«, hatte ich, ohne zu zögern, gerufen. Während uns der freundliche Singhalese am Schalter die heißbegehrten Tickets ausstellte, blickte ich zu Lars und konnte eindeutig eine Sorgenfalte auf seiner Stirn erkennen.

»Wie lang ist denn die Zugfahrt?«, fragte er mürrisch.

»Ach, etwas zwischen sechs und sieben Stunden«, antwortete ich freudestrahlend, schließlich fieberte ich bereits seit unserer Ankunft in Sri Lanka diesem Abenteuer entgegen. Eine der schönsten Zugstrecken weltweit!

Lars konnte meine Freude allerdings nicht so recht teilen. Mir war bewusst, dass er viel lieber in der komfortablen ersten Klasse mit Klimaanlage, bequemen Sitzen und mehr Beinfreiheit gefahren wäre. Doch eine andere Sache bereitete ihm noch viel größeres Kopfzerbrechen: »Sieben Stunden Zug fahren? Mit Dante? Mir graut es jetzt schon davor«, sagte er niedergeschlagen.

»Mach dich doch nicht im Vorfeld verrückt! Wir lassen es einfach auf uns zukommen. Du wirst sehen, dass die Fahrt bestimmt im Nu vergehen wird. Die Landschaft im Hochland soll der absolute Hammer sein«, entgegnete ich ihm enthusiastisch. Um Dante machte ich mir ehrlicherweise schon lange keine Sorgen mehr. Er liebte Zugfahrten, das wusste ich. Eigentlich liebte er das Unterwegssein in allen Transportmitteln. Für ihn schien meistens der Weg bereits das große Abenteuer zu sein.

Ein schrilles, lang gezogenes Hupen ertönte in der Ferne. Auf dem Bahnsteig in Ella wurde es hektisch. Mit uns warteten Hunderte weitere Menschen. Als der blaue Zug – ein Überbleibsel aus der britischen Kolonialherrschaft – in den Bahnhof tuckerte, fing das chaotische Gedrängel an. Von allen Seiten wurde gedrückt, gequetscht und geschoben. Doch Lars und ich versuchten uns nicht aus der Ruhe bringen zu lassen. Schließlich kannten wir das Chaos auf den Bahnsteigen, da wir bereits mehrmals in Sri Lanka Zug gefahren waren. Schon fast routiniert schnappten wir uns das Gepäck. Wie immer nahm Lars den Rucksack und den Koffer – und ich das Handgepäck, den zusammengefalteten Buggy und das Reisebett. Dante hatte ich in der Trage vor meiner Brust angeschnallt. Als der Zug mit einem ohrenbetäubenden Quietschen zum Stehen kam, ließen wir uns einfach mit der Menschenmasse in den Zug treiben.

Im Abteil angekommen, inspizierten wir unsere Plätze.

»So schlecht sieht es hier in der dritten Klasse doch gar nicht aus«, stellte ich fest. Es war einigermaßen sauber, das war für mich schon ein großer Pluspunkt.

Lars nickte. Seine Stimmung war mittlerweile deutlich besser als noch vor ein paar Tagen, als wir unsere Tickets gekauft hatten. Ich schnallte Dante ab, und er sicherte sich natürlich sofort den Logenplatz direkt am offenen Fenster. Als ich ihm zu erklären versuchte, dass wir insgesamt nur zwei Plätze hätten und er dementsprechend auf meinem Schoß sitzen müsste, fing er ordentlich an rumzuzicken. Doch sein Meckern währte nicht lange. Denn schließlich ertönte erneut das schrille, lang gezogene Hupen. Wie aufregend! Der urige Zug aus der Kolonialzeit war abfahrbereit. Im Schritttempo tuckerte er los.

Aus dem geöffneten Fenster konnten wir bunt gekleidete Menschen sehen, die uns fröhlich zuwinkten. Für sie schien der blaue Zug, der bereits seit Jahrzehnten mehrmals täglich an ihrer Haustür vorbeifuhr, immer noch ein spannendes Ereignis zu sein. Begeistert winkte mein kleiner Blondschopf ihnen zurück. Mit einer durchschnittlichen Geschwindigkeit von 25 Kilometern die Stunde fuhr der Zug durch malerische Teeplantagen, vorbei an gewaltigen Abgründen, beschaulichen kleinen Dörfern, majestätischen Tempeln und legte dabei eine beachtliche Zahl an Höhenmetern zurück. Immer wieder entdeckte Dante eine neue Besonderheit und zeigte dann aufgeregt mit seinem kleinen Finger aus dem Fenster. Ein Bach, Palmen, ein Fluss, kleine Hütten, ein Schrein, ...

Im nächsten Ort Haputale hielten wir direkt vor einem Bahnhofsmitarbeiter mit lustiger roter Mütze und Trillerpfeife. Er lächelte Dante an und schnitt ein komisches Gesicht. Mein Sohn konnte sich nicht einkriegen vor Lachen. Und sein unbefangenes kindliches Lachen wirkte ansteckend auf die anderen Passagiere um uns herum. Unsere Nachbarn gegenüber fingen an, mit meinem Sohn zu reden. Das Pärchen Heike und Klaus war ebenfalls aus Deutschland. Und es dauerte nicht lang, als Dante sich entschloss, spontan seine Sitznachbarin zu wechseln. Er gesellte sich zu Heike und schaute neugierig zu, wie die Frau mit der wilden Lockenmähne immer wieder spannende Dinge aus ihrer Handtasche zauberte. Mal einen Karabinerhaken, dann Kopfhörer, und anschließend kam ein pinker Kugelschreiber zum Vorschein. Freudig nahm Dante diesen entgegen und fing sofort an, mit Heikes Erlaubnis ihr Notizbuch vollzukritzeln.

Anschließend war es an der Zeit, auf große Erkundungstour zu gehen. Die singhalesische Familie neben uns konnte es kaum erwarten, dass Dante zu ihnen kam. Mit hohen Lauten kitzelte die Mutter ihn sofort am Bauch, und als ich gerade ein paar Sekunden lang nicht aufpasste, hatte mein kleiner Mann schon einen giftgrünen Bonbon in der Hand, den er mit strahlenden Augen auspackte. Ich machte gute Miene zum zuckersüßen Spiel, bedankte mich überschwänglich bei der freundlichen Familie und hoffte inbrünstig, dass mein Sohn keinen Zuckerschock erleiden würde. Doch plötzlich verzog er angeekelt das Gesicht und spuckte ohne jegliche Vorwarnung den Bonbon in meine Hand aus. Wie gut, dass ich mein Handgepäck griffbereit hatte und die Feuchttücher immer ganz oben im Rucksack lagen. Für solche Notfälle halt.

Als ich die klebrigen, giftgrünen Sabberspuren einigermaßen von meiner Handfläche gewischt hatte, forderte Dante auch schon sein Essen. Anschließend setzte er sich vollgemampft auf meinen Schoß, kuschelte sich dicht an meinen Körper, und wenige Minuten später vernahm ich sein zufriedenes Schnarchen.

Draußen hatte sich der Himmel bedrohlich zugezogen. Tief hängende rabenschwarze Regenwolken, die für diese Gegend typisch waren, kündigten den nächsten Ort an: die Kleinstadt Nuwara Eliya. Wir hatten also knapp die Hälfte der Zugfahrt hinter uns gebracht. Ich blickte zu meinem Mann rüber, der ebenfalls eingenickt war.

Auch die restlichen Stunden vergingen relativ schnell. Nachdem Dante aus seinem Mittagsschlaf aufgewacht war, wurde er selbstverständlich quengelig und bekam Hummeln im Hintern, und auch mein Mann musste sich mal dringend die Beine vertreten. So liefen beide gemeinsam den Gang auf und ab, nutzten beide Festhaltegriffe als Turngeräte, inspizierten aufmerksam die Ware der vielen Verkäufer und machten Quatsch.

Zurück auf seinem Platz (also meinem Schoß) las Dante in seinen Pixi-Büchern und schaute eine längere Weile aus dem Fenster. Auf einmal wurde es im Zug wuselig.

»Kandy, Kandy« – der Schaffner kündigte die nächste Station an.

»Ach, sind wir schon da?«, fragte ich erstaunt.

»Ja, zum Glück«, antwortete Lars und beklagte sich im selben Atemzug erneut über die harten Sitze in der Holzklasse. Lange Fahrten waren halt echt nicht sein Ding – egal wie spektakulär die Zugfahrt auch gewesen sein mochte. Er war froh, dass wir endlich angekommen waren, obwohl er zugeben musste, dass die Fahrt trotz ihrer sechs bis sieben Stunden Dauer wesentlich entspannter verlaufen war, als er zuvor befürchtet hatte.

REDEN WIR ÜBER
ewig lange Fahrten

Zugegeben, nicht auf allen Fahrten war Dante so entspannt wie im Zug nach Kandy. Denn wir beide haben auch ein paar Fahrten erleben dürfen, die vor allem mir noch lange in Erinnerung bleiben werden. Wenn ich nur an die Fahrt vom Strand Cascais zurück ins Zentrum Lissabons denke, bekomme ich erneut feuchte Hände und spreche ein Stoßgebet aus: »Lieber Gott, lass diese Fahrt schnell vorbeigehen! Bitte!!!« Dabei dauerte die Zugfahrt gerade mal 40 Minuten. Lang genug jedoch für eine bühnenreife Schreiattacke.

Was der Auslöser für Dantes Tobanfall gewesen war? Keine Ahnung! Sicherlich irgendeine Nichtigkeit, die in seinen Augen um Haaresbreite an einem Weltuntergang vorbeigeschlittert war. Von Sekunde zu Sekunde wurde Dantes Kreischen lauter. Am Anfang versuchte ich ihn noch krampfhaft zu beruhigen, da mir die Blicke der anderen

Mitfahrer unangenehm waren. Doch zwei Stationen später gab ich endgültig auf. Meine Deeskalationsbemühungen waren kläglich gescheitert. Dessen war ich mir bewusst, als ich sah, dass Dante sich wie ein angeschossenes Tier auf dem Boden hin und her wälzte. »Lieber Gott, lass diese Fahrt schnell vorbeigehen! Bitte!!!«, schoss es mir da durch den Kopf. Doch ich wusste nur zu gut, dass die Fahrt über die verbleibenden fünf Stationen noch lang werden würde.

Und wenn wir schon mal beim Thema ›Horrorfahrten mit dem lieben, süßen Nachwuchs‹ wären, dann fällt mir auch noch eine S-Bahnfahrt von zu Hause aus in die Hamburger Innenstadt ein. Diese Fahrt hatte gerade mal 25 Minuten gedauert und wurde begleitet von einer kreischenden, tobenden, brüllenden Trotzattacke, die ihresgleichen sucht.

Was ich damit sagen möchte, ist, dass wir praktisch nie wissen, wann diese nervenaufreibenden Fahrten uns Eltern erwischen – und wenn wir ehrlich sind, ist es auch egal, ob es in Hamburg oder Hanoi passiert. Oder? Demzufolge macht es meiner Meinung nach keinen Sinn, sich bereits im Vorfeld damit verrückt zu machen. Lass die Fahrt lieber auf dich zukommen – und falls es doch ganz schlimm werden sollte, dann kannst du immer noch zum altbewährten Mantra greifen: »Ich lasse mich nicht zur Weißglut treiben, denn jede Fahrt geht irgendwann zu Ende. Ich lasse mich nicht …« Du wirst sehen, dieses Mantra bewirkt Wunder.

Manchmal ist auch der Weg das große Abenteuer

Zum Glück hat sich die Anzahl der Horrorfahrten mit Dante im durchaus erträglichen Rahmen gehalten. Denn klar hätte es meine Reiselust gemindert, wenn mein kleines Kind immer wieder das Flugzeug oder den Bus zusammengeschrien hätte. Allerdings habe ich das Gefühl, dass sich Dante im Laufe unserer Reisen immer mehr an das Unterwegssein gewöhnt – und sogar seinen großen Spaß dabei entwickelt hatte. Denn mit der Anzahl der Stempel im Kinderreisepass wuchs auch seine Liebe zu allen denkbaren Transportmitteln. Autos, Flugzeuge, Busse, Züge, Metros, Tuk Tuks, Speedboote, Fähren, Longtailboote, Pick-ups, Mopeds, Fahrräder, Pferdekutschen: Für meinen Sohn ist es super spannend, unterwegs zu sein – und ich kann behaupten, dass für ihn die Fahrten das größte Abenteuer auf unseren Reisen ausmachen. Und weißt du, was ich noch denke? Ich bin fest davon überzeugt, dass Dante kein Einzelfall ist, sondern dass es vielen anderen Kindern genauso geht. Selbstverständlich sind Kinder unterschiedlich, und nicht alle fühlen sich unterwegs wohl. Viele fangen bereits nach kurzer Zeit an, ununterbrochen zu fragen, »sind wir denn baaald da?«, andere wiederum fallen sofort in einen tiefen Schlaf, sobald sie das Auto oder den Bus von innen sehen. Doch egal zu welchem Typ dein Kind gehört, lange Fahrten sollten kein Grund sein, nicht mit dem Nachwuchs zu verreisen. Einfach mal ausprobieren, ist meine Devise! Was soll denn schlimmstenfalls passieren? Wenn das Kind schreit, dann werden die Passagiere es schon überleben. Und obwohl ich schon viel geflogen bin und unzählige lange Fahrten erlebt habe, kann ich mich an kein Kind erinnern, das die ganze Zeit durchgeschrien hätte.

Wem es immer noch vor den langen Fahrten mit seinen Kindern graut, der kann sich ja auch in kleineren Etappen an das Thema heranwagen. Es muss ja nicht gleich der Flug über den Atlantik sein.

Nicht an die Zeit denken

An dieser Stelle möchte ich dir den Ratschlag meiner Kinderärztin ans Herz legen. Als ich sie nach einem Tipp gefragt habe, wie ich

Dante auf einem elfstündigen Flug besänftigen könnte, meinte sie: »Nutzen Sie gemeinsam die Zeit zum Kuscheln. Diese intensive Gelegenheit hat man im Alltag nur selten.« Und sie gab mir noch eine weitere wertvolle Erkenntnis mit auf die Reise: »Machen Sie sich bewusst, dass es ausschließlich Sie sind, die Angst vor den vielen Stunden hat und ständig an die konkrete Zahl denkt. Kleine Kinder haben bis zum siebten Lebensjahr noch keine Vorstellung von Zeit, denken nicht in einer zeitlichen Kategorie – geschweige denn, dass sie einschätzen könnten, wie lang elf Stunden sind. Machen Sie es also genau wie Dante. Denken Sie einfach nicht an die Zeit.«

Der Survival-Guide für ewig lange Fahrten

- Mach dich im Vorfeld nicht verrückt.
- Nutze nach Möglichkeit das Mittagsschläfchen, um die Fahrt zu verkürzen.
- Macht es euch mit Kissen, Decke und bequemer Kleidung gemütlich.
- Ein eigener Sitzplatz fürs Kind ist immer Gold wert.
- Kuschelt so viel wie möglich.
- Nimm immer ausreichenden Essensproviant mit.
- Halte das Handgepäck stets griffbereit.
- Vergiss nicht, kleine Spielsachen mitzubringen.

- Oh, wie spannend es ist, gemeinsam aus dem großen Panoramafenster zu beobachten, wie die Welt an einem vorbeizieht.

- Die schaukelnden Bewegungen und die regelmäßige Geräuschkulisse auf der Bahnfahrt können auch ermüdend wirken.

- Zugfahrten bieten im Vergleich zu Bus- oder Autofahrten deutlich mehr Bewegungsspielraum.

FÜNF DINGE, DIE ICH IN SRI LANKA GELERNT HABE

- Die meisten Kinder gewöhnen sich ans Unterwegssein. Für sie müssen lange Fahrten nicht zwingend sterbenslangweilig sein!
- Von den Menschenmassen und dem Chaos auf den Bahnsteigen in Sri Lanka darf man sich bloß nicht verrückt machen lassen, auch wenn das am Anfang der Reise schwerfällt.
- Zugfahren in Sri Lanka ist in der dritten Klasse wesentlich spannender als in der ersten Klasse.
- Vertraue nie einem Singhalesen, wenn er dir versichert, dass das Essen auf keinen Fall *spicy* sei. Vorsichtshalber habe ich immer erst mal zaghaft reingebissen.
- Mit dem Tuk-Tuk-Fahrer handelt man am besten immer einen festen Preis aus und besteht nach der Fahrt vehement darauf, falls es zu einem Disput kommen sollte.

MEIN STECKBRIEF FÜR SRI LANKA

Geeignet für: Reiseanfänger

Beste Reisezeit: November bis April (Süd- und Westküste), April bis Oktober (Ostküste)

Kosten: mittel

Visum: für deutsche Staatsangehörige erforderlich, eVisa (http://www.eta.gov.lk/slvisa/) möglich, Kosten: 50–60 US-Dollar (Kinder bis 12 Jahre umsonst)

Am besten fortbewegen mit: Zügen oder privatem Fahrer

Highlights mit Kindern: Safari, Elefantenwaisenhaus Udawalawe, Strand bei Tangalle (Mangrove Beach Cabana), Königlicher Botanischer Garten (Kandy), Zugfahren

Unser schönster Moment: im Morgengrauen freilebende Elefanten bei ihrem Wasserbad beobachten

Unsere größte Herausforderung: das Chaos an den Bahnsteigen

Lieblingsorte: Haputale, Ella, Tangalle, Colombo

Auf keinen Fall verpassen: Nationalpark Udawalawe, Wanderung durch die Teeplantagen bei Haputale, Zugfahrt von Ella nach Kandy (oder in die umgekehrte Richtung), Besteigung des Little Adam's Peak, Galle Face in Colombo

Interview: Russland

18.576 KILOMETER MIT DER TRANSSIBIRISCHEN EISENBAHN

Ina, ihr Mann Nico und ihre vier Kinder sind absolute Eisenbahnfans. Sie lieben es, wenn der Zug angenehm schaukelt, die Landschaften und Städte an ihrem Fenster vorbeiziehen und die Augen dann irgendwann zufallen. Deswegen unternimmt die Familie am allerliebsten Interrail-Reisen kreuz und quer durch Europa – und gerne auch mal darüber hinaus, wie zum Beispiel durch Russland. Natürlich mit der Transsibirischen Eisenbahn! Gemeinsam mit ihren zwei Töchtern (zwei und acht Jahre) und ihrem Mann ist Ina einen knappen Monat lang von Moskau nach Wladiwostok und wieder zurück gefahren. Insgesamt 18.576 Kilometer auf Schienen.

Ina, wie seid ihr darauf gekommen, mit der Transsibirischen Eisenbahn durch Russland zu reisen?
Den Traum mit der Transsibirischen Eisenbahn hatte ich schon lange. Früher habe ich immer gemeinsam mit meiner Mama davon geträumt, später, wenn sie mal Rentnerin ist, mit der Transsib zu fahren. Dazu kam es allerdings nie, sie ist vor fünf Jahren gestorben. Später hatten mein Mann Nico und ich diesen Traum: Wenn wir mal alt sind, fahren wir mit der Transsibirischen Eisenbahn ... Aber im letzten Winter dachten wir, warum machen wir es nicht einfach jetzt? Unsere Kinder sind absolut eisenbahnerprobt und lieben das Zugfahren genauso wie wir. Somit stand unserem Transsib-Abenteuer nichts im Weg, zumal Nico auch noch vier Wochen Elternzeit hatte, die wir dafür genutzt haben.

Wie habt ihr euch vorbereitet? Wo habt ihr die Zugtickets gekauft?
Angefangen zu planen haben wir ein gutes halbes Jahr vorher. Es gehört durch die Visa-Geschichte für Russland ja immer etwas Planung dazu. Zuerst haben wir einen Flug gebucht, dadurch war Start- und Enddatum festgesetzt. Dann haben wir das Visum für Russland beantragt und drei Monate vor der Fahrt die Zugtickets gekauft. Wir haben direkt über die Russische Bahn gebucht, es gibt auch Agenturen, die das machen, aber inzwischen ist die Webseite der Russischen Bahn auch auf Englisch, sodass es unkompliziert ist, im Gegensatz

zu früher. Man bezahlt mit Kreditkarte und erhält die Tickets als E-Tickets, sollte sie aber immer auch in Papierform mitnehmen, da die App manchmal Probleme macht. Wenn die Tickets über Reisebüros oder Agenturen gebucht werden, dann sollte man unbedingt darauf achten, dass der eigene Name auf den Tickets steht, denn es werden immer die Pässe beim Einsteigen geprüft und die Namen auf den Tickets abgeglichen. Am allerbesten ist es natürlich, wenn die Tickets auch noch in russischer Sprache sind, denn Englisch versteht nicht jeder Schaffner.

Und wie viel kosten die Zugtickets?
Das hängt ein wenig von der Strecke ab und wie oft man aussteigen möchte. Grundsätzlich kann man sagen, je länger die jeweiligen Zugetappen sind, desto preiswerter wird es. Viele Zwischenstopps auf der Route machen die Fahrt teurer. Und natürlich kommt es auch darauf an, wie weit man fährt, man kann zusätzlich zwischen unterschiedlichen Kategorien wählen und noch ein paar andere Dinge. Wir hatten zum Beispiel die günstigste Kategorie und meistens ein Essen am Tag. Insgesamt haben wir 1.162 Euro bezahlt, also für zwei Erwachsene und ein Kind, denn die Kleine schlief bei mir im Bett und fuhr dementsprechend kostenlos. Wir sind die Strecke von Moskau nach Wladiwostok und wieder zurück gefahren und haben dabei 13 Nächte im Zug geschlafen. Für diese Tage brauchten wir also keine Unterkunft zu bezahlen.

Du hattest ja bereits angedeutet, dass man für das Beantragen des Russlandvisums ein wenig Zeit benötigt. Wie habt ihr es beantragt? Und was galt es da zu beachten?
Ein Visum für Russland braucht ja jeder. Man kann es entweder beim Generalkonsulat selbst beantragen oder es über Visazentren

machen lassen. Wir haben es mithilfe einer Agentur beantragt und alle notwendigen Unterlagen postalisch weggeschickt. Denn beim Beantragen des Russlandvisums gibt es wirklich viel zu beachten – von Krankenversicherung, über Einladungsschreiben bis hin zur Bescheinigung einer Rückreisebewilligung. Ist eine ganze Menge, aber auch kein Hexenwerk, wenn man das alles über eine Agentur machen lässt, denn die weiß genau, was man alles braucht, und gibt Bescheid, wenn erforderliche Unterlagen fehlen sollten.

Was sollte man unbedingt auf einer Reise mit der Transsibirischen Eisenbahn dabeihaben?

Wir sind Minimalreisende, sprich: Wir haben nie viel mit. Wichtig ist bei uns die Technik, also Nicos Fotoausrüstung und natürlich der Laptop, nicht nur zum Schreiben, sondern auch damit die lieben Kleinen Serien und Filme schauen können. Für uns war eine Mehrfachsteckdosenleiste besonders wichtig, da in manchen Zügen nur drei Steckdosen im Gang sind und der Bedarf oft natürlich viel größer ist. Sonst was zum Spielen für die Kinder, unsere Tochter war hocherfreut, dass wir einen kleinen Ball dabeihatten. Und unsere Allzweckwaffe sind Feuchttücher! Auf jeder Reise.

Wie sah eure Route aus? An welchen Orten seid ihr wie lange geblieben?

Unsere Route führte uns von Moskau nach Irkutsk, dann nach Wladiwostok und dann auf dem Rückweg über Ulan-Ude und Jekaterinburg wieder nach Moskau, also genau 18.576 Kilometer auf Schienen. In Moskau waren wir zum Anfang der Reise drei Tage und noch einmal einen Tag am Ende der Reise. In Irkutsk blieben wir fünf Tage, in Wladiwostok drei Tage, in Ulan-Ude auch und in Jekaterinburg zwei Tage.

Welche Orte haben euch am besten gefallen? Und warum?
Jede Stadt hatte ihren Reiz. Besonders beeindruckt waren mein Mann und die Kinder von der nie schlafenden Hauptstadt Moskau, die modern und weltoffen wirkt, und dann vor allem auch von Ulan-Ude, der Hauptstadt der Teilrepublik Burjatien, wo der Buddhismus auf Russland trifft. Eine Stadt, in der die typischen Holzhäuser gepflegter und besser instandgehalten sind als in Irkutsk. Und auch der Verkehr läuft in Ulan-Ude um einiges gesitteter ab als in den anderen russischen Städten.

Was war das Highlight eurer Reise? Was war nicht so schön?
Die ganze Fahrt mit der Transsibirischen Eisenbahn war ein Highlight! Ich liebe es einfach, stundenlang aus dem Fenster zu schauen, und ich schlafe hervorragend im Zug. Sonst waren es die Begegnungen mit den Menschen, die meist wunderbar waren. Wir haben ja in einem Abteil nur drei Betten belegt, sodass immer eine andere Person mit uns gereist ist. Meistens waren das die typischen russischen *Babuschkas*, aber auch mal ein älterer Chinese. Allerdings erlebten wir in der Transsibirischen Eisenbahn auch etwas, was nicht so schön war. Und zwar eine Mutter, die mit ihrer zweijährigen Tochter ständig schimpfte und sie sogar schlug. Die Erziehung der Kinder in Russland ist halt oft anders als bei uns. In Russland wird es akzeptiert und toleriert, dass Kinder geschlagen werden. Diese Zugfahrt war für mich ziemlich anstrengend, denn so etwas geht völlig gegen unsere eigenen Erziehungsprinzipien.

Wie viel Zeit habt ihr im Zug verbracht? Und wie habt ihr die Kinder beschäftigt?
Wir haben 13 Tage und Nächte im Zug verbracht – und es war keineswegs langweilig. Unsere achtjährige Tochter hat in der ganzen

Zeit nur drei- bis viermal gesagt, dass ihr langweilig sei. Wir haben mit den Kindern gespielt, gemalt und gelesen. Oft waren in der Transsibirischen Eisenbahn auch andere Kinder im Waggon, sodass da immer was los war. Serien auf dem Laptop haben wir natürlich auch geschaut. Dann hat unsere Achtjährige ihr Handy dabeigehabt. Es ist zwar nicht überall auf der Strecke Internetabdeckung, aber wenn, wurde es natürlich auch ausgenutzt. Unser Kleinkind war leider auf einigen Strecken krank und hatte richtig hohes Fieber. Da war natürlich Dauerkuscheln mit dem Kind angesagt. Ansonsten kann man lesen, einfach aus dem Fenster schauen, mit den Mitreisenden versuchen zu kommunizieren, essen, und die Züge halten immer längere Zeit in den Bahnhöfen an, da kann man sich die Füße vertreten, Essen und Trinken kaufen, oftmals regionales Obst und auch Räucherfisch, die Bahnhofshunde beobachten etc.

Transsibirische Eisenbahn mit Kindern – dein Fazit?

Unsere Familienreise war einfach wunderbar – und eine tolle Gelegenheit, das riesige Land von Moskau bis Wladiwostok zu entdecken. Das Genießen der Langsamkeit, wo der Weg schon das Ziel ist! Die Herzlichkeit der Russen entdecken, die sich oftmals hinter einem wirklich grimmigen Gesicht verstecken und dann doch schnell zu einer Gemeinschaft zusammenwachsen in so einem Waggon. Und auch unsere Kinder haben die Reise voll und ganz genossen.

Plant ihr noch mal eine Reise nach Russland? Und wenn ja, wohin würdet ihr gerne das nächste Mal fahren?

Ja, es war sicher nicht unsere letzte Reise nach Russland, denn es gibt noch so viel mehr zu entdecken. Wir müssen unbedingt noch einmal zum Baikalsee, denn den haben wir leider nur im Starkregen gesehen. Aber auch andere Regionen und Städte wollen wir besuchen, wie zum Beispiel St. Petersburg oder auch Sotchi oder, oder, oder ...

Und hast du schon eine Idee, wohin eure nächste Interrail-Reise mit den Kindern gehen soll?

Ja, da haben wir schon eine Idee! Als nächstes soll es Richtung Osteuropa gehen, also höchstwahrscheinlich durch Polen, Tschechien und die Slowakei.

INAS STECKBRIEF FÜR RUSSLAND

Geeignet für: Reiseanfänger bis Reiseerfahrene

Beste Reisezeit: Mai bis September (wenn man warmes Wetter bevorzugt)

Kosten: günstig

Visum: für deutsche Staatsangehörige erforderlich, sehr zeitintensiv; am besten lässt man es von einer Agentur abwickeln

Am besten fortbewegen mit: der Transsibirischen Eisenbahn

Highlights mit Kindern: Fahrt mit der Transsib, russischer Staatszirkus

Unser schönster Moment: die Begegnungen mit den verschiedenen Menschen im Zug, mit denen man oft schnell zu einer Gemeinschaft zusammenwächst: Man teilt sich das Essen, die Kinder spielen zusammen – einfach schön!

Unsere größte Herausforderung: die Sprache

Lieblingsorte: Ulan-Ude, Moskau

Auf keinen Fall verpassen: mit den Menschen in Kontakt kommen

INTERRAIL MIT KINDERN

Inas Insider-Tipp: Je nach Zeitdauer kann man entweder mit dem Interrail Global Pass durch ganz Europa touren oder sich bei weniger Zeit einfach auf ein Land beschränken und dann mit dem jeweiligen Länder-Interrail-Pass fahren.

Das muss immer mit: Rucksack, Kameraausrüstung, Feuchttücher

Besser nicht: Koffer

Ein weiteres Interrail-Highlight: unsere Kinder lieben Nachtzugfahrten

Über Ina Altmann-Oettel

Ich bin Ina und habe insgesamt vier Töchter, von denen bereits zwei erwachsen sind. Nach 13 Jahren im norwegischen Trondheim sind meine Familie und ich wieder zurück nach Deutschland gekehrt – und leben jetzt ganz im Osten. Der perfekte Wohnsitz, um von hier aus das spannende Dreiländereck zu erkunden. Ich bin der kreative, reiselustige Kopf hinter dem Blog www.mitkindimrucksack.de, den ich zusammen mit meinem Mann und Fotografen Nico führe. Ich liebe das Reisen – und insbesondere das Reisen mit dem Zug, vor allem aus ökologischen Gründen, aber auch weil es unsere große Leidenschaft ist, die wir an unsere Kinder weitervererbt haben.

6. Kapitel

DAS VERPASSTE HIGHLIGHT

- Dantes **13.** Reiseland: **Kolumbien**
- Dantes Alter: **1 Jahr und 11 Monate**
- ***Ist man mit Kind auf Reisen in seinen Möglichkeiten nicht sehr eingeschränkt?***

Meinen ersten Gedanken des Tages widmete ich dem Wetter. Mit einem Ruck schob ich die dicke Wolldecke beiseite, setzte mich kerzengerade im Bett auf und versuchte, aus dem Fenster ein Stück vom Himmel zu erspähen. Oje! Eine dunkle Vorahnung überkam mich. Ich zog mir in Windeseile eine Jacke übers Nachthemd und ging vor die Zimmertür. Von meinem Balkon aus konnte ich sie sofort sehen: finstere Regenwolken, die dicht über den kleinen bunten Häusern am Berghang von Salento schwebten. Ich hatte fast das Gefühl, dass ich meinen Arm nur über die Brüstung strecken müsste, um nach den rabenschwarzen Wolken greifen zu können. ›Also doch nicht!‹, dachte ich resigniert – und sogleich hörte ich es in der Ferne donnern.

Ich beobachtete noch eine Weile die bedrohliche Wolkenformation, als sich plötzlich kleine schnelle Schritte näherten.

»*Buenos días*«, grüßte mich María mit ihrer glasklaren Stimme.

»*Buenos días*«, entgegnete ich ihr mürrisch.

Sofort merkte die Besitzerin unseres Guesthouses, dass mit mir etwas nicht stimmte. Sie fragte mich, warum ich so traurig sei, und ich erzählte ihr, dass ich doch heute endlich das kolumbianische Nationalsymbol mit eigenen Augen sehen wollte: das Cocora-Tal, wo dünnstämmige Wachspalmen, die ausschließlich in dieser Region wachsen, über 60 Meter hoch in den Himmel ranken.

María lachte. »Auf keinen Fall! Das wird heute nicht möglich sein. Schon gar nicht mit Dante. Der Weg ins Tal ist eh schon steil und schlammig. Und es wird gleich regnen. Das kannst du dir abschminken, *mi hija*«, sagte sie in einem bestimmenden, mütterlichen Ton.

›Na, super‹, dachte ich deprimiert. ›Da ist das größte Highlight Kolumbiens nur wenige Kilometer Luftlinie entfernt, und du kannst es trotzdem nicht sehen. Warum? Weil die Wanderung zu den mysteriösen, sagenumwobenen Wachspalmen mit deinem Sohn bei Regen zu beschwerlich wäre.‹

María versuchte mich zu trösten. »Der Kaffee kocht bereits. Zieht euch schnell an und kommt zum Frühstück. Ich habe extra für Dante Bananenbrot gebacken.«

Zugegeben, die Aussicht auf einen köstlichen Kaffee hellte meine Stimmung ein klein wenig auf. Denn Marías Kaffee gehörte zu den Feinsten, die ich je getrunken habe. Kein Wunder, schließlich befanden wir uns in einer Region, wo der weltbeste Kaffee angebaut wird – zumindest wenn man den stolzen Worten der lokalen Kaffeebauern Glauben schenkte.

Zurück im Zimmer strahlte mich Dante bereits an. Ich konnte in seinen großen Kinderaugen sehen, dass er bereit für neue große Abenteuer war. Ich drückte ihm einen Guten-Morgen-Kuss auf den Mund. Er verzog schelmisch sein Gesicht und drehte sich zur Seite. Mein Junge wusste genau, wie er mich ärgern konnte.

Unten in Marías Essstube sah die Welt nicht mehr ganz so finster aus. Während ich zusah, wie Dante das ofenfrische Bananenbrot verschlang, trank ich bereits meinen dritten *café con leche*. Ich musste mir eingestehen, dass ich um die verpasste Chance immer noch ziemlich traurig war. Ohne mein Kind wäre ich trotz des wolkenbehangenen Himmels losgegangen, dessen war ich mir sicher. Ich hätte mir meine Regenjacke übergezogen, Gummistiefel ausgeliehen und wäre einfach losmarschiert – den Wachspalmen entgegen, egal wie nass ich dabei werden würde. Aber mit einem Kleinkind waren dem Reisen halt hin und wieder Grenzen gesetzt. So wie heute.

Doch als ich an die vielen Abenteuer dachte, die ich hier in Kolumbien bereits mit Dante erlebt hatte, verging auch der letzte Funke Enttäuschung. Schließlich sind wir in einer unterirdischen Salzkathedrale in über 180 Metern Tiefe gewesen, haben auf dem größten Marktplatz Südamerikas Fangen gespielt, sind viel gewandert, haben wunderschöne Kolonialstädte besucht, sind ins malerische Andendorf

Monguí gefahren, das auf der touristischen Karte noch völlig unbekannt ist, haben in einer tropischen Nacht im hitzigen Gewusel Santa Martas getanzt, gesungen und gelacht und in Cartagena auf der Stadtmauer einen unvergesslichen Sonnenuntergang erlebt.

Zufrieden lehnte ich mich zurück und streichelte die blonden Haare meines Sohns. Es überraschte mich immer wieder, wie viel man tatsächlich mit ihm auf Reisen machen und erleben konnte.

Der Regen hatte aufgehört. Kurzerhand packte ich unseren kleinen Rucksack: ausreichend Wasser, ein paar Snacks, Windeln, Feuchttücher, Regenjacken, Spielsachen, Trage – und schon waren wir bereit. Mal schauen, wie weit wir es schaffen würden. Vielleicht hatten wir Glück, und der Regen würde uns die nächsten paar Stunden sogar verschonen.

Dante und ich liefen los. Zuerst durch den pittoresk anmutenden Ort Salento, der vor Kurzem vom amerikanischen Sender CNN zu einer der zehn interessantesten Städte der Welt gekürt worden war. Der Grund für diese Nominierung war die außergewöhnliche Bahareque-Architektur, die typisch für dieses 7.000-Seelen-Dorf ist. Diese Häuser im traditionellen Paisa-Stil, gebaut aus Bambus und Lehm, waren wirklich wunderschön. Die Hausfassade war weiß und die Fensterrahmen und Türen kunstvoll in leuchtender Farbe angemalt. Pink, Blau, Rot, Grün, Orange. Jedes Haus hatte eine andere Farbe als sein Nachbar und schien mit diesem um die Wette zu strahlen.

Während ich noch die kleinen Häuser bewunderte, lief Dante los, um seinen neuen Freund zu begrüßen, der bereits kläffend am nächsten Hauseingang auf ihn wartete.

»Wuff, wuff«, bellte der kleine Hund ihn an und stellte sich dabei aufgeregt auf seine Hinterpfoten.

Sofort kam der Hausbesitzer zur Tür, ein freundlicher älterer Mann im Rollstuhl. Ich hatte das Gefühl, dass er bereits auf Dante gewartet hatte. Er gab meinem Sohn eine kleine Tüte mit Käse. »*Hecho en casa.* Hausgemacht«, sagte er mit funkelnden Augen.

Bereits am Tag zuvor hatten wir Bekanntschaft mit diesem Señor gemacht. Während Dante mit seinem zotteligen Hund gespielt hatte, hatte mir der Mann ausführlich erklärt, dass in seiner Familie bereits in der vierten Generation Käse herstellt würde. Heute fing er mit seiner Erzählung wieder von vorne an. Geduldig ließ ich mir die detailverliebte Familien-Käse-Sage noch einmal erzählen, biss zwischendurch in die gelbliche Masse rein und versicherte ihm immer wieder aufs Neue, dass sein Käse wirklich ganz besonders schmeckte.

Nach dem kleinen Plausch überquerten Dante und ich die Brücke, die aus dem Ort hinausführte. Vor uns erstreckte sich eine faszinierende Hügel- und Berglandschaft mit einer saftigen grünen tropischen Vegetation und immensen Pflanzenwelt. Immer wieder lief Dante los, um mir skurrile Blumen, riesige Aloe-Vera-Pflanzen, Bananenstauden oder Ananaspflanzen am Wegesrand zu zeigen. Dann mussten diese von meinem kleinen Entdecker in all ihren Details inspiziert werden, bevor wir die nächsten Meter in Angriff nehmen durften. Keine Ahnung, wie lange wir für ein paar Hundert Meter benötigten. Stunden? Gefühlt auf jeden Fall! Mir kam es schon fast so vor, als ob wir uns drei Schritte vorwärts und wieder zwei Schritte zurück bewegen würden. ›Mit einem Kind braucht man halt viel Geduld. Vor allem auf Reisen‹, kreiste es in meinem Kopf. Ich musste mir eingestehen, dass Geduld nicht unbedingt meine Stärke war, dafür war ich jetzt aber bestens mit der üppigen Fauna am Wegesrand am Dorfausgang von Salento vertraut. Und mit den sonderbaren Insekten und Kleintieren ebenso. Denn auch die nötigten uns immer wieder zu einer Verweilpause.

Hinter der nächsten Straßenbiegung rannte Dante schnurstracks auf das nächste Haus zu. Es war ein kleiner Laden mit einer bunt bemalten Wand. Von der Fassade, bestehend aus einfachen zusammengenagelten Brettern, begrüßte uns ein farbenfroher Papagei. Um seinen Kopf schlängelten sich die exotischsten Blumen, und über ihm flogen Schmetterlinge in allen Farben. Dante fragte mich gar nicht erst, sondern kletterte bereits auf einen abgesägten Baumstamm, der als Stuhl diente, und nahm Platz an dem Tisch. Er hatte soeben für sich beschlossen, dass Essenszeit war. Ich hatte natürlich kein Mitspracherecht.

Nach einer kleinen Stärkung konnte es weitergehen. Oder besser gesagt: Dante konnte getragen werden. Er machte es sich dicht an meinem Körper in der Trage gemütlich und schlief sofort wie ein Stein. Trotz der dunklen Wolken am Himmel setzte ich unsere Wanderung fort. Ich wollte zur Kaffeefarm von Don Elías wandern. Der 90-jährige Bauer war in dieser Gegend bekannt dafür, dass er neugierigen Besuchern auf seiner Finca die Herstellung des Kaffees mit großer Leidenschaft näherbrachte. Bis zur Farm fehlten noch ein paar Kilometer, die sich aber mit Dante in der Trage gut bewerkstelligen ließen. Denn die idyllische Umgebung, in der in den 70er- und 80er-Jahren Drogenbaronen und Rebellen ihr blutiges Unwesen getrieben hatten, war phänomenal schön – und mittlerweile zum Glück auch friedlich.

Pünktlich zur privaten Kaffeeführung auf dem Vier-Hektar-Anwesen wachte Dante aus seinem Mittagsschlaf auf. Don Elías' Enkel José hatte Zeit und zeigte uns die Kaffeefelder seiner Familie, die an einem malerischen Berghang gelegen waren. Dante lief aufgeregt hin und her und war vor allem von den vielen alten Geräten fasziniert, die hier auf der Finca zum Einsatz kamen. Geduldig erklärte uns José, wie Kaffeebohnen gepflückt, geschält, fermentiert, getrocknet und zum Schluss geröstet werden. Er pflückte eine rote Beere vom Strauch, öffnete sie, schälte zwei blasse Bohnen heraus und hielt sie uns beiden unter die Nase.

»Probiert mal«, forderte der Bauer uns beide auf. Dante verzog angeekelt das Gesicht und drehte sich ungeniert weg. José lachte. Ich nahm die Bohne von Josés Handfläche und steckte sie mir in den Mund.

»Die schmeckt ja süß«, sagte ich überrascht. So hatte ich mir den Geschmack einer rohen Kaffeebohne nicht vorgestellt.

Wir trotteten weiter hinter José her, der uns alles Mögliche an Wissen über Kaffeebohnen vermittelte. Dantes Interesse an den blassen, ovalen Dingern war natürlich nicht besonders groß. Dafür hatte eine alte Pfanne, die José in seinen Händen hielt, seine volle Aufmerksamkeit gewonnen. Gemeinsam stellten die beiden die Pfanne auf einem Holzofen ab und rösteten mit einem großen Kochlöffel behutsam die Bohnen. Danach wurden diese in einem urigen Gerät gemahlen. Das fand Dante besonders spannend. Und anschließend servierte Dante seiner Mama stolz einen frisch gebrühten Kaffee.

Abends im Bett lag ich noch lange wach und dachte über den ereignisreichen Tag nach. Der Anblick der mysteriösen Wachspalmen war mir ja schweren Herzens verwehrt geblieben. Dennoch hatte ich mit Dante viel erlebt. Nach unserem Besuch bei Don Elías waren wir mit einem klappernden Willy – wie der hiesige Jeep genannt wird – zurückgefahren. Dante durfte sogar vorne beim Fahrer sitzen. Und zurück im Dorf waren wir zufällig mitten in ein feucht-fröhliches Treffen zahlreicher berittener Rancheros geraten. Ehrfürchtig hatte Dante die Tiere und ihre Besitzer betrachtet. Sie waren mit schweren Stiefeln und Cowboyhüten ausgestattet, und ein Reiter galoppierte mit Dante sogar im gemächlichen Tempo durchs Dorf. Was für ein

Highlight: Das erste Mal im Leben auf dem Rücken eines Pferdes sitzen und mit einem echten Cowboy durchs Dorf reiten!

›Oh ja! Mit Kindern auf Reisen konnte man viele Dinge erleben. Nur eben oft was anderes, als zuvor erwartet‹, dachte ich zufrieden.

REDEN WIR ÜBER vielfältige Reisemöglichkeiten

Vor meinem Mama-Dasein hätte ich nie gedacht, dass es möglich sei, mit dem Nachwuchs so vielseitige Reisen zu erleben. Ich war davon ausgegangen, dass Reisen mit Kindern immer nach gewohnten Strukturen und am besten in vertrauten Gefilden verlaufen müssten – und dass wenig Raum für Flexibilität oder gar Abenteuer bleiben würde. Falsch gedacht! Denn Dante hat mir bereits in jungen Monaten bewiesen, dass man Kindern viel mehr zutrauen kann, als wir Erwachsenen im Vorfeld vermuten. Das gilt natürlich für den Alltag und insbesondere auch fürs Reisen.

Das Internet ist voll von wagemutigen Reisegeschichten, die es uns vormachen. Bei meiner Recherche bin ich zum Beispiel auf ein Elternpaar aufmerksam geworden, das mit Katamaran und Kleinkind viereinhalb Jahre auf der sogenannten Barfußroute die Welt umsegelt hat. Eine andere Familie ist mit ihren Kindern und einem umgebauten amerikanischen Schulbus tatsächlich durch die Wildnis Kanadas und Alaskas bis zum Polarkreis gefahren. Wem das eine Spur zu abenteuerlich ist, der kann mit dem Camper die beliebte Route an der australischen Westküste entlangfahren. Oder wie wäre es mit einer Fahrradreise von München über Österreich, Italien bis nach Spanien? Mit einem elfmonatigen und einem fünfjährigen Kind im Gepäck? Auch so eine Reise hat eine Familie tatsächlich gemeistert! Und was denkst du? Gibt es jemanden, der mit seinen Kindern Couchsurfing in Afrika gemacht hat? Ich kenne tatsächlich eine Mutter, die mit ihren beiden Kindern so durch viele afrikanische Länder gereist ist. Ein anderer Reisetrend, von dem du bereits gelesen hast, ist, mit der Transsibirischen Eisenbahn durch ganz Russland zu fahren. Dagegen hört sich Housesitting in Texas schon fast heimelig an. Doch ich habe noch mehr inspirierende Geschichten auf Lager: Zum Beispiel kenne ich eine Mutter, die es mit ihrer achtjährigen Tochter bis zum Everest Basecamp in Nepal geschafft hat. Ich habe Artikel über eine Familie gelesen, die entlang der Seidenstraßen gereist ist, oder über eine Mutter, die mit ihrem Sohn eine Woche lang bei mongolischen Nomaden in Jurten gewohnt hat. Neulich hat mir ein Vater erzählt, wie sie zu dritt als Selbstversorger mehrere Tage in der norwegischen Wildnis gecampt haben. Und eine andere Frau hat mir eine lange Mail geschrieben und von ihrem großen Abenteuer in Ecuador berichtet. Sie hat mit ihrer zweijährigen Tochter mehrere Wochen bei Indianern im Dschungel gelebt. Was für inspirierende Reisegeschichten, Hand in Hand mit unseren Kindern!

Nicht verwechseln: Wohlfühlzone und Komfortzone

Zweifelsohne sind für viele Eltern solche wagemutigen Abenteuer unvorstellbar. Teilweise auch für mich! Denn viele der oben genannten Reisen sind mir persönlich ein paar Nummern zu groß. In der Wildnis auf mich allein gestellt zu sein würde ich womöglich keine zwei Tage durchhalten. Eine Trekking-Tour durch Nepal kommt schon aufgrund meiner panischen Höhenangst nicht infrage. Und sobald ich das Wort ›Segelschiff‹ nur höre, werde ich seekrank. Dennoch inspirieren mich auch solche Reisegeschichten, denn sie zeigen auf, was mit Kindern alles möglich ist.

Ich sage immer, dass sich vor allem die Eltern mit der Entscheidung für eine Reiseart wohlfühlen sollten. Denn wer sich auf ein Abenteuer einlässt, das weit entfernt von der eigenen Wohlfühlzone (= ›Trotz einiger Herausforderungen in ungewohnter Umgebung fühle ich mich immer noch wohl‹) liegt, wird im Familienurlaub womöglich schnell und ständig überfordert sein – und das ist nicht der Sinn einer gemeinsamen Reise. Dennoch möchte ich an dieser Stelle darauf hinweisen, dass die persönliche Wohlfühlzone nicht mit der eigenen Komfortzone (= den Bereich meiner altbewährten Gewohnheiten nicht verlassen) gleichzusetzen ist. Wie wir bereits gesehen haben, sind Kinder kein Grund, in der vertrauten Komfortzone zu bleiben. Klar gehört eine große Portion Mut dazu, etwas Neues zu wagen. Aber man kann sich ja auch in kleinen Schritten dem eigenen Reiseabenteuer nähern – und auch unterwegs schauen, was alles mit der Familie möglich ist und wie weit die eigene Wohlfühlzone einen trägt ...

Früh übt sich

Lasst uns jetzt über die Kinder sprechen, denn die sollen schließlich auch ihren Spaß haben und sich wohlfühlen. Selbstverständlich sind alle Kinder unterschiedlich. Und man kann nicht jedes Kind von einem Tag auf den anderen aufs Fahrrad setzen und mit ihm bis nach Spanien radeln. Es ist wichtig, dass man in seiner Reiseplanung immer die physische Konstitution und emotionale Belastbarkeit des Nachwuchses berücksichtigt. Außerdem sind dem Reisen mit Kindern auch Grenzen gesetzt. Es wäre fahrlässig, zu behaupten, dass in einem Familienurlaub zu jedem Zeitpunkt alles möglich ist. Nein, ist es nicht! Dennoch ist es nicht vermessen, zu behaupten, dass die Möglichkeiten mit Kindern sehr vielfältig sind.

Viele Eltern, mit denen ich mich zu dieser Thematik ausgetauscht habe, sind davon überzeugt, dass sich Kinder schnell ans Unterwegssein gewöhnen und vor allem ihren Spaß daran entwickeln. Eine gute Voraussetzung hierfür ist, dass man mit dem Sprössling bereits früh reist. Denn je schneller Kinder auf Reisen sind, desto normaler ist es für sie. Das spiegelt sich auch in meinen eigenen Erfahrungen wider. Oft habe ich mich gefragt, ob Dante nun von seiner Persönlichkeit her so widerstandsfähig ist oder ob es vielleicht doch damit zusammenhängt, dass er schon als Baby viel gereist ist. Ich könnte mir gut vorstellen, dass die Wahrheit in der Mitte liegt.

Welche Länder für mich mit Kind nicht infrage kommen

Oft werde ich gefragt, in welche Länder ich mit Dante nicht reisen würde. Da muss ich nicht lange überlegen, denn ich würde auf keinen Fall mit meinem Kind in Krisen- oder Kriegsgebiete fahren – oder in Länder, die aus politischer Sicht instabil sind, wie zum Beispiel aktuell Venezuela. Außerdem kommen Länder, in denen ein hohes Malariarisiko besteht, nicht infrage. Ich träume zwar schon lange davon, nach Westpapua in Indonesien, Malawi, Sierra Leone oder Mauretanien zu reisen, aber zusammen mit Dante mache ich das definitiv nicht! Extrem arme Länder wie Bangladesch oder Pakistan würden für mich gemeinsam mit Dante ebenfalls nicht infrage kommen, zumindest solange er noch klein ist. Und auch Brasilien steht aufgrund der sehr hohen Kriminalitätsrate zurzeit nicht auf unserer Bucket List. Leider!

FÜNF DINGE, DIE ICH IN KOLUMBIEN GELERNT HABE

- Natürlich sind dem Reisen mit Kindern Grenzen gesetzt, diese können jedoch sehr individuell sein. Und wenn etwas mit Kind nicht geht, dann ist das halt so. Es gibt ja schließlich vielfältige Alternativen.
- An erster Stelle steht für mich das Muttersein, dicht gefolgt von der Reiselust – und oft lässt sich beides miteinander gut vereinen.
- Die interessanten Dinge, auf die uns unsere kleinen Begleiter aufmerksam machen, liegen oft am Wegesrand …
- … und die großen Abenteuer können an jeder Ecke lauern.
- Kolumbien hat seine gewaltvolle und blutige Vergangenheit hinter sich gebracht. Mittlerweile gehört es zu den sichersten Ländern in Südamerika.

MEIN STECKBRIEF FÜR KOLUMBIEN

Geeignet für: Reiseanfänger bis Reiseerfahrene

Beste Reisezeit: Dezember bis März, Juli bis August

Kosten: günstig bis mittel

Visum: für deutsche Staatsangehörige nicht erforderlich

Am besten fortbewegen mit: Bussen oder ab und zu mit dem Flugzeug

Highlights mit Kindern: Wüstenwanderung, Kutschfahrt durchs nächtliche Cartagena, Reiten auf einem Pferd, Flussfahrt im Amazonas bei Leticia

Unser schönster Moment: der Sternenhimmel in der Tatacoa-Wüste

Unsere größte Herausforderung: die langen Busfahrten

Lieblingsorte: Monguí, Villa de Leyva, Barichara, Filandia, Tatacoa-Wüste

Auf keinen Fall verpassen: unterirdische Salzkathedrale (Zipaquirá), Wanderroute von Barichara nach Guané, La Candelaria (Bogotá), Goldmuseum (Bogotá), relaxte Strandtage in Palomino, Altstadt in Cartagena, Wachspalmen im Cocora-Tal (Salento, ich komme auf jeden Fall wieder!)

7. Kapitel

DUNKLE WOLKEN IM PARADIES

- Dantes **16.** Reiseland: **Nicaragua**
- Dantes Alter: **2 Jahre und 7 Monate**
- ***Was mache ich, wenn mein Kind im Urlaub miese Laune hat?***

Eben noch hatte ich gedacht, wie vorbildlich sich Dante hier in Nicaragua verhielt. Fast wie ein kleiner Engel. Und auch das Telefonat mit meinen Schwiegereltern, in dem ich zur Lobeshymne auf mein Kind angesetzt hatte, war keine zwei Stunden her: »Wie toll Dante das alles macht ... und wie brav er ist ... ja, er ist kaum wiederzuerkennen ... und so anders als zu Hause.«

In der Tat verliefen die ersten Tage in Nicaragua fast schon wie in einer idyllischen Bilderbuchwelt. Dante hatte den langen Flug nach Mittelamerika und den Jetlag gut weggesteckt, mit dem Essen machte er keine Probleme, er war total kooperativ, voller Begeisterung entdeckte er seine neue Umgebung.

›Was für ein Traumkind‹, dachte ich immerzu. Doch mein Glücksgefühl sollte nicht lange anhalten.

Bereits am vierten Tag unserer Reise wurde ich in der Kolonialstadt Granada damit konfrontiert, was es bedeutete, mit einem Kleinkind im berüchtigten Trotzphasenalter zusammenzuleben. Wir hatten nach dem Frühstück noch eine ausgiebige Planschrunde im Pool gemacht, als mein Blick auf die Uhr fiel. Oje, schon so spät. Jetzt mussten wir uns aber wirklich sputen, denn bereits in einer halben Stunde sollte uns der Shuttlebus zu unserer nächsten Station abholen. Ich ging aus dem Pool heraus und wartete am Rand mit einem flauschigen Handtuch auf Dante.

»Komm raus. Wir müssen noch schnell unsere Sachen packen, gleich kommt der Bus«, sagte ich freundlich.

Doch Dante hatte es im Gegensatz zu mir kein bisschen eilig. In aller Ruhe ließ er sich mithilfe seiner Schwimmflügel wieder in die Mitte des Pools treiben, sodass ich nicht mehr an ihn rankam.

Verständnisvoll redete ich auf ihn ein: »Ich weiß, wie schade es ist, dass wir jetzt aus dem Pool rausmüssen. Aber am nächsten

Ort wohnen wir direkt an einem See, in dem wir baden können. Und am See ist sogar ein riesiger Vulkan. Das wird so toll.«

Schon wieder nicht die gewünschte Reaktion. Statt rauszukommen und sich von mir abtrocknen zu lassen, setzte Dante ein provokantes Lächeln auf. Er schien genau zu wissen, dass er gerade auf dem besten Weg war, mich auf die Palme zu bringen. Ich erwischte mich kurz dabei, wie ich meinen heiß geliebten Sohn in Gedanken als ›kleine Bestie‹ betitelte. Trotz immer kürzer werdender Lunte und der tickenden Uhr im Nacken versuchte ich weiter, in einer gutmütigen Tonlage auf ihn einzureden. Keine Chance. Es half nichts. Obwohl ich schon fast getrocknet war, musste ich wieder in den Pool springen, Dante packen und aus dem Wasser herausbefördern. Sofort ertönte ein ohrenbetäubendes, lang gezogenes Kreischen. Es dauerte nur ein paar Sekunden, bis die Besitzerin des Guesthouses ihren Kopf aus der Küche streckte. Mit einem kurzen Kopfnicken versuchte ich ihr zu erklären, dass alles in Ordnung sei. Sie schaute mich an, und ich konnte in ihrem Blick das Mitleid erkennen, welches Mütter für andere Mütter empfinden, die gerade gegen ihr wütendes Kind ankämpfen.

Doch wir bekamen zu allem Übel noch mehr Publikum. Zuerst kamen ein paar neugierige Kinder um die Ecke, und anschließend erschienen ein paar weitere Gäste, die schauen wollten, was gerade am Pool los war. Und je mehr schaulustige Leute Dantes trotziger Showeinlage beiwohnten, desto bühnenreifer und dramatischer wurde sie. Mit Ach und Krach schaffte ich es, meinen Teufelsengel in unser Zimmer zu bekommen.

›Bloß erst mal raus aus der Aufmerksamkeitszone‹, dachte ich. ›Dann wird er sich sicherlich schnell beruhigen.‹

Doch es wurde nicht besser, sondern viel schlimmer.

Irgendwie gelang es mir, mein wie am Spieß schreiendes Kind anzuziehen. Während ich in Windeseile unsere Sachen zusammenpackte, nahm ich im Augenwinkel wahr, wie Dantes Gesicht puterrot anlief, seine Halsschlagader hervortrat und er seine kleinen Fäuste mit Leibeskräften zusammenballte. Obwohl mir nur noch zehn Minuten blieben, bis der Shuttlebus vorm Eingang stehen sollte, und ich noch bei Weitem nicht fertig gepackt hatte, versuchte ich verzweifelt, meinen Sohn mit seinen Lieblingsspielsachen abzulenken. Ich gab ihm sein geliebtes Lightning-McQueen-Auto und sah im nächsten Moment, wie das rote Rennauto durch die Luft geschleudert wurde. Es glich schon fast einem Wunder, dass es beim gewaltvollen Aufprall ein paar Meter entfernt nicht in hundert Einzelteile zerbrach. Und auch die ultimative Allzweckkombi Schnuller und Schnuffelkissen konnte mein Trotzkind nicht beruhigen.

Es half nichts. Ich überließ Dante seinem hysterischen Anfall, dachte noch mal kurz nach, was der Auslöser dafür gewesen war – ach ja, die böse Mama hatte ihn gezwungen, aus dem Pool zu kommen –, und schleppte meinen fertig gepackten Rucksack zum Eingang des Guesthouses. Kurze Zeit kam es mir so vor, als ob sich Dante einigermaßen beruhigt hätte. Denn sein schallendes Brüllen schien allmählich zu verklingen, so hörte es sich zumindest aus der Ferne an. Doch als ich das Zimmer betrat und mich wieder im Sichtfeld meines Sohnes befand, legte er sofort eine Schippe drauf und gab einen ohrenbetäubenden Schrei von sich.

Ich griff Dante unter den Achseln, schleppte ihn zum Eingang und versuchte, seinen in der Luft tretenden Beinen auszuweichen – was mir eher weniger erfolgreich gelang. Mein Geduldsfaden war schon längst gerissen, ich war nass geschwitzt, am Ende meiner psychischen und physischen Kräfte und sollte gleich noch drei Stunden mit einem plärrenden Kind auf dem Schoß in einem voll besetzten Shuttlebus durch Nicaragua fahren. ›Na dann Prost Mahlzeit‹, donnerte es gewaltvoll in meinem Kopf. Und zu allem Übel kam auch noch die neugierige Besitzerin des Guesthouses, um sich persönlich vom kreischenden Störenfried zu verabschieden. Am liebsten wäre ich im Erdboden versunken. Klarer Fall! Wenn ich gekonnt hätte, hätte ich in jener Sekunde sofort den nächsten Flug zurück nach Deutschland gebucht, meinem Mann unseren gemeinsamen Sohn übergeben, mich im stillen Kämmerlein verschanzt und mir die Decke weit über den Kopf gezogen.

Stattdessen hörte ich draußen das laute Hupen von der anderen Straßenseite. Unser Shuttlebus war da. Der Fahrer stieg aus und gab mir von Weitem mit hektischen Zeichen zu verstehen, dass wir uns beeilen sollten. Völlig entkräftet und resigniert schleppte ich das Gepäck auf die andere Straßenseite zum Bus, um mich dann der großen Herkulesaufgabe zuzuwenden: Wie sollte ich es um Himmels willen schaffen, mein schreiendes Kind in den Bus zu bekommen? Doch wie durch ein Wunder hatte sich Dante urplötzlich beruhigt. Von einer Sekunde auf die andere. Vielleicht war es ihm nicht so geheuer gewesen, als er sah, wie ich mich mit unserem Gepäck von ihm entfernt hatte. Vermutlich hatte er kurzzeitig Angst bekommen, dass ich ihn allein zurücklassen würde. Was auch immer in seinem kleinen, unberechenbaren Köpfchen vorgegangen war, es hatte deutliche Wirkung gezeigt. Wie ausgewechselt griff er brav seinen kleinen Ziehkoffer, nahm meine Hand und ging mit mir zum Bus. Die dunklen Wolken waren spurlos verschwunden.

Und während er wie das allerliebste Kind auf der ganzen Welt aus dem Fenster schaute und übers ganze Gesicht strahlte, dachte ich, dass die berühmte Figur des Dr. Jekylls und Mr. Hydes nichts gegen den Wutausbruch eines Kleinkindes im Trotzphasenalter war.

Obwohl unsere Reise durch Nicaragua und später durch Honduras, El Salvador, Guatemala und Belize eindrucksvoll und unvergesslich schön war, hatte ich immer wieder mit Dantes unkontrollierten Wutanfällen zu kämpfen. Sie reisten halt mit uns, die rabenschwarzen Gewitterwolken im Paradies. Banale Gründe für eine hysterische Eskalation gab es nur zur Genüge. Mal blieb mir im Bus nichts anderes übrig, als ihn unsanft aus dem Schlaf zu wecken, weil wir aussteigen mussten. Dann kam es vor, dass sich Dante partout etwas in den Kopf gesetzt hatte, dem seine doofe Mama nicht Folge leisten wollte. Wie empörend! Oder er sah sich gezwungen, etwas zu tun, worauf er so gar keinen Bock hatte. Außerdem hatte ich das Gefühl, dass Dante gerade nicht nur im allerschlimmsten Trotzalter war, sondern auch voll und ganz die Ausprobierphase für sich entdeckt hatte. ›Mal schauen, wie weit ich bei meiner Mama gehen kann‹, schien seine Maxime zu sein. Tagtäglich testete er seine und meine Grenzen aus. Wenn es Zeit war, nach Hause zu gehen, blieb er einfach stehen und schaute mich mit einem frechen Blick an. Oder er tat genau das Gegenteil von dem, was ich gerade von ihm verlangte. Wie auch immer, das Endszenario sah immer gleich aus: ein schreiendes, sich auf den Boden werfendes Kind, das sich zudem im Dreck suhlte, weil es genau wusste, dass es damit die Mama noch effizienter zur Weißglut brachte. In solchen Situationen hielt ich mich krampfhaft an eine hoffnungsstiftende Weisheit fest: Auch andere Eltern haben wutentbrannte Kinder im herrlichen Trotzphasenalter.

REDEN WIR ÜBER kleine Tyrannen

Wir kennen sie alle, und nennen wir sie doch ruhig beim Namen: Die kleinen Tyrannen wissen genau, wie sie ihre Eltern binnen kurzer Augenblicke an den Rand des Wahnsinns treiben können. Meistens sind ihre Wutanfälle auf zwei verschiedene Auslöser zurückzuführen: 1. Das Kind hat einen Wunsch, und die doofen Eltern wollen diesen nicht erfüllen. Oder 2. Das Kind muss etwas tun, worauf es so gar keinen Bock hat. Die Konsequenz ist ein übertriebener Gefühlsausbruch, der schnell außer Rand und Band geraten kann. Unter Experten wird diese dramatische Showeinlage auch gerne Trotzattacke genannt.

Je nach Individuum beginnen Trotzphasen ab dem 18. Lebensmonat, erreichen ihren Höhepunkt zwischen dem zweiten und dritten Jahr und können uns Eltern durchaus bis zum Eintritt in die Schule begleiten. Puh, ganz schön anstrengend! Das Kleinkind oder Kind begreift sich immer mehr als eigenständige Person, möchte, auf Teufel komm raus, selbst Dinge bewirken und kennt keinen anderen Ausweg, als durch einen Anfall die Energie zu entladen, die sich aus seiner Frustration entwickelt hat. Wenn man in solchen Momenten in den Kopf des Kindes reinschauen könnte, dann würden die Gedanken Pi mal Daumen so aussehen: ›Schaut mich alle an. Ich schreie mir die Lunge aus dem Hals, damit mich auch ja jeder hören kann. Jetzt schmeiße ich Gegenstände durch die Gegend, noch etwas spucken, fauchen, grollen, kratzen und rot im Gesicht anlaufen … und gleich, ja, gleich schmeiße ich mich auf den Boden! Meine Zuschauer wollen immerhin eine ordentliche Show geboten bekommen.‹

Unterwegs mit dem unliebsamen Wutmonster

Ja, diese Wutausbrüche sind anstrengend. Und noch um einiges herausfordernder wird es, wenn die Trotzigkeit, statt zu Hause zu bleiben, einfach mit auf Reisen kommen. Plötzlich begegnen wir den unliebsamen Wutmonstern auf einem Markt, im Zug, Restaurant,

Tempel oder sonst wo auf der Welt – und müssen zusehen, wie sie sich auch noch im Dreck wälzen. Das kann unangenehm für uns Eltern werden. Denn wir befinden uns in einer ungewohnten Umgebung, umzingelt von fremden Menschen, die andere Sitten und Bräuche pflegen, erregen mit unserer exotischen Präsenz eh schon viel Aufmerksamkeit, können uns eventuell räumlich nicht zurückziehen, haben keine Privatsphäre, es ist heiß und drückend, womöglich muss man auch noch das schwere Gepäck managen oder ein Busticket kaufen, und Hunderte unbekannte Augenpaare scheinen einen zu beobachten und gebannt darauf zu warten, wie man gleich reagiert. Die absolute Katastrophe! Und ein Loch im Boden zum Versinken will sich auch nicht auftun. Was also tun?

Der Survival-Guide bei Wutausbrüchen *on the road*

- **Bewahre Ruhe.** Ich weiß, klingt einfach und ist dennoch verdammt schwierig. Man sollte vor allem bedenken, dass in vielen Kulturkreisen eine unkontrollierte Gefühlshandlung von Erwachsenen in der Öffentlichkeit, wie zum Beispiel lautes Schreien oder Schimpfen, befremdlich wirkt, nicht gern gesehen und als sogenannter Gesichtsverlust angesehen wird. Also lieber ruhig bleiben und daran denken, dass auch der schlimmste Trotzanfall zu Ende geht.

- Eine Reise schweißt zusammen, und man hat besonders viel Zeit, um die Eigenarten, Reaktionen und Stimmungsschwankungen des anderen bestens zu studieren und einzuschätzen. Dementsprechend ist man ab einem gewissen Zeitpunkt auf der Reise sogar in der Lage, einen drohenden Wutausbruch des Kindes in bestimmten Situationen oder Umgebungen vorauszuahnen.

Mein Tipp: **Sei schneller als das Kind.** Vielleicht hilft es schon, seine Aufmerksamkeit auf andere Dinge zu lenken und ihm eine Wassermelone in die Hand zu drücken. Wenn allerdings das Barometer auf der tropischen Eskalationsskala bereits in einen alarmierenden Bereich angestiegen ist, dann äußere übertrieben deinen eigenen Missmut oder fang selbst an, so richtig rumzumotzen. Oft kann so eine unerwartete und überspitzte Reaktion Wunder bei dem kleinen, reisenden Teufelsengel bewirken. Ich drücke dir zumindest die Daumen!

- **Begib dich nicht in die Auseinandersetzung, und bleibe besser außen vor.** Denn wenn Eltern auf das Schreien reagieren, fühlt sich das trotzige Kind bestärkt in seinem Wutausbruch und gerät noch mehr in Rage. Und natürlich gilt auch: unbedingt standhaft bleiben und nicht nachgeben, wie unangenehm der Anfall in der exotischen Öffentlichkeit einem auch ist. Denn sonst besteht große Gefahr, dass auf der Reise der eigene Wille bei jeder Kleinigkeit mithilfe einer Trotzattacke erzwungen wird.

- Ohne Zuschauer wird eine wutentbrannte Trotzattacke ziemlich schnell langweilig. Das wird auch den Kleinen bewusst. Deswegen hilft es oft, **das Kind der Aufmerksamkeit durch andere Schaulustige** (und von denen gibt es auf Reisen oft zu viele!) **zu entziehen**. Wenn man gerade unterwegs ist und nicht die Möglichkeit hat, das Kind in ein gesondertes Zimmer zu schicken, hilft vielleicht eine Ecke, in der es allein weiterschreien kann.

- Auch **Weggehen** kann eine effiziente Maßnahme sein. Ich weiß, dass die Hürde im eigenen Kopf hoch ist, da man es nicht übers Herz bringt, sein eigenes Kind in einer fremden Umgebung stehen zu lassen. Doch oft hilft es, sich nur ein paar Meter zu entfernen. Oder sich wo hinzustellen, wo man zwar aus dem Sichtfeld des Kindes verschwunden ist, es selbst aber noch gut sehen kann.

- Auch wenn es sich für uns Erwachsene oft wie Stunden anfühlt, in den meisten Fällen finden unkontrollierte Wutausbrüche irgendwann ein Ende. Dennoch sollte man es dabei nicht belassen. Wenn man später zurück in der Unterkunft und wieder unter sich ist, dann sollte man **den Trotzanfall noch mal thematisieren** und dem Kind vor Augen führen, in welche Schwierigkeiten der Gefühlsausbruch die Familie gebracht hat oder hätte bringen können. Zum Beispiel, dass man fast den Bus verpasst hat oder das Kind von einem Auto hätte angefahren werden können, weil es plötzlich weggerannt ist. Das Kind wird es ansatzweise verstehen und sich im Idealfall daran erinnern, bevor es sich wieder schreiend auf den Boden schmeißen möchte.

- **Versöhnen nicht vergessen!**

- Am besten entwickelt man einen **grenzübergreifenden, international gültigen Masterplan**, der bei einem tyrannischen Wutausbruch abgespult wird, wie: nicht darauf eingehen, ignorieren, Kind der Aufmerksamkeit entziehen oder in eine Ecke stellen, weggehen, Grenzen aufweisen, Spielzeug wegnehmen etc. Denn so eine vorher zurechtgelegte Taktik lässt einen in der Ferne auf einem Nachtmarkt, im Tempel oder Restaurant mit zahlreichen unbekannten Zuschauern weniger hilflos dastehen – und vermittelt zudem das Gefühl, dass man das trotzige Kind überall auf der Welt im Griff hat. Auch wenn man kurzzeitig daran zweifelt.

Die erweiterte Form der Trotzattacke

Um das emotionale Thema zu vervollständigen, möchte ich noch einen anderen Gefühlsausbruch erwähnen, der uns verstärkt auf Reisen begegnen kann, und zwar das schmollende Kind. Sozusagen die erweiterte, oder nennen wir es mal: die *reifere Form* der Trotzattacke. Ich habe gelesen, dass Schmollen das Vortäuschen einer übertriebenen Trauer ist. Passt perfekt! Das Kind will uns also eine übertriebene Trauer vortäuschen, weil es ein großes Ziel hat: Schuldgefühle in uns auszulösen und seinen eigenen Vorteil daraus zu ziehen. Gerade unterwegs in einem fremden Land kann der Nährboden für Schuldgefühle gegenüber unserem Kind sehr fruchtbar sein: ›Oh nein, das arme Kind, ihm ist total heiß, es sitzt unbequem, die lange Fahrt, es fühlt sich überfordert von den vielen fremden Eindrücken, überall Bakterien und dann noch das exotische Essen ...‹ Und schwuppdiwupp zweifeln wir selbst an unserer Fürsorge und stempeln uns als Rabeneltern ab. Doch merke: Dieses selbst geschaffene Schuldgefühl spielt das Kind mit großem schauspielerischem Talent gegen uns aus, um sich seinen eigenen Vorteil zu verschaffen. Ach, diese kleinen Biester (verzeih mir diese Wortwahl, aber sie trifft den Nagel einfach auf den Kopf), sie haben uns voll und ganz in der Hand. Deswegen rate ich: Durchschau ihre Intrige, und fall bloß nicht darauf herein. Am besten schenke auch hier dem Schmollen keine großartige Aufmerksamkeit, denn Schmollen ohne Zuschauer wird auf Dauer ebenfalls langweilig.

FÜNF DINGE, DIE ICH IN NICARAGUA GELERNT HABE

- Jede noch so heftige Trotzattacke geht irgendwann zu Ende.

- Es ist in jeder Situation besser, die Nerven zu behalten.
- Ein gewisser Galgenhumor kann nicht schaden.
- Viel schlimmer als die gefürchtete Trotzphase ist in Nicaragua die sogenannte Taxi-Mafia. Vorsicht ist geboten!
- Lieber nach Möglichkeiten die Sachen einen Tag vorher packen, als kurz bevor der Shuttle kommt.

MEIN STECKBRIEF FÜR NICARAGUA

Geeignet für: Reiseanfänger bis Reiseerfahrene

Beste Reisezeit: November bis März

Kosten: mittel

Visum: für deutsche Staatsangehörige nicht erforderlich

Am besten fortbewegen mit: Shuttles oder Chicken-Bussen

Highlights mit Kindern: Strand in Santo Domingo, Ojo de Agua (Isla de Ometepe), Pferdekutschfahrt in Granada, Laguna de Apoyo

Unser schönster Moment: relaxte Strandtage in Poneloya

Unsere größte Herausforderung: abgesehen von den Trotzattacken, die Bootsfahrt zur Isla de Ometepe

Lieblingsorte: León, Santo Domingo (Isla de Ometepe), Granada, Little Corn Island

Auf keinen Fall verpassen: Kathedrale Basílica de la Asunción (Léon), Canyon bei Somoto, Vulkanbesteigung

Interview: Schweden

DIE FREIHEIT, MORGENS NICHT ZU WISSEN, WOHIN ES EINEN ABENDS VERSCHLÄGT

Nathalie war bereits als Kind mit ihren Eltern viel im Wohnmobil auf Reisen. An dieser Art zu reisen liebt sie vor allem die Freiheit, ohne eine feste Route immer der Nase nach fahren zu können. Bereits im Studium kaufte sie sich mit ihrem Mann einen VW-Bus. Später stiegen sie auf einen Kastenwagen um, und jetzt reisen sie mit ihren drei Kindern (acht, sechs und zwei) und ihrem Wohnmobil jeden Sommer nach Schweden. Dort stehen sie am liebsten wild an Seen, in kleinen Gästehäfen oder auf Naturcampingplätzen und lassen sich von der schwedischen Freude am Sommer anstecken.

Nathalie, willst du von euren Reisen ein wenig erzählen? Wo seid ihr schon gewesen? Und wie sahen eure Trips aus?
Während des Studiums waren wir viel im Elsass und im Jura in Frankreich unterwegs, da wir dort in der Nähe wohnten. Seit ich wieder zurück in Lübeck bin, geht es jeden Sommer nach Schweden. Dort haben wir eigentlich alles südlich von Stockholm und auch ein kleines Stück weiter nördlich erkundet. Wir wollten immer mal noch weiter in den Norden, aber auf dem Weg dorthin hat uns dann immer eine dieser vielen schönen Gegenden in ihren Bann gezogen, sodass wir noch nicht so weit kamen.

Wie bereitet ihr euch auf eure Touren vor? Und seid ihr die Planer, oder gehört ihr eher zur Fraktion ›Wir lassen es auf uns zukommen‹?
Ich plane nicht gerne im Voraus. Wir entscheiden uns für eine grobe Richtung – was in Schweden heißt: Nach der Fähre, die in Malmö ankommt, rechts hoch an der Ostküste entlang oder links hoch Richtung Göteburg oder quer durch die Mitte? Das entscheiden wir je nach Wetterlage. Und dann fahren wir so, wie es uns gefällt. Für Schweden braucht man keine Autokarten. In jedem Touristenbüro gibt es tipptopp gratis Kartenmaterial für die Region, sehr detailliert. Darauf sind Wohnmobilplätze markiert oder Gästehäfen und Badestellen, wo man meistens auch gut stehen kann. Und man fin-

det auch kleine Campingplätze – und selbst Cafés sind in den Karten eingezeichnet.

Bis auf den Komfort, wo liegen für euch die Unterschiede zwischen einem VW-Bus und einem Wohnmobil mit Alkoven?
Unser Hauptgrund dafür, aufs Wohnmobil umzusteigen, war der Platz. Und das Klo an Bord, was mit Kindern praktisch ist. Der VW-Bus ließ uns einfach zu oft hängen, immer war etwas, und das ist mit Kind im Nirgendwo nicht so prickelnd. Also stiegen wir erst auf Kastenwagen mit Nasszelle um. Und als die 1,40-Meter-Liegefläche zu klein war, fand mein Mann ein gebrauchtes Uraltwohnmobil mit einem riesigen Alkoven. Da das Wohnmobil eine Doka ist, eine Doppelkabine mit zusätzlicher Sitzbank hinter den Fahrersitzen, saßen die Kinder in unserer Nähe, und wir konnten die Kindersitze sicher mit Dreipunktgurten befestigen. Der Alkoven ist mehr als zweimal zwei Meter groß – ein wunderbares Familienbett! Und wenn die Kinder größer werden, kann man hinten noch die Sitzfläche im Essbereich umklappen. Dazu ein kleines Bad, das wir aber nicht zum Duschen benutzen und für andere Verrichtungen nur, wenn wirklich kein Klo in der Nähe ist.

Wie gefällt es euren Kindern, mit dem Wohnmobil auf Reisen zu sein? Was mögen sie besonders daran?
Das Klettern im Alkoven! Und so wie wir, morgens nicht zu wissen, wohin es uns abends verschlägt. Wir sind viel draußen in der Natur, und es gibt jeden Tag so viel Neues zu entdecken.

Ihr steht ja viel wild, in kleinen Gasthöfen oder Naturcampingplätzen. Warum sind das eure bevorzugten Stellplätze?
Ich bin nicht gerne von vielen Menschen umgeben. Und obwohl ich das Campen liebe, mag ich keine Campingplätze. Ich mag das

Dicht-an-dicht-Stehen nicht, ich muss meinen Nachbarn nicht beim Schnarchen zuhören. Ich campe, um in der Natur zu sein. Deshalb meiden wir große Plätze mit Rambazamba. Das ist gar nicht meins. Mich zieht es zum Campen auch nicht ans Mittelmeer, denn dort sind die Campingplätze einfach zu groß und zu überfüllt.

Kommen wir zu eurem Lieblingsreiseziel: Warum Schweden? Was gefällt euch an Schweden so gut? Und wie oft wart ihr insgesamt schon da?

In Schweden gibt es unglaublich viel Platz. Selbst dort, wo es voll ist, ist es nach unseren Maßstäben leer. Das Wetter ist perfekt – nicht zu heiß, nicht zu kalt. Die Menschen sind freundlich, zurückhaltend, bescheiden, nie aufdringlich. Sie leben und zelebrieren den Sommer, und das merkt man im Sommer an allen Orten. Diese Freude steckt an! Die Uhren ticken langsamer, weil das ganze Land auf einmal im Urlaub ist. Es gibt süße kleine Sommercafés und Flohmärkte an allen Ecken. Und viel Natur. Seen, Meer, Berge, Felsen, Wälder, viele Naturschutzgebiete und Wanderwege. Wir waren nun schon mehr als zwölfmal dort, und jedes Jahr packt mich im Frühjahr wieder das große Schweden-Fernweh.

Welche Orte in Schweden kannst du Familien mit Kindern empfehlen?

Südschweden ist perfekt, da die Sehenswürdigkeiten recht dicht beieinanderliegen und man auch von Deutschland aus relativ schnell hinkommt. Småland ist natürlich der Klassiker, wobei man hier auch viele Deutsche trifft, die mit ihren Riesenwohnmobilen die Campingplätze versperren. Småland ist aber trotzdem sehr schön und abwechslungsreich – besonders die Gegend um Vimmerby, wo man auf den Spuren Astrid Lindgrens wandeln kann und das echte Bullerbü und Katthult entdecken kann. Das ist mit Kindern ein Erlebnis und wunderschön! Ich mag auch die Insel Öland, die sehr vielfältig und mit Kindern toll ist. Es gibt flache Sandstrände, Bonbonmanufakturen, Wanderwege, Leuchttürme, uralte Bäume, Freilichtmuseen ...Und mein persönlicher Tipp: Bohuslän, der Schärengarten nördlich von Göteborg. Eine magische Landschaft. Hier treffen felsige Schären auf kleine Orte mit so vielen roten Holzhäusern, wie man sich gar nicht vorstellen kann, viele Badestellen und dazu noch alte geheimnisvolle Felsmalereien aus der Steinzeit.

Was waren eure schönsten Highlights in Schweden?
Immer wieder die Insel Öland und Bohuslän. Außerdem das Pensionat Mörtfors, ein unglaublich schöner Ort, den kaum jemand kennt.

Gibt es etwas, was euch an Schweden nicht gefällt?
Leider wurden viele Orte in den vergangenen zwölf Jahren immer touristischer. Zum Beispiel gibt es Ales stenar, eine große Steinsetzung aus der Bronzezeit bei Ystad. Ein toller Ort, aber mittlerweile in der Hauptsaison überfüllt. Wir waren vor zwölf Jahren da, da war niemand dort, wir standen allein mit dem VW-Bus im Hafen. Heute ist vor dem Ort ein riesiger Wohnmobilstellplatz, und man sieht die Steinsetzung vor lauter Menschen nicht. Das ist unglaublich schade. Es ist aber trotzdem ein schönes Ausflugsziel, das man sich anschauen sollte. Nur der Zauber ist nicht mehr derselbe. Aber keine Panik: Schweden ist so groß, und es gibt genug Orte, die man für sich hat.

Kannst du grob sagen, was euch eine Schwedenreise mit einem Wohnmobil kostet?
Wir haben natürlich den großen Vorteil, dass wir ein eigenes Wohnmobil haben. Die Kosten für die Fähre schwanken je nach

Route und Vorausbuchung. Man kann auch die Vogelfluglinie mit dem Auto fahren, dann kommt aber Gebühr für die Öresundbrücke hinzu und die Fähre zwischen Fehmarn und Dänemark. Wir hatten Schwedenurlaube, bei denen wir in drei Wochen mit allem Drum und Dran (Anreise und Abreise, Essen – und wir gehen oft Essen – und Stellplätze) mit weniger als 2.000 Euro auskamen. Schweden ist nicht so teuer, wie man denkt. Mittags kann man recht günstig Lunch essen, abends muss man schon tiefer in den Geldbeutel greifen. Die Campingplätze sind günstiger als in Südeuropa! Pro Nacht zahlt man so 20–30 Euro, je nach Platz, wir sind eher auf den 20-Euro-Plätzen unterwegs. Stellplätze gibt es ab 10 Euro die Nacht, das sind meist Parkplätze in den vielen kleinen Segel-Marinas, da kann man dann die Sanitäranlagen der Segler mitbenutzen.

Wohnmobiltour durch Schweden mit Kindern – dein Fazit?
Immer und immer wieder! Und wir haben längst nicht alles entdeckt!

Wohin würdet ihr gerne das nächste Mal fahren?
Ich möchte endlich mal an den Siljan-See und noch weiter nördlich Richtung Lappland. Oben in Lappland dann rüber nach Finnland zu meinem Vater, wo wir immer die andere Hälfte der Sommerferien im Sommerhaus meiner Familie verbringen. Aber ich würde auch gerne mal auf die Lofoten und auf die Äußeren Hebriden. Ich mag raue Landschaften, Einsamkeit und wilde Natur. Und nicht zu heißes Wetter!

Was würdest du bei eurer nächsten Schweden-Reise anders machen?
Da ich ja in den Norden möchte, würde ich den ersten Tag eine lange Fahrt in Kauf nehmen und ordentlich Strecke machen.

NATHALIES STECKBRIEF FÜR SCHWEDEN

Geeignet für: Reiseanfänger

Beste Reisezeit: Ende Juni bis Ende Juli (ab August ist die Saison vorbei)

Kosten: weniger als viele denken: Campingplatz ab 20 Euro/Nacht, Wohnmobilstellplatz ab 10 Euro/Nacht, Lunch (Mittagessen) ab 8 Euro inklusive Wasser und Kaffee. Kaffee und Waffel ab 3 Euro (zusammen)

Highlights für Kinder: Astrid Lindgrens värld, Katthult, Bullerbü, Öland

Unser schönster Moment: Auf den Felsen in Bohuslän sitzen, das Wasser glitzern und die Kinder über die Felsen hüpfen sehen. So viel Ruhe!

Unsere größte Herausforderung: Als im Schärengarten vor Stockholm der VW-Bus nicht mehr angesprungen ist und selbst der schwedische ADAC nicht helfen konnte. Ich habe durch Zufall ein rausgefallenes Kabel wieder reingesteckt, und die Fahrt ging weiter (nach fünf Stunden Fehlersuche).

Lieblingsorte: Öland, Kivik, Torekov und Vadstena

Auf keinen Fall verpassen: Öland, Kivik, Ales stenar, Göta-Kanal, Bullerbü, Katthult

SCHWEDEN: WOHNMOBIL MIT KINDERN

Das musst du vorher beachten: Nicht viel! Anreise buchen, und los geht es!

Das muss immer mit: Handy, EC-Karte (meistens bezahlt man mit Karte), Bargeld für Flohmärkte und Sommercafés

Besser nicht: Es lohnt sich nicht, das Auto mit Vorräten vollzupacken. Denn Schweden ist zwar etwas teurer, aber nicht so viel teurer als Deutschland. Und man braucht meist auch weniger warme Klamotten, als man denkt.

Über Nathalie Klüver

Seit meiner Hochzeitsreise vor zwölf Jahren reise ich jedes Jahr nach Schweden, das für mich zu meiner zweiten Heimat geworden ist. Weitere Reisetipps für Schweden gibt es auf meinem Blog ganznormalemama.com.

8. Kapitel

SCHÖNE BESCHERUNG

- Dantes **19.** Reiseland: **Guatemala**
- Dantes Alter: **2 Jahre und 8 Monate**
- ***Was mache ich, wenn mein Kind unterwegs krank wird?***

Heiligabend stand vor der Tür. Und Dantes drittes Weihnachten sollte natürlich ein besonderes Fest an einem zauberhaften Ort sein. So zumindest war unser Plan. Auf unserer Reise durch Mittelamerika trafen wir meinen Mann Lars in Guatemala. Nachdem unsere Familie ein paar Tage in der Kolonialstadt Antigua und an der Pazifikküste am Strand verbracht hatte, starteten wir zu unserem Weihnachtsdomizil: Lago de Atitlán. Ein wunderschöner See 1.560 Meter über dem Meeresspiegel gelegen und umrahmt von drei majestätischen Vulkanen.

Als wir unsere Unterkunft im Dorf San Pedro bezogen, waren wir schwer begeistert von unserem kleinen Paradies. Von unseren Betten aus konnten wir das glitzernde Wasser sehen, das von der Sonne in den unterschiedlichsten Blautönen reflektiert wurde. Die seichten Wellen, die die kleinen Fischerboote hin und her schaukelten, und indigene Frauen, die ihre Wäsche im Kratersee wuschen. Das Grundstück ums Haus war weitläufig und perfekt zum Spielen, Toben und Entdecken. Und direkt vor unserem Bungalow hing eine Hängematte, von der man einen prächtigen Blick auf die umliegenden Berge hatte. Mit ein wenig Fantasie konnte man sogar in den Berggipfeln die Silhouette eines liegenden Indianers mit einer übermäßig großen Nase erkennen.

Wir drei fühlten uns pudelwohl und hätten uns keinen besseren Ort für unser gemeinsames Weihnachtsfest vorstellen können. An den ersten beiden Tagen erkundeten wir das kleine Dorf San Pedro. Unten am Wasser reihten sich vor allem verschiedene Restaurants, Bars und Unterkünfte aneinander. Doch wenn man der steilen, kopfsteingepflasterten Gasse folgte, gelangte man nach ein paar schweißtreibenden Minuten ins eigentliche Dorf, in dem der Tourismus noch weit entfernt zu sein schien. Die Einwohner hier sind überwiegend indigener Abstammung, leben von Landwirtschaft oder vom Fischfang und praktizieren in ihrem Alltag einen religiösen Mix aus Katholizismus und alten Riten, die auf die alten Maya zurückzuführen sind.

An Heiligabend machten wir tagsüber einen Ausflug ins gegenüberliegende Dorf San Marcos – im Backpacker-Jargon auch Hippiedorf genannt. Die meisten Touristen kommen an diesen Ort, um Yoga, Meditation oder Reiki zu praktizieren. Dante, Lars und ich hatten aber keineswegs vor, uns in San Marcos auf den esoterischen Weg zu uns selbst zu begeben. Vielmehr wollten wir ein paar faule Stunden am etwas abseits gelegenen Bootsanleger verbringen, von dem aus man sogar ins Wasser springen konnte. Was für ein Vergnügen! Während in der Heimat unsere Familien gerade bei frostigen Temperaturen hektisch das weihnachtliche Festmahl zubereiteten, genossen wir drei die Unbeschwertheit des Reisens in vollsten Zügen. Das Wasser des Sees – der einst vor über 80.000 Jahren aus der gewaltigen Explosion eines großen Vulkanes entstanden war – war herrlich erfrischend. In unserer blühenden Fantasie stellten wir uns vor, dass wir von Krokodilen und Haien verfolgt würden und schnell wegschwimmen müssten.

»Ahhhhh, die Krokodile und Haie kommen ...«, dabei kreischten wir aus vollem Halse, schwammen in die unterschiedlichsten Richtungen und lachten laut.

Nach über einer Stunde im Wasser waren wir fix und fertig. Mit allerletzten Kräften zogen wir uns wieder hinauf auf den Bootssteg, ruhten uns ein wenig aus und ließen uns die Sonne auf den Rücken scheinen.

Während Dante und Lars vor sich hindösten, schaute ich immer wieder zum Vulkan San Pedro auf der gegenüberliegenden Seite. Wie wunderschön dieser Anblick doch war. Der über 3.000 Meter hohe Vulkan wirkte imposant und fast schon majestätisch. Das Mittagslicht hatte sich bereits golden gefärbt, und das Wasser glitzerte so dermaßen, als ob Tausende von schillernden Diamanten seine Oberfläche säumen würden.

›Einfach nur perfekt‹, dachte ich immerzu. ›Ein zauberhafter Ort und ein besonderes Weihnachtsfest.‹

·⊳⊳·⊲⊲·

Und ja, es hätte ein besonderes bezauberndes Weihnachten werden können, wenn Dante nicht plötzlich angefangen hätte, zu spucken. Am frühen Abend war noch alles gut. Zum Sonnenuntergang gingen wir zum zentralen Park hoch oben im Dorf. Die Guatemalteken waren alle in freudiger festlicher Stimmung. Wir beobachteten die vielen Menschen, die in der Kirche ein- und ausgingen, und es dauerte nicht lang, bis Dante die ersten Freunde gefunden hatte. Gemeinsam liefen sie umher, rollten lachend den kleinen Berg herunter, spielten Fangen oder hielten Händchen. Anschließend kam eine Frau und verteilte an alle Kinder knallbuntes Eiswasser in kleinen Plastiktüten. Dante griff selbstverständlich auch zu und strahlte uns mit großen Augen und blau verschmiertem Mund an. Mir war zwar bei dem Eiswasser nicht ganz wohl, aber verwehren wollte ich es ihm jetzt auch nicht.

Anschließend war es Zeit fürs Festmahl, denn schließlich war heute Heiligabend. Wir kehrten ein in ein Restaurant, bestellten die unterschiedlichsten Gerichte und aßen alle mit Leibeslust. Ich wollte gerade vorne an der Kasse bezahlen, als ich merkte, dass sich Dantes Gesichtsausdruck verändert hatte. Eben hatte er noch quietschfidel mit seinen Autos gespielt, und jetzt stand er plötzlich erstarrt und bleich in der Ecke. Tränen schossen ihm in die Augen. Er verzog sein Gesicht, machte dabei würgende Geräusche und erbrach sich mitten im Restaurant auf den Fußboden. Ich rannte sofort zu ihm, fragte ihn, was los sei.

»Bauch aua«, sagte er in einem weinerlichen Ton.

Die Kellnerin hatte das Malheur aus der Ferne beobachtet und kam bereits mit Feudel, Eimer und vielen Servietten herbeigeeilt. Wir wischten gerade gemeinsam den Boden, als Dante sich ein zweites und wenig später sogar ein drittes Mal erbrach.

Was hatte er bloß? Hatte er etwas Schlechtes gegessen? Oder war es vielleicht das künstlich gefärbte Eiswasser von vorhin gewesen? Dante sah mitleiderregend aus. Er musste so schnell wie möglich ins Bett. Ich nahm ihn also auf den Arm und schmiegte ihn dicht an meinen Körper. Er legte seine schwachen Ärmchen um meinen Hals, und schnellen Schrittes eilten wir zurück zu unserer Unterkunft.

Die Heilige Nacht war fürchterlich und herzzerreißend. Dante übergab sich mehrmals. Ich hatte mir zwar einen Eimer ausgeliehen, doch leider schaffte es mein Kind nicht, mir rechtzeitig Bescheid zu geben. Immer wieder musste ich seinen Schlafanzug und auch die verschmutzte Bettwäsche wechseln. Nachdem ich zum dritten Mal an die Rezeption gegangen war, um die freundliche Mitarbeiterin um saubere Bettwäsche zu bitten, überließ sie mir sogar ihren Schlüssel für die Wäschekammer. Am liebsten wäre ich Ana um den Hals gefallen, so sehr freute ich mich darüber, die ganze Nacht lang Zugang zur sauberen Bettwäsche zu haben. Und in der Tat musste ich diese in den folgenden Stunden noch mehrmals wechseln.

Am nächsten Tag sah Dante schlecht und schwach aus. Er wollte nichts essen, übergab sich weiterhin und bekam auch noch Durchfall. Zudem fing Lars an, ebenfalls über Magenkrämpfe zu klagen, und auch in meiner Bauchgegend vernahm ich ein unangenehmes

Grummeln. Es hatte uns also alle erwischt. Was für eine schöne Bescherung pünktlich zum Fest der Feste!

Ich ging wieder zu Ana, und sie schrieb mir sicherheitshalber die Adresse des hiesigen Arztes auf, falls es noch schlimmer werden würde. Außerdem erzählte sie mir, dass am Lago de Atitlán relativ viele Touristen mit Magen-Darm-Problemen zu kämpfen hatten. Was genau die Ursache für die vielen Erkrankungen war, konnte sie nicht genau sagen. Lag es vielleicht am Essen? Dem Leitungswasser, mit dem wir uns die Zähne putzten? Hätten wir auf die Eiswürfel in unserem frisch gepressten Saft verzichten sollen? Oder konnte es sein, dass wir uns gestern während unserer Planschrunde im See Bakterien geholt hatten, auf die unsere Körper jetzt mit Brechen und Durchfall reagierten?

Wie auch immer, Fakt war, dass wir alle kränkelten und Dante es am schlimmsten getroffen hatte. Ich kramte in meiner Notfallapotheke, die ich auf jeder Reise dabeihatte, gab meinem Kind etwas gegen Durchfall und Unwohlsein und kuschelte mich mit ihm nach draußen in die Hängematte. Zum Glück trank er zwischendurch immer ein bisschen, sodass nicht zu befürchten war, dass sein Flüssigkeitshaushalt in einen kritischen Bereich sank. Dennoch machte ich mir den ganzen ersten Weihnachtstag über riesige Sorgen. Und mich plagten extreme Gewissensbisse. Während Dante auf meinem Bauch schlief und ich akribisch über die Regelmäßigkeit seiner Atemzüge wachte, machte ich mir ständig Vorwürfe. Warum hatte ich mein Kind hierhergeschleppt? Weit weg von guten Krankenhäusern? Hätte ich nicht beim Essen besser aufpassen müssen? Und wieso hatte ich ihm gestern Abend erlaubt, das komisch gefärbte Eiswasser zu essen?

Wenn ich gekonnt hätte, hätte ich sofort all sein Leiden auf mich genommen. Was hätte ich darum gegeben, Dante mit diesem fiesen Magen-Darm-Virus zu verschonen ... Doch es half nichts, wir mussten da jetzt alle durch. Sowohl mein kleines Kind wie auch mein leidendes Mama-Herz. Schließlich brachten uns Selbstvorwürfe jetzt auch nicht weiter. In meinen Gedanken legte ich mir stattdessen einen Plan zurecht: was wir tun würden, wenn es Dante nicht bald besser ginge. Eigentlich hatten wir geplant, bereits in Kürze weiterzureisen. Zuerst nach Tikal zu den weltberühmten Maya-Ruinen im Dschungel, und danach sollte es auf die karibische Insel Caye Caulker in Belize gehen. Das würden wir aber auf keinen Fall tun, wenn Dantes Zustand sich nicht bessern sollte. So viel stand für mich fest. Der Gedanke, dass mein Baby ernsthaft krank sein könnte, machte mich fast wahnsinnig. Dennoch versuchte ich, nicht in Panik zu geraten, sondern ruhig zu bleiben. Es war wichtig, dass ich in so einem Notfall einen klaren Kopf behielt und nah bei meinem Sohn war, denn nur so konnte ich ihn bei seiner Genesung unterstützen.

Im Laufe des Tages beobachtete ich jede Regung, Zuckung und Gefühlsäußerung meines Kindes ganz genau. Zwar wirkte Dante immer noch schwach und aß nach wie vor nichts, dennoch sagte mir mein Bauchgefühl, dass sein Zustand sich zumindest nicht verschlechtert hatte. Ich schöpfte wieder neue Hoffnung, dass er sich nur ausruhen müsste, um wieder gesund zu werden.

Und so kam es dann auch. Am nächsten Morgen wirkte Dante wie ausgewechselt. Was für eine Erleichterung! Vor allem, als er zum Frühstück eine Banane und etwas trockenes Brot aß und das Essen sogar bei sich behielt. Beim Anblick meines kranken Kindes, das wieder langsam zu Kräften kam, machte mein Herz Luftsprünge. Ich wusste, dass wir die kritischste Phase überwunden hatten und dass es jetzt nur noch eine Frage der Zeit war, bis mein kleiner Junge wieder quietschfidel durch die Gegend rannte.

REDEN WIR ÜBERS Kranksein

Die Angst, dass das Kind an einem fernen und exotischen Ort krank werden kann, beschäftigt alle Eltern – und hält sie in vielen Fällen davon ab, eine Familienreise in unbekannte tropische Gefilde, wo die medizinische Versorgung noch nicht besonders fortgeschritten ist, zu unternehmen. Diese Angst ist berechtigt, denn selbstverständlich kann es vorkommen, dass das Kind im Urlaub krank wird. Das kann sowohl zu Hause, an der Ostsee, auf Mallorca, in Australien oder Südostasien passieren. Der wesentliche Unterschied allerdings ist, dass in Deutschland oder in der Regel auch in anderen europäischen Ländern der Zugang zu einer guten (oder zumindest akzeptablen) medizinischen Versorgung nicht weit – oder schlimmstenfalls innerhalb einer mehrstündigen Autofahrt erreichbar ist. Was soll ich aber tun, wenn das Kind ausgerechnet auf einer abgelegenen Insel oder im Dschungel, Outback oder in einer anderen Region, in der die Infrastruktur recht dürftig ist, erkrankt? Eine berechtigte Frage, auf die ich leider kein Patentrezept aus dem Ärmel schütteln kann.

Hinzu kommen berechtigte Bedenken, dass in vielen Ländern die hygienischen Zustände eher mangelhaft sind, verglichen mit unserem gewohnten Standard in Deutschland. Es besteht auch ein Risiko, an Viren oder Erregern zu erkranken, die für unser Immunsystem ungewohnt sind. Und man kann einfach nicht von der Hand weisen, dass in einigen Regionen im allerschlimmsten Fall auch die Möglichkeit besteht, an einer Tropenkrankheit zu erkranken, wie zum Beispiel Malaria oder Dengue-Fieber.

Du siehst, all diese Eventualitäten, die irgendwo zwischen Wahrscheinlichkeit, Risiko und Im-Rahmen-des-Denkbaren kreisen, machen es mir nicht gerade einfach, dich von deiner Angst und deinen Bedenken gänzlich zu befreien. Und dennoch möchte ich versuchen, dieses Gedankenkarussell in puncto Krankheiten auf Reisen anhand meiner eigenen Erfahrungswerte und denen anderer Eltern anzuhalten.

Dantes Krankheitsbilanz nach anderthalb Jahren auf Reisen

Ich habe mal grob überschlagen, wie viel Zeit Dante und ich bis jetzt auf Reisen verbracht haben. Mein Ergebnis: Wir waren bei Abgabe dieses Buchmanuskriptes insgesamt mehr als anderthalb Jahre unterwegs. Die Krankheitsbilanz von Dante in diesen 20 Monaten – der Großteil davon in Ländern, die in hygienischer und medizinischer Hinsicht eher im kritischen Bereich anzusiedeln sind – sieht folgendermaßen aus:

- Bali: ein Tag hohes Fieber bei unserer Ankunft;
- Kambodscha: eine Schürfwunde, die sich entzündet hatte, die die Apothekerin aber schnell in den Griff bekommen hat;
- Kolumbien: ein halber Tag Fieber bei unserer Ankunft (ich hatte den Verdacht, dass Dante kurzzeitig höhenkrank geworden war);
- Sri Lanka: anderthalb Tage Magen-Darm-Probleme (ohne Erbrechen);
- Guatemala: zwei Tage Magen-Darm-Probleme (leider volles Programm);
- Rumänien: ein Wespenstich;
- Vietnam: Spucken auf einer rasanten Busfahrt (ich hatte das Mittagessen und den Fahrstil des Busfahrers in Verdacht);
- Albanien: ein Tag Bauchschmerzen mit Erbrechen

... das war's! Summa summarum ergibt das sechs Tage Kranksein plus kleinere Wehwehchen. Und bis jetzt mussten wir auf unseren vielen Reisen kein einziges Mal einen Arzt – Moment, ich klopfe erst mal kräftig aufs Holz, bevor ich weiterschreibe – und nur einmal eine Apotheke aufsuchen. Ohne das Thema beschönigen zu wollen, finde ich persönlich, dass das ein guter Durchschnitt ist. Vor allem wenn man bedenkt, dass Dante zu Hause aufgrund der gemeinen (von Eltern zu Recht gefürchteten) Kitaviren viel häufiger krank ist.

Als wir drei Monate durch Myanmar, Vietnam, Laos und Thailand getuckert sind, war Dante – bis auf einmal im Bus Spucken – kein einziges Mal krank. Als wir dann zurück in unserer sicheren, wohlbehüteten, sauberen Heimat waren, dauerte es keine Woche, bis die gemeinen Kitaviren Dante (und übrigens auch Lars und mich) völlig niedergestreckt haben. Mein armes Kind lag anderthalb Wochen im Bett oder wahlweise im Wohnzimmer auf der Couch mit Grippe, Ohrenschmerzen, Augenentzündungen und unschönen Ausschlägen im Gesicht. Nachdem er wieder gesund war, hielt er zumindest eine Woche durch, bis ihn die Kitaviren erneut überwältigten. Von also insgesamt vier Wochen in der Heimat, war Dante etwa zweieinhalb Wochen krank. Ganz ehrlich, seit dieser Erfahrung fürchte ich die blöden Kitaviren viel mehr als die potenziellen Krankheiten auf Reisen.

Und welche Erfahrungen haben andere Eltern gemacht?

Es mag schon sein, dass mein Kind ein gutes Immunsystem hat, das nur mit den Kitaviren zu Hause nicht so richtig zurechtkommen will, dafür aber auf Reisen vor Gesundheit strotzt. Wer weiß das schon so genau. Deswegen habe ich mal eine kleine Umfrage gestartet, um zu sehen, welche Erfahrungen andere Eltern auf Reisen zu diesem Thema gemacht haben. Ich habe also in der themenspezifischen Facebook-Gruppe ›Reisemäuse‹ gefragt, welche Krankheitsfälle oder gar Notfälle kleine Weltenbummler auf Reisen bereits erlitten haben. Insgesamt haben sich 78 Mütter und Väter zu Wort gemeldet. Die meisten von ihnen haben von den typischen Kinder- oder Reisekrankheiten erzählt, wie zum Beispiel Drei-Tages-Fieber, Zahnen, Augenentzündung, Magen-Darm-Problemen, geschwollenen Insektenstichen, Sonnenbrand, entzündeten Kratzern, Erkältungen oder Pseudokrupp. Außerdem ist ein Kind mal in eine Glasscherbe getreten und musste im Krankenhaus genäht werden, ein anderes wurde von einem Hund gebissen (eine Tollwutimpfung war vorhanden), und ein Mädchen hat sich im Pauschalurlaub in Ägypten eine Salmonellenvergiftung geholt, die heftige Begleiterscheinungen mit sich gebracht hat. Deswegen musste die Kleine für ein paar Tage ins Krankenhaus. Zu meiner eigenen Überraschung – und ja, zum Glück – hatte in dieser Fragerunde kein Elternteil Erfahrungen mit schlimmeren Notfällen oder gar gefährlichen Tropenkrankheiten wie zum Beispiel Dengue-Fieber, Malaria oder Gelbfieber gemacht, obwohl viele von ihnen auch im tiefsten Asien, Afrika oder Südamerika unterwegs waren.

Da mich das Thema interessiert, habe ich in meinem großen Netzwerk an reisefreudigen Eltern und Familienbloggern weitergefragt. Hier fiel die Bilanz ähnlich wie in der Facebook-Fragerunde aus: Bis auf die typischen Krankheitsbilder hatte keiner einen wirklich dramatischen Notfall auf Reisen erlebt.

An dieser Stelle möchte ich betonen, dass meine Umfrage keineswegs repräsentativ ist. Dennoch finde ich persönlich, dass sie ein authentisches und realitätsnahes Bild der Erfahrungen anderer Eltern wiedergibt. Und vielleicht schaffe ich es damit ja, deine Angst und

Bedenken ein wenig zu minimieren. Angst ist ein schlechter Reisebegleiter! Und auch der dunklen Fantasie, die sich in den wildesten Bildern ausmalt, was eventuell alles passieren kann, sollte man meiner Meinung nach nicht allzu viel Spielraum gewähren.

Der Survival-Guide in einem Krankheits- oder Notfall

Vorbeugend

- Konsultiere vor der Reise den **Kinderarzt** und ggf. einen Facharzt oder ein Tropeninstitut.

- Lass **notwendige Impfungen** vornehmen (weitere Infos findest du auf Seite 264).

- Schließe einen guten **Auslandskrankenschutz** ab, und prüfe genau, welche Leistungen er beinhaltet. Kostenübernahme aller medizinischen Maßnahmen? Selbstbeteiligung? Rücktransport? Was passiert zum Beispiel, wenn ein Familienmitglied krank wird und am vorgesehenen Rückreisedatum nicht transportfähig ist? Können dann alle anderen Familienmitglieder ebenfalls ihren Flug umbuchen? Gibt es eine 24-Stunden-Hotline?

- **Reiserücktritt- und Reiseabbruchversicherung**, damit du im Falle einer unerwarteten Krankheit oder eines unvorhersehbaren Notfalls nicht auf den Kosten, wie zum Beispiel fürs Flugticket oder für Hotelbuchungen, sitzen bleibst.

- Informiere dich vorab, wie die **medizinischen und hygienischen Bedingungen im gewünschten Reiseland** oder der jeweiligen Region sind. Falls du unbedingt in der Nähe eines guten, englischsprachigen Krankenhauses sein möchtest, dann kann es in vielen Ländern passieren, dass du dich bei der Auswahl der gewünschten Urlaubsorte ausschließlich auf die touristischen Gebiete oder Metropolen beschränken musst.

- Auf alle Eventualitäten und möglichen Krankheitsbilder kann man nicht vorbereitet sein, dennoch solltest du dich vorab **über mögliche gängige Krankheiten informieren** und dir Wissen aneignen. Beispielsweise wie ein Fieberkrampf entsteht und was man dagegen unternehmen kann. Auch das Auffrischen eines Ersten-Hilfe-Kurses ist sinnvoll.

- Eine **gut ausgestattete Reiseapotheke** ist das A und O. Darin sollten entsprechend dem Alter des Kindes folgende Medikamente vorhanden sein: gegen Durchfall, Fieber, Übelkeit, Schmerzen, Insektenschutz, Wunddesinfektion, Pflaster etc. Auf Seite 269 f. findest du eine detaillierte Liste für deine Reiseapotheke.

- Hab alle notwendigen **Kontakte** immer griffbereit, also zum Beispiel Auslandskrankenschutz, deutscher Kinderarzt, Tropeninstitut etc.

- Notiere dir vorab wichtige Adressen, **Kontakte und Notfallnummern im jeweiligen Reiseland**, wie zum Beispiel Krankenhäuser, englischsprachige Ärzte, Botschaft etc., und hab sie immer dabei.

Vor Ort

- Plane genügend Zeit für die **Akklimatisierung** ein.

- **Wasch dir regelmäßig die Hände.**

- **Trink kein Leitungswasser**, und sei auch beim Zähneputzen vorsichtig. Bei kleinen Kindern empfehle ich, Trinkwasser zum Zähneputzen zu verwenden.

- Kauf zum Trinken nur **versiegelte Wasserflaschen**.

- Vorsicht bei großen Wasserspendern, hier können sich gemeingefährliche Bakterien herumtreiben.

- Alte Gesundheitsweisheit: ***Peel it, boil it, cook it or forget it.***

- Vorsicht ist auch geboten bei Eiswürfeln, Speiseeis, Eiswasser, Backwaren mit Cremefüllung etc.

- Auch wenn es manchmal schwerfällt, aber (fremde) Tiere anzufassen sollte tabu sein – egal wie niedlich und klein sie sind. Denn **Tollwut** kann beispielsweise bereits über Speichel auf offenen Wunden übertragen werden.

- Verwende ausreichend **Mücken- und Insektenschutz**.

- Halte **Ungeziefer** aus den Zimmern fern.

- Bewahre Milchpulver etc. in **gut verschließbaren Boxen** auf.

- Sei vorsichtig bei kleinen Wunden und aufgekratzten Insektenstichen. Vor allem in den Tropen können sie sich ziemlich schnell entzünden. Also gut reinigen, **desinfizieren** und ggf. abbinden.

- **Vorsicht mit Klimaanlagen.** Sie sind der häufigste Verursacher von Erkältungen.

Für den Härtefall

- Falls etwas Schlimmes sein sollte, versuche bloß nicht in Panik zu verfallen. **Unbedingt Ruhe bewahren!**

- Auch ohne Mediziner zu sein, können Mütter und Väter oft einschätzen, wie es ihren Kindern wirklich geht. Ist es ›bloß‹ hohes Fieber, das bald wieder abklingt? Oder ist der Zustand tatsächlich besorgniserregend oder gar dramatisch? Gerade Mütter haben in solchen Situationen oft ein aussagekräftiges **Bauchgefühl**, auf das sie unbedingt hören sollten. Schlägt das eigene Bauchgefühl Alarm, dann solltet ihr unverzüglich einen Arzt oder ein Krankenhaus aufsuchen.

- Trinkt so viel Wasser wie möglich. Denn **ausreichend Flüssigkeit** ist wichtig.

- Viel **Kuscheln** ist in manchen Krankheitsfällen die beste Medizin.

- Kontaktiere bei einem schlimmeren Notfall den **Auslandskrankenschutz** ...

- ... und ggf. auch den **deutschen Kinderarzt** telefonisch oder per Mail.

FÜNF DINGE, DIE ICH IN GUATEMALA GELERNT HABE

- So sehr das Mama-Herz auch leidet, ist es kaum zu vermeiden, dass Kinder krank werden. Wenn das im Urlaub passiert, bringt es einen nicht weiter, sich Vorwürfe zu machen. Lieber auf das eigene Bauchgefühl hören.
- In kritischen Situationen heißt es: Ruhe bewahren.
- Es ist unmöglich, sich auf Reisen vor allen Bakterien, Viren oder Krankheiten zu schützen, selbst wenn man vorsichtig ist. Außerdem können Bakterien das eigene Immunsystem auch stärken.
- Den perfekten Urlaub an einem zauberhaften Ort kann man einfach nicht planen. Vor allem mit Kindern nicht!
- Das authentischste Erlebnis, das man in Guatemala machen kann, ist eine Fahrt im proppenvollen Chicken-Bus. Nichts für schwache Gemüter, trotzdem eine tolle Erfahrung.

MEIN STECKBRIEF FÜR GUATEMALA

Geeignet für: Reiseerfahrene

Beste Reisezeit: Oktober bis Mai

Kosten: mittel

Visum: für deutsche Staatsangehörige nicht erforderlich

Am besten fortbewegen mit: Shuttle oder Chicken-Bus

Highlights mit Kindern: Kajak fahren auf dem Lago de Izabal, Bootsfahrt auf dem Río Dulce, Naturbecken von Semuc Champey, Babyschildkröten ins Meer in Monterrico freisetzen, Tuk Tuk fahren in Antigua

Unsere schönsten Momente: im Lago de Atitlán schwimmen mit einem wunderschönen Ausblick auf den Vulkan; in Tikal von den hohen Maya-Ruinen aus den Blick über die Baumwipfel des Dschungels schweifen lassen

Unsere größte Herausforderung: die Nachtbusfahrt von Guatemala-Stadt nach Flores bei eisigen Temperaturen

Lieblingsorte: Antigua, Lago Atitlán, Flores, Río Dulce

Auf keinen Fall verpassen: die Maya-Ruinen von Tikal, relaxte Strandtage in Monterrico, karibisches Garifuna-Feeling in Livingston, Markt in Chichicastenango, der Ausblick vom Cerro de la Cruz in Antigua

9. Kapitel

SURFSTUNDEN AUF EINEM MORSCHEN STÜCK HOLZ

- Dantes **20.** Reiseland: **Belize**
- Dantes Alter: **2 Jahre und 8 Monate**
- ***Was mache ich, wenn meinem Kind langweilig wird?***

»*Go slow*« ist das Motto der kleinen Insel Caye Caulker in Belize. Mein Mann und ich taten uns in der Tat nicht schwer, dieser karibischen Lebensweise mitten im Paradies Folge zu leisten. Von unserer bunten Holzhütte mit Veranda und Hängematte waren es nur ein paar Schritte bis zum weißen Sandstrand. Der Meeresboden war leicht abfallend, sodass sogar Dante ein paar Hundert Meter entfernt immer noch stehen konnte. Und das glasklare Wasser schillerte zudem in den unterschiedlichsten Blau- und Türkistönen. Aus der Ferne erklang heitere Reggae-Musik, eine angenehme Brise wehte uns um die Nase, die großen Wolken am Himmel hielten die Hitze zurück, spendeten zudem angenehmen Schatten, und hin und wieder kam ein Verkäufer im gemächlichen Tempo vorbeigeschlendert, um uns erfrischende Kokosnüsse anzubieten. Was für eine entspannte Atmosphäre mitten in der Karibik! Und Lars und ich mussten zugeben, dass uns das Inselmotto »*go slow*« immer mehr zusagte.

An unserem ersten Strandtag schien es allerdings so, als ob der karibische Funke nicht so recht auf Dante überspringen wollte. Er langweilte sich, wusste nicht so recht etwas mit sich anzufangen und nörgelte die ganze Zeit rum. Mein Mann und ich hatten, ehrlich gesagt, keine großartigen Ambitionen, rund um die Uhr den Entertainer für unser Kind zu spielen. So überließen wir ihn irgendwann seiner Langeweile.

Lustlos kickte Dante seinen kleinen blau-gelben Ball hin und her, als plötzlich hinter der Palme ein kleiner Junge erschien. John war etwa ein Jahr älter als Dante. Ich schätze sein Alter auf vier. Er hatte krauses Haar und dunkle Haut. Ohne zu fragen, stoppte John den Ball mit seinem kleinen Fuß, nahm ein paar Meter Anlauf und schoss in Dantes Richtung. Mit vollem Körpereinsatz versuchte Dante den Schuss abzuwehren und warf sich dabei in den warmen

Sand. Der Fußball rollte an ihm vorbei. Motiviert sprang Dante auf, rannte hinterher und kickte den Ball wieder zu John. Der ging in eine leichte Grätsche, wippte aufgeregt in den Beinen und fokussierte hochkonzentriert den Ball, um ihn entgegenzunehmen.

Die beiden Jungs verstanden sich auf Anhieb – ohne dabei nur ein einziges Wort des anderen zu verstehen. Dass sie nicht dieselbe Sprache sprachen, spielte für sie keine Rolle. Viel wichtiger war es, dass sie die gleichen Interessen teilten. Und Fußball war definitiv eine große Leidenschaft der zwei kleinen Jungs, die optisch nicht unterschiedlicher hätten sein können.

Sie gaben alles. Verausgabten sich – und ließen sich anschließend lachend in den Sand plumpsen. Das Fußballtraining war für heute abgeschlossen. Nach einer kurzen Ruhepause holte Dante seine heiß geliebten Spielzeugautos aus dem Rucksack. Kipplaster, Bagger, Feuerwehrauto, Transporter, Rennautos, Mähdrescher, Müllwagen und ein paar andere Vierräder, die jedes Jungenherz auf der Welt schneller schlagen lassen. Zweifelsohne liebte Dante seine Spielzeugautos heiß und innig. Zumal sie zu den wenigen Spielsachen gehörten, die wir auf unserer zweimonatigen Reise durch Mittelamerika mitgenommen hatten. Und weil Dantes Liebe zu seinen Autos so groß war, durfte normalerweise kein anderes Kind diese anfassen. Doch für seinen neuen Freund machte er eine Ausnahme. Ich wunderte mich, als ich beobachtete, wie er John gleich zwei Autos in die Hand drückte. Eigentlich war mein Sohn doch gerade in einer Phase, in der er sich mit dem Teilen schwertat. Doch die entspannte Lebensart unter der karibischen Sonne schien mittlerweile auch bei ihm Spuren zu hinterlassen.

Als John zu Dantes absolutem Lieblingsauto – dem gelben Kipplaster – griff, dachte ich kurzzeitig, dass es mit der friedlichen Stimmung vorbei sein würde und dass Dante unter kreischendem Klagen vehement sein Auto zurückfordern würde. Doch mein Sohn überraschte mich erneut. Er stand auf, ging zu seinen Sandsachen, holte eine orange Schaufel und gab sie seinem neuen Freund. John verstand sofort und schaufelte fleißig den puderweißen Sand auf die viel zu kleine Ladefläche des Spielzeugautos. Anschließend bahnte sich der Kipplaster im Slalom seinen Weg über den Strand, lud den Sand bei der nächsten Palme ab und holte eine neue Ladung. Allein mit dem Abtransportieren des Sandes waren die beiden Jungs mindestens eine halbe Stunde beschäftig. So lange hielt es Dante normalerweise nie mit einem Spielzeug aus. Zu Hause in seinem Kinderzimmer rannte er meistens leicht überfordert von einem Gegenstand zum nächsten, pfefferte es nach einem kurzen Augenblick in die Ecke, griff zum nächsten und anschließend wieder zum nächsten. Doch hier am Strand von Caye Caulker war alles anders.

Wie achtsam die beiden Jungs mit den Autos umgingen – so als ob es die wertvollsten Dinge auf der ganzen Welt wären. Sie spielten und spielten und entwickelten dabei eine bewundernswerte Fantasie, die mich zum Staunen brachte. Gemeinsam bauten sie im Sand einen Graben, wo die Autos parken konnten. Daneben wurde eine weitere Kuhle ausgehoben. John und Dante wechselten sich ab, um mit der kleinen Gießkanne Wasser zu holen. Sie rannten zum Meer und wurden nicht müde, immer mehr Wasser zu holen, bis die Kuhle randvoll war. Danach sammelten sie ein paar Steine, die sie drumherum drapierten, und abschließend bauten sie noch einen Turm, der mit kleinen Stöcken und Federn verziert wurde. Um diesen Turm ließen sie dann die Autos ihre Runden drehen.

Die Sonne hinter den Wolken war mittlerweile ein ganzes Stück gewandert – und John und Dante waren immer noch total versunken in ihr Spiel.

›Wie lange spielten sie bereits‹, fragte ich mich. ›Zwei Stunden? Vielleicht sogar drei Stunden.‹ Ich hatte jegliches Zeitgefühl verloren, so wie die Jungs auch, und war absolut fasziniert, wie schnell die beiden Kinder jegliche Berührungsängste verloren hatten und wie groß ihr Interesse an den gleichen Dingen war.

Ich breitete für die Kinder eine Stranddecke aus und bat sie, eine kleine Pause einzulegen, damit sie etwas essen konnten. Ich musste sie beinahe anflehen, kurz die Spielsachen beiseitezulegen. Fast schon brüderlich teilten sie sich ein Brot, Nüsse und ein paar Cracker. Gut gestärkt konnte es weitergehen. John stand auf, reichte Dante seine Hand, und gemeinsam gingen sie händchenhaltend zum Wasser. Zuerst tänzelten beide mit ihren kleinen Füßen in den seichten Wellen, die gemächlich am Sandstrand brachen. Sie kreischten vor Freude, wurden mutiger und trauten sich weiter ins Meer hinaus. Ich ließ sie gewähren, da das Wasser flach war und ich mir keine Sorgen machen musste, dass etwas passieren könnte.

Plötzlich entdeckte John ein einfaches Holzbrett, das auf der Oberfläche trieb. Das perfekte Surfbrett! Dante klatschte enthusiastisch in die Hände, als John ihm zeigte, wie man sich auf den Bauch legt und kräftige rudernde Armbewegungen macht. Dante beobachtete genau, was John ihm zeigte, und setzte das Gelernte gleich in die Tat um. Während John das alte Holzstück mit der abgeblätterten Farbe festhielt, legte sich Dante bäuchlings aufs Brett und fing sofort an zu rudern. Zusammen paddelten sie hinaus, und es war nicht zu überhören, welchen Spaß die beiden hatten. Wenn John laut lachte, lachte Dante gleich mit. Und umgekehrt genauso. Sie wechselten sich ab mit dem Surfbrett, gaben sich gegenseitig Hilfestellungen und stützten sich.

Als Dante einigermaßen sicher paddeln konnte, war der Zeitpunkt gekommen, ihm eine weitere Lektion in der großen Kunst des

Surfens zu geben. John zeigte ihm, wie man auf dem Brett steht, die Beine leicht beugt und das Gleichgewicht hält.

›Konnte es sein, dass das für Dante der Anfang einer Surfleidenschaft war?‹, dachte ich schmunzelnd. Ich konnte die beiden Kinder keinen Moment aus den Augen lassen. Wie wunderschön es doch war, ihr unbefangenes Lachen zu hören. Zu beobachten, wie viel Spaß der blonde und der schwarze Junge an einem simplen, abgewetzten Stück Holz hatten. Wie unermüdlich die beiden Kinder sich bereits seit Stunden miteinander beschäftigten, Spielsachen und Essen teilten und sich gegenseitig die Hand reichten, wenn der eine von ihnen ins Wasser fiel. Und wie viel grenzenlose Kreativität sie dabei entwickelten.

Als die Sonne im karibischen Meer unterging, war der Zeitpunkt gekommen, die Spielgefährten voneinander zu trennen. Natürlich war der Protest vonseiten meines Sohnes vehement. Ich versprach ihm, dass wir morgen wiederkommen würden und dass er dann mit John weiterspielen könnte. Und tatsächlich schien am nächsten Tag John bereits auf Dante zu warten. Ohne zu zögern, schüttete Dante sofort seinen Rucksack mit den Spielzeugautos aus, holte seinen Ball und die Sandsachen hervor, und beide machten gleich da weiter, wo sie gestern aufgehört hatten. Sie versanken immer mehr in ihrer eigenen Welt, in der sie ihre gemeinsamen Leidenschaften und Interessen teilten. Fußball. Autos. Und Surfen. So ging es auch die nächsten Tage weiter.

An unserem letzten Nachmittag auf Caye Caulker wurde ich selbst ziemlich sentimental, als sich die beiden Freunde voneinander verabschieden mussten. Ich versuchte John zu erklären, dass wir morgen abreisen würden. Ich hatte keine Ahnung, ob er mich verstand. Mit seinen großen dunklen Kulleraugen schaute er mich fragend an. Wie sehr mir doch dieses kleine karibische Kind ans Herz gewachsen war.

Ich schlug Dante vor, dass er John zum Abschied ein Auto von sich schenkte. Dante musste etwas überlegen, doch als ich ihm erklärte, dass sein neuer Freund sich über ein Abschiedsgeschenk bestimmt freuen würde, fingen Dantes Augen an zu leuchten. Er beäugte seine Spielzeugautos genau, griff schlussendlich zu seinem heiß geliebten gelben Kipplaster und übergab diesen wortlos an John.

REDEN WIR ÜBER Langeweile

Ein Kind braucht kein mit Spielsachen vollgestopftes Kinderzimmer und auch keinen mit pädagogisch hochwertigen Aktivitäten gefüllten Terminkalender. Was Kinder viel eher benötigen, ist Langeweile. Denn meiner Meinung nach sind der Zustand der Langenweile und insbesondere das selbstständige Suchen nach einem Weg, diese Langeweile zu beenden, die höchste Form der Spielförderung. Friedrich Nietzsche vertrat den Standpunkt, dass man durch die Langeweile hindurch muss, damit sich danach etwas Neues auftut und ein kreativer Prozess beginnen kann. So ähnlich beobachte ich das bei Dante auch. Denn vor allem auf Reisen kann ihm ziemlich oft »langweiiilig« werden. Nachvollziehbarerweise. Er hat nur wenige Spielsachen dabei, mit denen er monatelang auskommen muss. Er geht nicht zur Kita, in der er sonst ein abwechslungsreiches Freizeitprogramm geboten bekommt. Seine Freunde sind nicht da, und auch seine Eltern haben nicht unbedingt Lust, für ihn rund um die Uhr den Entertainer zu spielen und sich zu überlegen, was er jetzt noch spielen könnte.

Wenn ich Dante mit seiner Langeweile allein lasse, kann ich schnell beobachten, wie in ihm die Bereitschaft anwächst, sich anderweitig zu orientieren und seine Umwelt zu entdecken. Denn für ihn ist alles spannender als die blöde Langeweile. Plötzlich inspiziert er neugierig die exotischen Pflanzen am Wegesrand oder die Kröte, die sich im trüben Wasser des Teichs tarnt. Er stapelt voll konzentriert Steine übereinander, parkt akribisch seine Spielzeugautos ein und aus oder sucht bewusst Kontakt zu anderen Kindern oder Menschen. Immer wieder bin ich erstaunt, was für einen immensen Erfindergeist und eine unbändige Neugier er an den Tag legt, wenn er das Herumnörgeln überwunden hat – und welche kreativen Ideen er seiner Langeweile entgegensetzt.

Ich habe schon oft gelesen, dass Pädagogen Eltern empfehlen, ihre Kinder mit der Langeweile alleinzulassen, da es ihre Kreativität, Fantasie und auch Selbstständigkeit fördert. Natürlich kann diese Art der Förderung beim Nachwuchs gut auch im heimischen Kinderzimmer stattfinden. Dennoch bin ich der Meinung, dass Kinder die Langeweile auf Reisen um einiges intensiver und auch bewusster erleben. Zu Hause sind sie oft materiell reizüberflutet, haben die Qual der Wahl, zu welchem Spielzeug sie als nächstes greifen sollen, und ihr Tag wird häufig von Kita, Turnen oder Musikstunden bestimmt. Auf Reisen erleben sie zwar auch ein Übermaß an neuen Reizen, aber auch eine lehrreiche Reduktion materieller Dinge und vorgegebener Aktivitäten, sodass sie erfinderisch werden müssen, um der doofen Langeweile ein Ende zu setzen.

Auch Kinder sollen sich aus ihrer Komfortzone herausbewegen

Meiner Meinung nach ist das eine großartige Lektion, die das Reisen unserem Nachwuchs beibringt. Und ich muss zugeben, dass ich unterwegs immer wieder überrascht bin, wie lange Dante doch stillhalten und sich selbst beschäftigen kann. Meistens fällt es ihm überhaupt nicht schwer, ohne rumzumeckern acht Stunden mit dem Bus zu fahren, im Restaurant mit seinen Autos zu spielen, sich schnell auf fremde Kinder einzulassen oder einfach nur seine Umwelt zu beobachten. Das sieht bei uns zu Hause anders aus. Klar muss sich Dante zurück in der Heimat erst mal daran gewöhnen, dass er nicht mehr so viel Reise-Action erlebt und sich wieder seiner ›alltäglichen‹ Langeweile stellen muss. Doch aufgrund der Fülle an Spielsachen und -möglichkeiten verfällt Dante ziemlich schnell wieder in seine alten Verhaltensmuster. Er rennt ganz hibbelig in seinem Kinderzimmer auf und ab, greift wahllos zu den unterschiedlichsten Dingen und fordert zudem, dass Papa oder Mama ihm die vollste Aufmerksamkeit schenken. Womöglich sollen wir sogar den Flughafen von Lego allein aufbauen, während er dabei nur faul zuschaut und sich bespaßen lässt. In solchen Momenten wird mir vor Augen geführt, wie sehr das Reisen auch unsere Kinder aus ihrer Komfortzone herauspusht und sie lehrt, in einer fremden Umgebung mit sich, ihren Gefühlen und anderen Menschen klarzukommen. Und wie sie umgekehrt nach einer Reise wieder lernen müssen, einen Ausweg aus ihrer Langeweile zu Hause zu suchen.

Übrigens hat es noch einen weiteren Vorteil, wenn sich unsere Kinder auf Reisen allein beschäftigen: Wir schaffen uns selbst Freiräume und Freizeit – und das ist wichtig! Denn schließlich sollen auch wir Erwachsenen die Reise genießen und ein wenig entspannen.

Entschlackungskur vom vollgestopften Kinderzimmer

Es gibt viele Dinge, die ich persönlich am Reisen schätze: aus dem Alltag ausbrechen, neue Dinge sehen, aufregende Abenteuer erleben, den unterschiedlichsten Menschen begegnen, fremde Umgebungen auf mich wirken lassen ... Und es gibt noch eine andere Sache, die ich fern von zu Hause als wahren Reichtum empfinde: Minimalismus.

Die Herausforderung – oder nennen wir es besser Erleichterung –, für einen bestimmten Zeitraum mit wenigen Dingen auszukommen. Eben nur mit so vielen, wie in meinen Rucksack passen und ich auch tragen kann. Eine wunderbare Challenge, die mir immer wieder beweist, dass wir tatsächlich nur wenige Dinge benötigen. Statt morgens mit einem großen Fragezeichen vor meinem Kleiderschrank zu stehen, greife ich auf Reisen einfach zu dem Shirt, das noch sauber ist. So einfach, reduziert und stressfrei kann unser Leben sein. Und immer wieder denke ich dann, wie anstrengend und überfordernd doch ein Leben im Überfluss eigentlich ist.

So ein ähnliches Phänomen beobachte ich auch bei meinem Sohn, wenn wir gemeinsam auf Reisen sind. Für unsere dreimonatige Reise durch Asien durfte Dante selbst aussuchen, welche Spielsachen mitkamen. Unsere Abmachung war allerdings, dass sie alle in seinen kleinen Rucksack passen mussten. Das war keine leichte Aufgabe für meinen damals dreieinhalbjährigen Sohn. Schlussendlich entschied er sich für eine größere Menge Spielzeugautos (was für eine Überraschung), Schaufel, Sandeimer, magnetische Bausteine, Malsachen und ein paar Pixi-Bücher. Das war's. Der Rest musste zu Hause bleiben. Und doch hatte ich auf unserem langen Trip keinen Moment das Gefühl, dass er sein vollgestopftes Kinderzimmer vermisste. Im Gegenteil! Die wenigen Dinge reichten ihm voll und ganz, um stundenlang mit einer enormen Fantasie und Engelsgeduld immer wieder damit zu spielen. Tag für Tag! Meiner Meinung nach war das für ihn eine wunderbare Entschlackungskur.

Es muss nicht viel sein: Spielsachen für unterwegs

Ich bin mir sicher, dass die Message klar ist: Reisen ist eine tolle Möglichkeit, gemeinsam mit den Kindern minimalistischer zu leben und die materielle Reizüberflutung zu reduzieren. So lernen bereits Kleinkinder, ihre Spielsachen wertzuschätzen. Die wenigen Spielsachen, die mitkommen, sollten nach Möglichkeit klein, kompakt und leicht sein und natürlich zu den Favoriten des Kindes gehören. Hier einige altbewährte Ideen:

Die Spiel-Klassiker

- Ball
- Bücher, Pixi-Bücher
- Malsachen
- Sandspielzeug
- Autos
- Puppen/Barbies
- Kuscheltier
- Luftballons
- Tablet, halt für den Notfall

Für Babys

- Rassel, Greifling
- Schmusetier
- Stoffbuch
- Spieluhr
- Oball

Für Kleinkinder

- Duplo
- Magnetische Bausteine
- Stapelbecher (universell für Sand und Wasser, zum Türmebauen etc.)
- Maltafel
- Magnettafeln

Von 3 Jahren bis zur Einschulung

- Kartenspiele (z. B. Memory, UNO, Schwarzer Peter, Domino)
- Reisespiele (z. B. Mensch ärgere dich nicht)
- Sticker-Bücher
- Frisbee
- Puzzle
- Schnorchel, Tauchbrille, Flossen
- Playmobilfiguren
- Seil
- Lupe

FÜNF DINGE, DIE ICH IN BELIZE GELERNT HABE

- Langeweile und Minimalismus gehören zu den schönsten Geschenken, die wir unseren Kindern machen können.
- Kinder sind keine Rassisten – die Vorurteile Menschen gegenüber kommen erst später im Leben.
- *»Go slow«* ist ein wunderbares Lebensmotto.
- Das kleine Land ist einfach anders. Nicht typisch lateinamerikanisch, nicht typisch karibisch, sondern von vielen Kulturen und Einflüssen ein bisschen was: Garifunas, Mayas, Kreolen, Mestizen, Expats – ein eigenwilliger und spannender Mix.
- Belize ist kein Land für einen schmalen Geldbeutel!

MEIN STECKBRIEF FÜR BELIZE

Geeignet für: Reiseanfänger

Beste Reisezeit: Dezember bis Mai

Kosten: teuer

Visum: für deutsche Staatsangehörige nicht erforderlich

Am besten fortbewegen mit: Chicken-Bus und Boot

Highlights mit Kindern: Bootsfahrt im Crooked Tree Wildlife Sanctuary, Planschen im karibischen Meer, Schnorcheln

Unser schönster Moment: die faulen Tage am Strand

Unsere größte Herausforderung: den Geldbeutel nicht zu doll zu strapazieren

Lieblingsorte: Caye Caulker, Placencia

Auf keinen Fall verpassen: die abgelegenen Maya-Ruinen bei Caracol, Abtauchen in die Dunkelheit des Blue Hole, Segeltörn um San Pedro

10. Kapitel

SPONTANE FLUCHT IN EIN LAND VOR UNSERER ZEIT

- Dantes **22.** Reiseland: **Rumänien**
- Dantes Alter: **3 Jahre und 4 Monate**
- ***Soll ich die Reise komplett planen oder lieber auf mich zukommen lassen?***

Ich musste mich mächtig zusammenreißen. Immer wieder dachte ich: ›Du kannst doch jetzt nicht einfach losheulen. Hier, mitten im Restaurant.‹ Doch jeder Widerstand war zwecklos. Ich konnte sie nicht mehr aufhalten und spürte, wie mir die Tränen die Wangen runterrollten und meine Stimme heftig bebte: »Warum kann mein Kind nicht einen simplen Teller mit trockenen Spaghetti bekommen?«

So wütend war ich schon lange nicht gewesen. Wir befanden uns in der rumänischen Stadt Braşov, und ich musste aufpassen, dass ich den Chef des Restaurants nicht anschrie. Er stammelte fadenscheinige Erklärungen daher, die er wohl selbst nicht besonders nachvollziehbar fand – das schlussfolgerte ich zumindest aus seinem Gesichtsausdruck.

Von meiner rechten Seite mischte sich erneut die Kellnerin lautstark ins Gespräch ein: »Spaghetti ohne alles gibt es nicht«, schrie sie mich an.

Vor einer halben Stunde war diese Kellnerin noch wesentlich freundlicher zu mir gewesen. Ich hatte sie gefragt, ob ich für meinen Sohn trockene Spaghetti bekommen könne – also nur Spaghetti, ohne alles. Dante hatte halt gerade so eine Phase, in der er schwierig mit dem Essen war.

»Kein Problem«, hatte die Kellnerin geantwortet – und kam eine halbe Stunde später mit einem Teller Spaghetti in Sahnesoße mit Schinkenstreifen zurück.

Dante verzog nur das Gesicht und schob den Teller mit einem lang gezogenen »Maaaag ich nicht« beiseite. Mir blieb nichts anderes übrig, als der Kellnerin mit dem Teller hinterherzulaufen und sie erneut zu bitten, Spaghetti ohne alles zu machen.

Ihre Miene versteinerte sich, und sie schaute mich mit einem stechenden Blick an. In einem erbitterten Ton sagte sie: »Aber das sind doch Spaghetti ohne alles.«

Ich schüttelte vehement den Kopf. Nicht mehr ganz so geduldig zeigte ich auf die Sahnesoße und den Schinken und fragte sie, ob es denn nicht möglich sei, Spaghetti *wirklich ohne alles* zu bekommen.

Mit einer ruckartigen Bewegung riss sie mir den Teller aus der Hand und schnaubte ein »Okay«. Ein paar Minuten später kam sie wieder zurück, schmiss mir erneut die mittlerweile kalten Spaghetti in Sahnesoße auf den Tisch, meinte trocken: »Spaghetti ohne alles gibt es nicht«, und ging wieder weg.

Wie, gibt es nicht??? Ich fiel fast vom Stuhl und brauchte einen längeren Moment, um das Gesagte zu verstehen. Was sollte ich tun? Dante hatte großen Hunger. Jetzt in ein anderes Restaurant zu gehen, um dort zu bestellen, würde zu lange dauern. Ich spürte einen heftigen Kloß in meinem Hals, als ich zu meinem Sohn blickte, der immer noch geduldig und in guter Hoffnung auf sein Essen wartete.

Also tat ich etwas, was ich bis dato noch nie getan hatte. Ich fragte nach dem Chef des Restaurants und erklärte ihm mein Anliegen. Zuerst sagte er noch: »Spaghetti ohne alles? Kein Problem.« Doch bereits ein paar Minuten später meinte er, dass es doch nicht ginge.

Das war der besagte Moment, in dem ich meine Tränen einfach nicht mehr zurückhalten konnte. Wutentbrannt konfrontierte ich den Chef und die Kellnerin mit irgendwelchen Wortfetzen. Ich war nicht mehr in der Lage, einen zusammenhängenden Satz zu artikulieren. Ich fühlte mich, als ob ich kurz vor einem Nervenzusammenbruch stünde. Und bevor die Situation eskalieren sollte, ging ich lieber zurück an unseren Tisch, packte hastig alle Spielsachen ein, setzte meinen Sohn in den Buggy und verließ das Restaurant. Ich schaffte es gerade, um die Ecke zu flüchten, als ich plötzlich unkontrolliert anfing zu heulen. Sie flossen und flossen. Und im Nu waren meine Wangen pitschenass vor lauter Tränen.

»Mama, was hast du denn?«, fragte mich Dante irritiert.

Ich bückte mich zu ihm herunter und schluchzte: »Ich bin traurig, weil du doch so einen Hunger hast und wir gerade kein Essen für dich bekommen haben.«

»Aber Mama, dann gehen wir woanders hin«, entgegnete Dante in einem tapferen Ton, der mich allerdings noch mehr zum Weinen brachte.

·▶▶·◀◀·

Am nächsten Morgen war mir klar, dass ich meine Reisepläne ändern musste. Unsere Reise durch Osteuropa verlief anders als gewünscht. Zwar waren die Städte, die wir bis jetzt besucht hatten, sehr schön gewesen, aber ich merkte, dass sie mir alle zu touristisch waren. Und vor allem hatte ich mit einigen Einheimischen unschöne Begegnungen gemacht. Unfreundliche Taxifahrer, Verkäufer, Kellner, Schaffner, Rezeptionisten und dann noch die Kellnerin, die mein emotionales Fass zum Überlaufen gebracht hatte. Kurze Zeit dachte ich tatsächlich darüber nach, uns einen Flug zurück zu buchen. Diesen Gedanken hatte ich zuvor noch nie auf einer Reise gehabt. Sollten wir unseren Osteuropa-Trip tatsächlich abbrechen und drei Wochen früher nach Hause kehren?

Mittlerweile waren Dante und ich in der Stadt Sighişoara in Transsilvanien angekommen – dem angeblichen Geburtsort des weltberühmten, blutrünstigen Graf Dracula, so zumindest der profitable Marketing-Slogan. Doch wer sich ein wenig mehr mit der Abstammung des blutliebenden Grafens beschäftigte, fand schnell heraus, dass im Haus in der Altstadt nicht der weltberühmte Graf Dracula persönlich, sondern lediglich sein Vater geboren war. Ich hatte diese ganze touristische Effekthascherei gerade so satt. Ich musste meine Reiseroute ändern. Ich wollte nur noch weit weg von den turbulenten osteuropäischen Touri-Hotspots. Am besten wohin, wo die Welt noch in Ordnung war.

Doch wohin? Plötzlich kam mir in der allerhintersten Ecke meiner Erinnerung ein erlösender Gedanke. Ich erinnerte mich, dass mir eine befreundete Journalistin vor geraumer Zeit von einem weit abgelegenen Dorf namens Botiza in der Region Maramureş erzählt hatte. Irgendwo in der hintersten Ecke im Norden Rumäniens, nahe der ukrainischen Grenze. Ich konnte mich noch gut ihrer Worte entsinnen: »In Botiza kommt man sich vor, wie in einem Land lange vor unserer Zeit. Fast schon wie in einem Märchen aus Kindertagen ...« Genau nach so einem Ort sehnte ich mich gerade.

Ich hatte keine Ahnung, wie wir nach Botiza kommen sollten. Und die Mitarbeiterin am Busbahnhof hatte noch nie in ihrem Leben davon gehört. Wir mussten uns also allein durchschlagen.

Am nächsten Morgen nahmen wir um 6 Uhr den Bus in die nächstgrößere Stadt Cluj-Napoca. Auch die Mitarbeiterin dort am Busbahnhof hatte keinen blassen Schimmer, wo Botiza sein sollte. Sie schaute bei Google Maps nach und nannte mir eine Stadt, zu der wir weiterfahren sollten: Baia Mare.

»Und von dort aus?«, fragte ich. Doch ich erhielt nur ein unbeteiligtes Kopfschütteln als Antwort.

Als wir am Busbahnhof von Baia Mare ankamen, war es schon 15 Uhr. Ich fragte herum, und eine Taxifahrerin hatte von Botiza zumindest schon mal gehört. Sie fuhr mich zu einem anderen Busbahnhof, der wie ausgestorben war. Ich ging in die menschenleere Wartehalle und fragte den einzigen Mitarbeiter dort, ob er wüsste, wie wir in das Dorf kommen könnten. Endlich ein Lichtblick! Er nickte und suchte mir den nächsten Bus raus, der in dreieinhalb Stunden nach Botiza fuhr.

Die Sonne war untergegangen, als wir endlich in Botiza ankamen. Ich blickte auf mein Handy. 21:47 Uhr. Wir hatten fast 16 Stunden in diese abgelegene Region Rumäniens benötigt. Doch ich merkte sofort, dass sich die Reise gelohnt hat. Die Luft war klar, die laue Augustnacht fühlte sich noch angenehm warm an, die Bewohner nickten uns zwar erstaunt, doch freundlich zu, und ich fühlte mich sofort pudelwohl. Jetzt musste ich nur noch schnell ein Zimmer finden. Ich erinnerte mich, dass mir meine Bekannte erzählt hatte, dass es in Botiza zwar keine Hotels gab, aber einige Bauern Zimmer vermieteten. Ich ging also die Straße entlang und hielt Ausschau nach einem Schild, das auf eine Vermietung hindeutete. Doch richtig fündig wurde ich nicht.

Mittlerweile war es bereits dunkel, und ich verspürte einen kurzen Anflug von Panik, als ich an einem großen Haus vorbeikam, in dessen Garten eine ältere Frau stand. Ich fragte sie auf Englisch, ob sie für zwei bis drei Tage ein Zimmer für uns hätte. Sie schaute mich irritiert an. Mir war klar, dass sie kein Englisch sprach. Sie eilte jedoch schnell ins Haus und kam mit ihrem Handy zurück. Mithilfe von Google Translate gelang es uns, zielführend zu kommunizieren. Sie nickte enthusiastisch, und sogleich half sie mir mit dem Gepäck, nahm Dante an die Hand und führte uns ums Haus herum und eine schmale Holztreppe hoch, das zu einem kleinen Zimmer mit eigener Terrasse führte. Dieses Zimmer sah so aus, als ob das Mobiliar die vergangenen 50 Jahre nicht verändert worden wäre. Eine bunte Decke aus Schafswolle lag über dem antiken Holzbett, ein uralter Kleiderschrank, wie ich ihn noch von meiner Uroma kannte, stand an der Wand, und in der Ecke erblickte ich einen Altar mit Jesusstatue, aufgeklappter Bibel und dem vergilbten Foto eines Priesters. Genau hier wollte ich bleiben!

Das ältere Bauernpaar Maria und Ioan nahmen uns sofort wie Familienmitglieder in ihrem Haus auf. Maria kochte jeden Tag frisch für uns, servierte die köstlichsten Speisen aus eigenem Anbau und nahm sogar Rücksicht auf Dantes krüsches Essverhalten. Schnell hatte sie herausgefunden, was ihr kleiner Mitbewohner besonders gerne mochte. Während wir beide uns genüsslich durch das reichliche Essen mampften, genoss ich den wundervollen Ausblick auf die umliegenden Berge und die kleinen Holzhäuser in der Nachbarschaft.

Meine Freundin hatte absolut recht gehabt: In Botiza fühlte man sich wie in einem Land lange vor unserer Zeit. Und als ich durch die Straßen schlenderte, kam ich mir ebenfalls vor wie in einem alten Märchen aus Uromas Kindertagen. Während Dante aufgeregt hin und her rannte und immerzu kindliche Freudenrufe von sich gab, sah ich, wie uns Bauern in Trachten entgegenkamen. Die Männer trugen Strohhüte und schulterten ihre Sense. Die Frauen trugen Kopftücher mit Blumenmustern und hielten einen Rechen in der Hand. Auf den Feldern stapelten die Menschen mit langen Holzstangen das geerntete Heu zu meterhohen Schobern auf. Die Luft roch herrlich nach Wiesenblumen. Zahlreiche Pferdekarren kamen uns entgegen, hin und wieder auch ein paar Traktoren – Autos sahen wir kaum. Unter einem knorrigen Baum plätscherte Wasser in eine Tränke. Ein alter Mann führte seine Kuh heran und ließ sie aus der Blechrinne trinken. Anschließend füllte er seinen Steinkrug mit Wasser und trank ebenfalls einen kräftigen Schluck daraus. In den Vorgärten blökte hin und wieder ein Schaf. Stolze Hähne kreuzten unseren Weg und beäugten uns argwöhnisch. Hunde und Katzen schlichen umher. Gänse badeten im kleinen Bach. Ich beobachtete, wie auf den Bänken vor den Gartenzäunen Frauen saßen, spannen und sich dabei lachend mit den Nachbarinnen unterhielten. Dante und ich kamen näher und beobachteten das uralte Handwerk. Dante inspizierte den Stab, den die Frauen vor sich herführten. Auf diesem steckte ein großer Bausch mit Schafswolle, der wie Zuckerwatte aussah. Mit flinken, geschickten Fingern wickelten die Frauen den Faden auf die Spindel.

Als wir unseren Weg fortsetzten, fiel es mir schwer, zu glauben, dass wir gerade das Jahr 2018 und nicht 1918 schrieben.

Am nächsten Tag nahmen uns Maria und Ioan mit zur Feldarbeit. Wir sammelten Pflaumen, pflückten Äpfel und stapelten das Heu zu einem meterhohen Berg.

›Was für eine Knochenarbeit diese Bauern tagtäglich verrichten mussten‹, dachte ich voller Respekt.

Auch Dante half tatkräftig mit. Ich konnte sehen, wie wohl er sich hier auf dem Land fühlte. Ständig lief er schreiend den Berg hinunter und breitete dabei weit die Arme aus, als ob er gleich zum Fliegen abheben wollte. Dabei rief er: »Juhu, juhu. Ich bin schneller wie der Wind.« Anschließend ging er Maria beim Pflaumenauflesen zur Hand und füllte in kürzester Zeit einen ganzen Eimer. Maria und Ioan lobten ihn die ganze Zeit, indem sie ihm liebevoll über den Kopf streichelten und »Bravo« riefen. Dante war stolz wie Bolle, und es dauerte nicht lange, bis er Ioan »Opa Ioan« nannte.

Statt zwei oder drei Tage blieben wir eine ganze Woche in Botiza. Und als der Zeitpunkt des Abschiedes kam, musste ich mich mächtig zusammenreißen. Ich merkte, wie mir erneut Tränen in die Augen schossen. Rumänien hatte es geschafft, mich zweimal zum Weinen zu bringen. Diesmal aber vor Freude, dass wir ausgerechnet wegen eines Tellers Spaghetti hier in Botiza bei Maria und Ioan gelandet waren. Und natürlich auch vor Trauer, weil wir uns jetzt von diesen liebgewonnenen, herzensguten Bauersleuten verabschieden mussten. Als Ioan sah, dass ich weinte, ergriff er meine Hand. Mithilfe von Google Translate gab er mir zu verstehen, dass wir bald wiederkommen müssten. Nach Botiza, wo die Welt noch in Ordnung war ...

REDEN WIR ÜBER
Planungssicherheit vs. Spontanität

Für viele Menschen wäre es ein Alptraum, ohne konkrete Pläne auf Reisen zu gehen. Statt alles auf sich zukommen zu lassen und spontan zu entscheiden, wohin es als nächstes gehen soll, brauchen diese Menschen vor allem Planungssicherheit, um entspannt reisen zu können. Beispielsweise liebt eine Freundin von mir, die ebenfalls Mutter ist, das Planen vorab. Viele Monate vorher fängt sie an, die anstehende Reise bis ins kleinste Detail durchzuplanen. Sie legt die Route fest, die Verweildauer an den jeweiligen Orten, bucht vorab alle Unterkünfte und teilweise auch schon den Transport, informiert sich über alle spannenden Sehenswürdigkeiten und legt sogar in einer Excel-Tabelle einen minutiös ausgearbeiteten Reise- und Freizeitplan fest. Das nenne ich mal eine perfekte Urlaubsvorbereitung! Allerdings sind bei ihr Spontanität und Planänderungen nicht vorgesehen. Dafür ist ihre Devise: »Je mehr Zeit und Gehirnschmalz ich vorab in die Planung investiere, desto mehr kann ich mich vor Ort zurücklehnen und einfach nur genießen. Und dadurch bleibt mir auch mehr Zeit für meine Tochter sowie Land und Leute.«

Dann gibt es wiederum Menschen, die planen gerne, da es für sie zur Vorfreude auf die anstehende Reise dazugehört – und vor Ort entscheiden sie spontan, dass Pläne zwar schön und gut, aber auch dazu da sind, um sie hin und wieder über den Haufen zu werfen. Oder sie machen gleich eine Mischung aus festen Plänen und spontaner Reise.

Und dann gibt es Reisende wie mich: Wir lassen alles auf uns zukommen, sammeln unterwegs neue Anregungen und entscheiden oft erst kurz vorher, wohin uns die Reise als nächstes führen soll.

Oft bekomme ich die Frage gestellt, welche Art zu reisen denn nun die vorteilhafteste ist, wenn man mit Kindern unterwegs ist. Meine Antwort ist dann: »Diejenige, mit der du dich am wohlsten fühlst!« Wenn es für einen Planer der absolute Horror ist, nicht zu wissen, wo genau er im Urlaub schlafen wird, dann macht es wenig Sinn, ihn von den Vorzügen der Spontanität zu überzeugen (Stichwort Wohlfühlzone) – und ebenso würde es wohl keiner schaffen, mich dazu zu bewegen, meine Reise vorab detailliert durchzuplanen. Dennoch bin ich mir dessen bewusst, dass beide Reisearten ihre Vor- und Nachteile haben.

Sicherheit und mehr Freizeit, weil die Hausaufgaben
bereits abgearbeitet wurden,
vs.
spontan auf unvorhersehbare Ereignisse reagieren und seine
Pläne ändern können.

Keine Möglichkeit, andere Eventualitäten einzubauen,
vs.
Stress, weil es kurzfristig keine passende Unterkunft gibt.

Du siehst, ich versuche neutral zu bleiben. Trotzdem kann ich für mich persönlich sagen, welche Art des Reisens mir besser zusagt. In Rumänien zum Beispiel habe ich drei Kreuze gemacht, dass ich unsere Osteuropatour nicht im Vorfeld geplant hatte. Eigentlich hatte ich vor der Reise bereits eine vage Route im Kopf, die uns in viele weitere touristische Städte führen sollte. Dass aber ausgerechnet ein Teller Spaghetti mit Schinkenstreifen in Sahnesoße und ein dazugehöriger

Heulkrampf meine groben Reisepläne durchkreuzen sollten, damit hätte ich im Vorfeld definitiv nicht gerechnet. Doch in jenem Moment wusste ich sofort, dass eine Planänderung der richtige Weg war, um unsere Reise zu retten. Und schließlich bin ich über den Nachgeschmack der Spaghetti extrem glücklich. Denn ohne ihn wäre ich nicht aufs Land geflüchtet, und wir hätten nicht Maria und Ioan und die abgelegene, wundervolle Region Maramureş kennengelernt, die ich nur dank einer guten Freundin auf dem Schirm hatte.

Natürlich gibt es auch andere Gründe, die uns dazu bewegen können, während einer Reise über Planänderungen nachzudenken. Das Kind oder andere Familienmitglieder werden krank, das Wetter macht einem einen Strich durch die Rechnung, man fühlt sich nicht wohl in der gebuchten Unterkunft, man wird nicht so recht warm mit einem Ort, oder man verliebt sich wiederum Hals über Kopf in die Umgebung und ist total traurig, dass man weiterziehen muss, nur weil es einem der eigene Reiseplan diktiert – was auch immer dich im Urlaub erwarten wird: Zu 99,99 Prozent geschieht etwas, was du vorab nicht bedenken oder berücksichtigen konntest. Vor allem mit Kindern zusammen! Und auch wenn du eher zur Fraktion ›absolute Planer‹ gehörst, solltest du den Faktor Ungewissheit bei deinen Planungen nicht außer Acht lassen.

Ich kann gut verstehen, dass meine spontane Art zu reisen den meisten Eltern eher unangenehm wäre. Doch vielleicht kommt eine Mischform für den eigenen Familienurlaub infrage: konkrete Pläne und trotzdem viel Raum für spontane Entscheidungen ...

Essen auf Reisen – oft ein leidiges Thema

So, über Pläne und Spontanität haben wir jetzt genug gesprochen. Wenden wir uns einem anderen kniffeligen Thema zu. Einer Frage, die vielen Eltern vorab mächtiges Kopfzerbrechen bereitet: Was um Himmels willen soll mein Kind unterwegs essen?

Je nach Kind kann das Thema ›Essen auf Reisen‹ uns Eltern an den Rand der Verzweiflung bringen – aber eben auch nur an den Rand. Denn ich bin mir sicher, dass bis jetzt kein Kind – auch nicht der komplizierteste Esser oder krüscheste Essensverweigerer – unterwegs verhungert ist. Vor meiner ersten Reise mit Dante, die uns ja nach Bali führte, war ich fest der Meinung gewesen, dass ich anschließend ein unterernährtes Baby mit nach Hause bringen würde. Und wie bereits geschrieben, hätte ich nach Indonesien am liebsten einen riesigen Vorrat selbst gekochten Babybrei mitgeschleppt. Doch mein Sohn kam auch ohne Mamas ausgewogene Küche wohlgenährt nach Deutschland zurück. Das breite Angebot an Früchten und auch die vielfältigen Zutaten und Beilagen der asiatischen Küche sagten ihm zu. Und ich war damals so glücklich darüber, dass ich ein Kind hatte, das beim Essen nicht rummäkelte und so herrlich unkompliziert war.

Ich hatte mich jedoch zu früh gefreut. Denn irgendwann schlug Dante ins Gegenteil um. Sobald die Karottenscheiben auf seinem Teller nicht die gewünschte Dicke hatten, wurde angewidert das Gesicht verzogen. Der Rand vom Toast musste immer abgeschnitten sein, aber nur die dunklen und nicht die hellen Stellen. Der Farbton des Apfels musste auf einer Farbpalette exakt dem Code a9000 entsprechen. Abweichungen wurden nicht gegessen! Die Anordnung auf dem Teller nahm einen entscheidenden Einfluss, ob das Essen genüsslich vertilgt oder komplett verweigert wurde. Und wehe, wenn sich auf dem Essen nur eine klitzekleine Spur von grünen Kräutern wiederfand ... Mit so einem kleinen Feinschmecker sollte ich jetzt auf Reisen gehen?

Doch Kinder können sich neuen Bedingungen in der Regel schnell anpassen. Oder anders formuliert: Auch sie haben einen angeborenen Überlebenstrieb – und bevor sie verhungern, greifen sie plötzlich zu Lebensmitteln, die sie zu Hause noch nicht mal aus dem Augenwinkel anschauen würden.

›Es geht also doch!‹, denke ich dann, wenn ich Dante auf unseren Reisen beim Essen beobachte. Denn wenn mein Sohn Hunger hat und das Angebot halt nicht so üppig wie im heimischen Kühlschrank ist, dann spielt auf einmal die Dicke der Mohrrübe und der Farbcode des Apfels keine Rolle, und der Rand vom Toast muss auch nicht mehr abgeschnitten werden. Im Gegenteil! Plötzlich zeigt sich mein kleiner krüscher Kosmopolit von seiner Ich-probier-das-mal-aus-Seite. Auf unserer Myanmar-Reise zum Beispiel wurden ihm auf Dauer Reis, Früchte und Gemüse doch ziemlich langweilig. Und da es vor Ort relativ wenige Möglichkeiten gab, in Western-Food-Restaurants einzukehren, um Pommes oder Pasta zu essen, lud sich Dante plötzlich zu meiner allergrößten Verwunderung an einem chinesischen Büfett Tofu auf den Teller und aß diesen tatsächlich auf. Tofu???!!! Zu Hause undenkbar, doch im fernen Myanmar schmeckte ihm die weiß-gelbliche Masse plötzlich. Und tatsächlich probierte er auch öfters mal von meinem Curry und sagte dann freudestrahlend: »Das schmeckt gut.«

Der Survival-Guide fürs Essen auf Reisen

- Gewöhne die Kinder langsam ans lokale Essen

- Bring für die Eingewöhnungsphase ein paar Dinge von zu Hause mit, die sie mögen. Zum Beispiel Nüsse, Reiswaffeln, Riegel, Cornflakes, Müsli, Haferflocken, Butterkekse etc.

- Suche während der Schonfrist vermehrt Western-Food-Restaurants auf, falls vorhanden.

- Mach ihnen danach auch die lokalen Gerichte schmackhaft und fordere sie immer wieder zum Probieren auf.

- Zeig ihnen, was genau die einheimischen Kinder essen.

- Irgendwas mögen Kinder immer – egal wie weit weg man sich von zu Hause befindet. Suche daher aktiv nach diesen Leibspeisen.

- Wenn ihr unterwegs seid, nimm immer einen ausreichenden Vorrat an Notfallsnacks mit.

- Einer der allerschlimmsten Fehler auf Reisen: mit Bärenhunger ein passendes Restaurant suchen. Halte besser vorab, wenn ihr neu an einem Ort seid, schon mal die Augen offen, wo ihr abends zum Essen einkehren könntet.

- Sprachliche Verständigungsprobleme sind nicht gerade förderlich, um den anspruchsvollen Gaumen des wählerischen Sprösslings zufrieden zu stellen. Daher rate ich dazu, dir vorab eine Wortliste in der jeweiligen Sprache zu erstellen und mithilfe dieser Wörter und mit Händen und Füßen zu kommunizieren. Zur Not helfen auch Google Translate oder Essensfotos auf dem eigenen Handy. Außerdem gibt es auch Apps, mit denen man die Essenskarte scannen kann und anschließend eine mehr oder weniger schlüssige Übersetzung bekommt.

- Mach dem größeren Nachwuchs klar, dass es später nichts mehr zum Essen gibt.

- Stress dich nicht damit, dass sich das Kind auf der Reise nicht gesund und ausgewogen ernähren könnte.

- Und ja, ich oute mich, bei uns hat es auf Reisen schon mal Chips zum Frühstück oder Reis mit Ketchup zum Abendessen gegeben. Und nein, ich habe kein schlechtes Gewissen, dass Dante deswegen irreparable physische Schäden erlitten hat.

FÜNF DINGE, DIE ICH IN RUMÄNIEN GELERNT HABE

- *Love it or leave it!*
- Gerade auf Reisen lernt man sich selbst oft von einer anderen Seite kennen.
- Umwege können auf Reisen manchmal die schönsten Wege sein.
- Feldarbeit ist ein knochenharter Job – und deswegen zolle ich allen Bauern meinen größten Respekt.
- Ja, es gibt tatsächlich: ein Land vor unserer Zeit!

MEIN STECKBRIEF FÜR RUMÄNIEN

Geeignet für: Reiseanfänger

Beste Reisezeit: April bis Oktober

Kosten: mittel

Am besten fortbewegen mit: Bussen oder Mietwagen

Highlights mit Kindern: sich in Transsilvanien auf die Spuren von Graf Dracula begeben, bei Bauern leben, im Schwarzen Meer baden, Schlammvulkane von Berca

Unser schönster Moment: Feldarbeit mit Maria und Ioan

Unsere größten Herausforderungen: unfreundliche Kellner und konkrete Busauskünfte zu bekommen

Lieblingsorte: Botiza, Sibiu

Auf keinen Fall verpassen: Maramureş-Region, die charmante Altstadt von Sighişoara, den Fröhlichen Friedhof (Săpânţa)

Interview: Australien

OUTBACK, KOALAS UND KÄNGURUS – EIN UNVERGESSLICHER ROADTRIP

Verena, ihr Mann Tobias und Sohn Mika (fünf Jahre) lieben Roadtrips. Für die Familie sind sie die schönste Art, ein Land zu erkunden. Deswegen war klar, dass sie auch in Australien mit einem Auto unterwegs sein wollten. Auf ihrem Roadtrip durch Down Under schliefen sie unter anderem im Outback auf einer Schaffarm, verliebten sich Hals über Kopf in Sydney, kämpften gegen Buschfliegen an und machten unvergessliche Begegnungen mit der Flora und Fauna am anderen Ende der Welt.

Verena, wie seid ihr darauf gekommen, einen Roadtrip durch Australien zu machen?
Roadtrips waren schon immer meine Leidenschaft. Und Australien? Ganz einfach: Ich bin großer Fan der südaustralischen TV-Serie *McLeod's Daughters*. Schon als die Serie noch im Fernsehen lief, war für mich klar: »Da muss ich hin!« Das Land bietet sich durch seine Größe, die Natur und die Weite für Roadtrips ja geradezu an.

Wie habt ihr euch auf die Reise vorbereitet?
Die Planung lag wie immer bei mir. Mein Partner hat dahingehend vollstes Vertrauen. Ich liebe es, vorab alles durchzuplanen, nach Flügen zu suchen, die Route festzulegen und Unterkünfte zu reservieren. Natürlich gab es auch einiges hinsichtlich der Einreise, des Mietwagens und der inländischen Flug- und Schiffspreise zu recherchieren. Mein *Vis-à-Vis*-Reiseführer und das Internet waren dabei sehr hilfreich.

Was sollte man unbedingt für einen Roadtrip durch Australien dabeihaben?
Ein Smartphone oder einen Laptop, um vor Ort Einkaufsmöglichkeiten, Öffnungszeiten, Alternativrouten, gegebenenfalls eine andere Unterkunft, Spielplätze oder Infos zum öffentlichen Nahverkehr zu recherchieren. Ein internationaler Führerschein ist erforderlich, und jede(r) Reisende muss ein ETA (elektronisches Touristenvisum) besitzen. Ach ja, unbedingt Offline-Karten von Google Maps

herunterladen. Die sind Gold wert. Außerdem empfiehlt es sich im Outback, immer genügend Wasser und Lebensmittel dabeizuhaben, um bei einer Panne notfalls einige Tage überbrücken zu können.

Wie sah eure Route aus? An welchen Orten seid ihr wie lange geblieben?

Wir sind von Adelaide fünf Tage ins südwestliche Outback, genauer gesagt: in die Gawler Ranges gefahren. Von dort sind wir über die noch weitgehend ursprüngliche Eyre Peninsula zurück in den Süden und für zwei Tage nach Kangaroo Island. Anschließend fuhren wir über die legendäre Great Ocean Road für vier Tage nach Melbourne. Ab da ging es dann mit dem Flugzeug weiter nach Sydney und fünf Tage später über Adelaide wieder nach Hause. Insgesamt waren wir 18 Tage in Australien.

Was waren eure drei schönsten Highlights in Australien?

Nummer eins ist ganz klar das Outback bzw. die Gawler Ranges und der Lake Gairdner, der viertgrößte und weißeste Salzsee Australiens! Wir haben auf einer großen und noch aktiven Schaffarm fünf Autostunden von der Zivilisation entfernt, mitten im Nirgendwo übernachtet. Die rote Erde, unendliche Weite und die Einsamkeit – ein einmaliges Erlebnis. Nummer zwei ist Sydney – eine der schönsten Städte, die ich bisher besucht habe. Und Nummer drei? Nein, nicht die Great Ocean Road, sondern die unglaubliche Flora und Fauna. Koalas, Kängurus, Emus – sie alle mal live zu sehen war für uns ein fantastisches Highlight.

Und was hat euch nicht so gefallen?

Die furchtbar lästigen Buschfliegen. Nehmt unbedingt Fliegennetze für den Kopf mit, wenn ihr ins Outback fahren wollt! Nicht schön, aber effektiv. Und auch die Zwölf Apostel haben uns nicht so gefallen, da der Ort ein furchtbar voller und ziemlich lauter Touristennepp geworden ist.

Wie viel Zeit habt ihr circa im Auto verbracht? Und wie habt ihr euren Sohn beschäftigt?

Durch die unglaubliche Größe des Landes bleibt es natürlich nicht aus, dass einige Fahrstunden zusammenkommen. Unsere Route war aber so getaktet, dass immer ein paar Stopps mit kleineren Highlights eingebaut waren. Dazwischen hat unser Sohn dann oft geschlafen, mit seinem Spielzeug gespielt oder aus dem Fenster geschaut. Er ist diese Art des Reisens gewohnt und quengelt fast nie.

Kannst du sagen, wie viel eure Australienreise gekostet hat?

Viel zu viel. Haha! Im Ernst: Australien ist kein günstiges Reiseland, zumindest nicht, wenn man auf etwas Komfort achtet, so wie ich. Unsere Unterkünfte haben zwischen 75 und 150 Euro pro Nacht gekostet, wobei es sich bei der teuersten um ein richtig toll eingerichtetes Apartment mit zwei Schlafzimmern, zwei Bädern und Balkon mit Blick auf die Skyline von Melbourne handelte. Die billigste Unterkunft war ein einfaches und nicht besonders schönes Motel in Port Pirie. Die beiden Mietwagen (fünf Tage SUV mit Allradantrieb, sechs Tage Campervan) haben insgesamt 790 Euro gekostet. Versicherungen alle inklusive und ohne Selbstbeteiligung. Die Lebenshaltungskosten sind etwa die gleichen wie in Deutschland, wobei Lebensmittel im Supermarkt zum Teil um einiges teurer sind als bei uns. Benzin hingegen ist günstiger. Bei den Flügen haben wir uns ausnahmsweise ordentlich was gegönnt und sind Business Class mit Qatar Airways geflogen. Da wir während der

Osterferien in Australien waren, hätten Eco-Tickets schon mindestens 1.300 Euro gekostet. Somit haben wir mit 2.000 Euro pro Ticket ein wahres Schnäppchen ergattert. Auch wenn es unglaublich viel Geld ist, würde ich es immer wieder so machen. Entspannter kann man einfach nicht um die halbe Welt fliegen, und der Urlaub beginnt bereits im Flieger!

Roadtrip durch Australien mit Kind – dein Fazit?
Kurz und prägnant: unbedingt machen!

Plant ihr noch mal eine Reise nach Australien? Und wenn ja, wohin würdet ihr gerne das nächste Mal fahren?
Ich und mein Sohn auf jeden Fall. Mein Partner ist von der langen Anreise nicht so überzeugt und möchte wahrscheinlich nicht noch einmal ans andere Ende der Welt reisen, auch wenn ihm Australien gut gefallen hat. Er ist aber allgemein nicht sehr reiseversessen. Mein nächstes Mal Australien soll mich auf jeden Fall ins Rote Zentrum, auf die Whitsunday Islands und an die Westküste führen.

Was würdest du bei der nächsten Australienreise anders machen?
Wenn es realisierbar ist, dann würde ich mehr Zeit einplanen und langsamer reisen. Vielleicht dann auch lieber mit einem Camper. Mal sehen ...

Und hast du schon eine Idee, wo eure nächste Familienreise hingeht?
Mein Sohn und ich fliegen als nächstes nach Helsinki. Danach geht es für mich allein nach Sankt Petersburg. Unser nächster Familienurlaub führt uns voraussichtlich im September nach Griechenland.

VERENAS STECKBRIEF FÜR AUSTRALIEN

Geeignet für: Reiseanfänger

Beste Reisezeit: europäischer Sommer: Nordhälfte und Rotes Zentrum; europäischer Winter: Südaustralien

Kosten: mittel bis teuer

Visum: ETA (kostenlos, kann hier online beantragt werden: https://online.immi.gov.au)

Am besten fortbewegen mit: individuell im Auto mit Allradantrieb

Highlights für Kinder: Tumbalong Park Playground (Sydney) – großartig!, Kangaroo Island Wildlife Park (Kangaroo Island), Luna Park (Melbourne und Sydney), mit den Fähren umherschippern (Sydney)

Unser schönster Moment: doppelter Regenbogen im rosa Morgengrauen über der Schaffarm im Outback – unbeschreiblich!

Unsere größten Herausforderungen: Kampf gegen die Buschfliegen, festgefahrenes Auto auf einer unbefestigten Straße beim Lake Gairdner

Lieblingsorte: Lake Gairdner und Pildappa Rock (Gawler Ranges), Wendy Whiteley's Secret Garden (Sydney), Darling Harbour und Botanical Gardens (Sydney), St. Kilda Pier (Melbourne), Flussufer-Promenade (Melbourne), Remarkable Rocks (Kangaroo Island), Glenelg Beach

Auf keinen Fall verpassen: Outback

AUSTRALIEN: ROADTRIP MIT KINDERN

Das musst du vorher beachten: prüfen, ob der Kinderreisepass ein aktuelles Foto hat und noch sechs Monate gültig ist; beim Mietwagen Kindersitz buchen; bei Hotelbuchungen immer checken, ob Kinder willkommen sind (kann böse Überraschungen vermeiden); ggf. Reiseerlaubnis des anderen Sorgeberechtigten; auf Linksverkehr einstellen

Verenas Reisetipps: sich schnell an den Aussie-Lifestyle anpassen und immer entspannt bleiben, auch wenn es mal nicht so läuft, wie geplant

Das muss immer mit: Tablet mit *Netflix*-App (Kinder-Account), Schwimmflügel, Spielkarten, das aktuelle Lieblingsspielzeug (meistens ein Auto), Malsachen, Impfpass

Besser nicht: sich von anderen verrückt machen lassen, die selbst noch nicht da waren – wir haben in drei Wochen kein einziges giftiges Tier gesehen (außer im Wildlife Park)

Über Verena Büttner

Meine drei großen Leidenschaften sind mein Sohn, das Bereisen der Welt und die Fotografie. Ich lade dich ein, mich auf meinen Blog www.sparkling-places.com bei meinen bzw. unseren Abenteuern virtuell zu begleiten. Die nächste Reise steht schon in den Startlöchern.

11. Kapitel

DAS BESTE TEAM EVER

- Dantes **25.** Reiseland: **Myanmar**
- Dantes Alter: **3 Jahre und 7 Monate**
- ***Wie schaffe ich es, dass mein Kind unterwegs Verantwortung übernimmt?***

»Heute schlafen wir in einem großen Bus«, sagte ich zu Dante.

Mein Sohn schaute mich mit fragenden Augen an. Sein Blick wirkte ratlos. »Wir schlafen in einem richtigen Bus? Dante und Mama? Die ganze Nacht?«, bohrte er ungläubig nach.

»Ja«, erwiderte ich.

Plötzlich brach mein Sohn in einen freudigen Jubel aus: »Juhuuuuu, wir schlafen in einem Bus. Das macht Spaß.« Und er wollte gleich wissen, welche Farbe der Bus hat.

Während wir hinten auf der Ladefläche eines Pick-ups ordentlich durchgeschüttelt wurden, dachte ich über die bevorstehende Fahrt nach. Beim Gedanken, dass wir ab jetzt mindestens 20 Stunden unterwegs sein würden, lief es mir trotz tropischer Temperaturen eiskalt den Rücken runter. Das Busticket von Bagan nach Yangon hatte ich bereits. Allerdings hatte ich noch keine Ahnung, wie unsere weitere Reise aussehen sollte. Mein angestrebtes Ziel war Mawlamyine im Süden Myanmars, jedoch konnte mir niemand konkrete Auskünfte zur weiteren Verbindung geben.

Als wir am Busbahnhof Bagans angekommen waren, hatten wir noch über eine halbe Stunde Zeit. Ich schleppte unser Gepäck in die Wartehalle, setzte Dante auf eine Bank und bat ihn, unsere Sachen im Blick zu behalten. »Du musst gut auf unsere Rucksäcke aufpassen, damit sie keiner wegnimmt«, ermahnte ich ihn in einem ernsten Ton.

»Aber na klar, Mama!«, erwiderte mein Sohn sichtbar stolz, weil er gerade so eine wichtige Aufgabe von mir erteilt bekommen hat.

»Und du bleibst genau hier sitzen und rührst dich nicht weg. Ich gehe nur rüber und frage die Frau da etwas.« Dabei zeigte ich in Richtung Schalter, der etwa hundert Meter von uns entfernt war.

»Alles klar, Captain«, rief er verschmitzt und hob die rechte Hand zu seinem weißblonden Schopf.

Ich musste innerlich lachen. Immer wieder fiel mir auf, wie verantwortungsbewusst mein Sohn auf Reisen doch war. Als ob er genau wüsste, wie wichtig es war, dass wir zwei als Team gut funktionierten und uns felsenfest aufeinander verlassen konnten. Zu Hause war das anders. Da widersprach er oft, kreischte rum und tendierte dazu, genau das Gegenteil von dem zu tun, was ich eigentlich von ihm wollte. Doch hier, mitten in Asien, war er wie ausgewechselt. Er befolgte ohne Murren und Knurren, worum ich ihn bat. Anscheinend war er sich dessen wohl bewusst, dass ich auf seine Mithilfe angewiesen war und ihm vertraute.

Ich stellte mich am Schalter an und behielt Dante aus dem Augenwinkel im Blick. Seine kleinen Beinchen hatte er auf dem großen Rucksack abgestellt. Er kramte in seinem kleinen Rucksack, holte das Feuerwehrauto heraus und fing an zu spielen.

Die Mitarbeiterin am Schalter konnte mir überraschenderweise trotz *zero* Englischkenntnissen weiterhelfen. Mithilfe eines Kalenders, einer Uhr und Google Maps verstand sie sofort, was ich wollte – und verkaufte mir ein Busticket von Yangon nach Mawlamyine.

Ich schaute auf die angegebene Abfahrtzeit. Oje, wir würden um 5 Uhr morgens in Yangon ankommen, und unser nächster Bus würde erst um 9:30 Uhr fahren. ›Das ist aber verdammt lang‹, dachte ich.

Als ich zurück zu Dante ging, sah ich, wie er gerade mit leuchtenden Augen einem Mönch sein Spielzeugauto zeigte. Interessiert nahm der Mönch das Auto entgegen. Dante holte noch ein zweites und drittes hervor und hielt sie triumphierend in die Luft. Lachend nahm der Mönch die Autos an sich, fuhr mit ihnen auf dem aufgesprungenen Ledersessel entlang und machte brummende Geräusche dazu. Die beiden verstanden sich prächtig. Egal wo wir hinkamen, Dante fand in kürzester Zeit neue Spielgefährten.

»Yangon, Yangon, Yangooon«, schrie ein Mitarbeiter durch den Wartesaal. Um uns herum wurde es hektisch. Doch Dante und ich ließen uns von der Unruhe nicht anstecken. Routiniert packten wir seine Spielsachen ein. Ich setzte Dante seinen kleinen Rucksack auf. Gekonnt und fast mit Leichtigkeit hievte ich meinen eigenen, 17 Kilo schweren Rucksack hoch und schnallte ihn am Rücken fest. Über die eine Schulter nahm ich das Handgepäck, in die Armbeuge den zusammengefalteten Buggy und an die freie Hand Dante. Wir waren bereit für die nächste Nachtbusfahrt durch Myanmar.

Als wir am Bus ankamen, war Dante ziemlich enttäuscht. »Aber Mama, der Bus sollte doch grün und nicht rot sein«, sagte er empört.

Achtung! Die Stimmung drohte gerade zu kippen. Jetzt musste ich ihn schnell ablenken, damit es hier am Busbahnhof von Bagan nicht zu einem kreischenden Drama wegen der falschen Farbe kam.

»Boah, hast du gesehen, wie groß der Bus ist?«, fragte ich in einem übertriebenen Ton. Bingo! Damit hatte ich Dantes volle Aufmerksamkeit.

»Wie cool«, entgegnete er enthusiastisch.

»Und der Bus hat die gleiche Farbe wie dein Feuerwehrauto.«

Damit war das Ding geritzt – und die Stimmung gerettet!

Ich bat Dante, schon mal in den Bus einzusteigen, damit ich in Ruhe unser Gepäck abgeben konnte, denn um den Bus wuselten viele Menschen mit großen Taschen, Körben und Kartons herum, und ich wollte nicht, dass jemand Dante aus Versehen verletzte. Ich hielt sein kleines Händchen, wartete ab, bis er die drei hohen Stufen erklomm, und fragte ihn, ob er schon mal unsere Fleecedecke und Wasserflasche mit zum Platz nehmen könnte.

»Na klar, Mama«, erwiderte mein Sohn voller Stolz, weil ich ihm erneut eine so wichtige Aufgabe erteilt hatte. Und auch ich freute mich, wie hilfsbereit doch mein kleiner großer Reisebegleiter war.

Wenn es nach mir gegangen wäre, hätte unsere neunstündige Busfahrt viel länger dauern können. Trotz einiger anfänglicher Bedenken verging sie wie im Flug. Dante und ich machten es uns gemeinsam unter unserer Fleecedecke gemütlich, kuschelten uns aneinander, redeten Quatsch vor uns hin, teilten geschwisterlich unseren Essensproviant, aßen alles auf, beobachteten auf den Straßen das hektische Treiben, bis uns einfach die Augen zufielen.

Der Bus kam in Yangon überpünktlich an. Es war 4:30 Uhr in aller Herrgottsfrühe. Ich versuchte Dante behutsam zu wecken. Schlaftrunken stiegen wir beide aus. Wir mussten hier am Busbahnhof fünf Stunden totschlagen, und dann erwartete uns noch mal eine achtstündige Busfahrt auf den holperigen Straßen Myanmars.

›Wie sollten wir das nur überstehen?‹, fragte ich mich zweifelnd. Doch schon bald merkte ich, dass ich mir im Vorfeld viel zu viele Gedanken gemacht hatte. Dante und ich gingen in die Wartehalle und schlugen dort unser Lager auf. Wir legten uns beide hin, ich platzierte meinen Kopf auf dem Handgepäck, wo alle wichtigen Dinge verstaut waren, griff ganz fest Dantes Beinchen, um Körperkontakt mit ihm zu haben, und es dauerte nur ein paar Minuten, bis ich merkte, dass ich erneut einschlief.

Als ich ein paar Stunden später aufwachte, hatte ich Dantes Fuß immer noch fest im Griff, und Dante schnarchte friedlich vor sich hin. Draußen war es mittlerweile hell geworden, und um uns herum herrschte reges Treiben. Mönche in dunkelroten Kutten liefen barfuß herum. Ich sah zu, wie die Menschen ihnen Geldscheine in ihre Schüsseln warfen. Sie glaubten, dass es ihnen Glück brachte. Ich holte aus meinem kleinen Rucksack ebenfalls ein paar Geldscheine hervor. Glück konnte man immer gut gebrauchen. Insbesondere auf Reisen.

Auch Dante wurde wach. Ich blickte auf meine Uhr. Es war tatsächlich nur noch eine Stunde, bis unser nächster Bus fuhr. Wir gingen auf die Toilette, verrichteten gemeinsam unsere Katzenwäsche und putzten Zähne. Anschließend war es Zeit für ein burmesisches Bahnhofsfrühstück. Zum Glück hatte mittlerweile ein kleiner Laden aufgemacht. Ich versorgte uns mit belegten Sandwiches, ein paar Bananen – und für mich gab es einen riesigen Becher dampfenden Kaffee.

Wir machten es uns erneut auf der Bank gemütlich, verputzten unser Frühstück und mussten dabei beide ständig lachen. Warum? Keine Ahnung! Lag es vielleicht daran, dass wir völlig übernächtigt waren? Oder weil wir mittlerweile über die Hälfte der Reise hinter uns gebracht hatten? Oder vielleicht lag es einfach nur daran, dass wir uns mitten in einem wunderbaren Abenteuer befanden, auf dem wir zwei viel erlebten und kostbare, intensive Zeit miteinander verbrachten?

Sofort als wir in Mawlamyine das Zimmer betraten, pfefferten wir unsere Rucksäcke in die Ecke und landeten mit einem ambitionierten Sprung im Bett. »High five!« Euphorisch klatschen wir beide ab. Wir hatten es geschafft. Wir hatten exakt 23 Stunden von Haustür zur Haustür gebraucht und waren dabei quer durch Myanmar gereist. Und obwohl die Reise eine halbe Ewigkeit gedauert hatte, war sie dennoch unterhaltsam und lustig gewesen. Ich kam zum wiederholten Male zu dem Entschluss, dass ewig lange Fahrten mit Kind – die nun mal zum Reisen dazugehörten – nicht zwingend stressig und nervig sein mussten. Im Gegenteil, sie boten eine gute

Gelegenheit, Zeit miteinander zu verbringen und das Wir-Gefühl zu stärken. Dante und ich waren mittlerweile echt ein Spitzenreiseteam. Wir unterstützten uns gegenseitig, standen gemeinsam auch anstrengende Phasen durch und hatten grenzenloses Vertrauen zueinander. Und mich beschlich das Gefühl, dass wir uns auf Reisen auf einer anderen Ebene begegneten. Nicht ausschließlich als Mama und Sohn, sondern eher freundschaftlich und als gleichwertige Teammitglieder – und das, obwohl mein Kind noch so jung war.

Überschwänglich lobte ich ihn, wie toll er sich auf der Fahrt verhalten hat, wie gut er auf unsere Sachen aufgepasst hat, wie sehr ich seine Hilfe gebraucht habe und wie stolz ich auf ihn war. Und ich hätte schwören können, dass Dante just in jenem Moment um ein paar Zentimeter in die Höhe geschossen war.

»Jetzt gehen wir was Essen. Ich habe sooooo einen Hunger«, schlug ich vor.

»Oh ja!!!!«, antwortete Dante in einem quiekenden Ton.

Begeistert steuerten wir zum Nachtmarkt am Fluss. Wie gut, dass ich noch nicht ahnte, dass mich kurze Zeit später ein heftiger Magen-Darm-Infekt mit voller Wucht niederstrecken sollte.

REDEN WIR ÜBER Entwicklungssprünge

Neulich bin ich über folgende Redewendung gestolpert: *»Not all classrooms have four walls.«* Oh ja, das spricht mir voll und ganz aus der Seele. Aus eigener Erfahrung kann ich nur bestätigen, dass das Reisen eine großartige Schule ist, in der man wertvolle und wichtige Dinge fürs ganze Leben lernt, denen man im Klassenzimmer kaum begegnet.

Dasselbe Phänomen beobachte ich auch bei meinem Kind. Jedes Mal, wenn wir wieder nach Hause zurückkehren, habe ich – aber auch mein Mann, unsere Familie und die Erzieher in der Kita – das Gefühl, dass Dante ein großes Stück gewachsen ist, nicht nur physisch, sondern insbesondere auf psychischer Ebene. Auf jeder Reise scheint er immense Sprünge in seiner Entwicklung, Wahrnehmung und auch seinem Selbstwertgefühl zu machen.

Als Dante und ich kurz vor seinem zweiten Geburtstag in Kolumbien unterwegs waren, ist mir das erste Mal aufgefallen, dass mein Kind so etwas wie Verantwortungsbewusstsein entwickelte. Trotz seiner jungen Monate schien er zu spüren, wie wichtig es für mich war, dass ich mich in gewissen Momenten auf ihn verlassen konnte. Jedes Mal, wenn der Bus kam, trug ich ihm auf, an einer Stelle stehen zu bleiben, damit ich allein zum Kofferraum gehen konnte, um unser Gepäck zu verstauen. Natürlich entfernte ich mich nur ein paar Meter und versuchte ihn zu jedem Zeitpunkt im Auge zu behalten, dennoch stand er für einen kurzen Moment ohne mich da, umklammerte fest seinen kleinen Ziehkoffer und rührte sich keinen Millimeter vom Fleck. Wenn wir dann in den Bus stiegen und eine lange Fahrt vor uns hatten, setzte ich ihn oft auf unseren Platz, erklärte ihm, dass ich noch kurz auf die Toilette musste, bat die anderen Passagiere, einen Blick auf ihn zu werfen, und sprintete in Windeseile los. Wenn ich dann ein paar Minuten später wiederkam, saß Dante brav auf seinem Sitz, spielte mit seinen Autos und strahlte mich bis über beide Ohren an, als ich ihn überschwänglich lobte, wie toll er das gemacht hat.

Ich weiß, dass es an dieser Stelle für einige nicht unbedingt nachvollziehbar ist, warum ich mein kleines Kind ausgerechnet in Kolumbien allein gelassen habe – möge der Augenblick noch so kurz gewesen sein. Ganz einfach: Weil es für uns beide um einiges einfacher war! Anstatt das Risiko einzugehen, dass mein Sohn im hektischen Gewusel am Gepäckraum unbeabsichtigt einen Koffer gegen den Kopf geknallt bekommt, entschied ich mich, ihn von der Gefahrenzone fernzuhalten. Und statt ihn auf die dreckige Bahnhofstoilette mitzuschleppen, wo er alles anfassen würde und ihm womöglich noch der Schnuller in die Toilettenschüssel fiel, hielt ich es für besser, ihn zwar allein, aber unter Aufsicht der anderen Passagiere im Bus zu lassen.

In vielen Ländern wie zum Beispiel in Kolumbien ist es absolut normal, dass andere Menschen ein Auge auf fremde Kinder werfen. Außerdem sagte mir meine mütterliche Intuition, dass ich mich weit weg von zu Hause genau in solchen Momenten felsenfest auf mein Kind verlassen konnte und dass wir uns grenzenlos vertrauen konnten. Ich wusste, dass Dante im Bus sitzen bleibt – und mein Sohn war sich sicher, dass Mama ganz schnell wiederkommt.

Verantwortung und Erfolgserlebnisse

Mit jeder Reise wuchs Dantes Verantwortungsbewusstsein. Er wusste, dass er auf seinen Ziehkoffer (später Rucksack) aufpassen musste. Wenn wir unsere Sachen packten, um unsere Reise fortzusetzen, war er dafür verantwortlich, all seine Spielsachen zusammenzuräumen – und final unterm Bett nachzuschauen, dass wir auch ja nichts vergessen haben.

Ob in Bogotá, Breslau oder Bangkok – ich konnte mir immer sicher sein, dass Dante nicht einfach so auf die Straße rannte. Im Gegenteil, irgendwann begann mich mein kleiner Junge sogar darauf aufmerksam zu machen, dass ein Auto oder Moped kam und wir sicheren Abstand halten mussten. Und in Myanmar kam Dante zum ersten Mal auf die Idee, dass er allein etwas kaufen gehen wollte. Ich beobachtete ihn, wie er zu einem Stand ging, der Verkäuferin zeigte, dass er eine Melone haben wollte, ihr sogar verständlich machte, dass die Melone geschnitten sein sollte, ihr das Geld gab, sich mit einem »*jay-zu ding ba de*« auf Burmesisch bei ihr bedankte und dann mit einem breiten Grinsen zu mir zurückkam – die Wassermelone in der einen Hand und das Wechselgeld in der anderen.

Wir wissen alle, wie wichtig es ist, früh Verantwortung zu lernen. Natürlich muss ein Kind nicht zwingend auf Reisen gehen, um ein Bewusstsein dafür zu entwickeln. Dennoch bin ich überzeugt, dass Kinder unterwegs schneller begreifen, wie essenziell ihre Mithilfe ist – und sie sogar aktiv daran mitwirken, dass alles funktioniert und sie selbst oder die ganze Familie nicht in Gefahr geraten. In der vertrauten heimischen Umgebung kommt es in der Regel gar nicht zu solchen herausfordernden Situationen, in denen echte Teamarbeit und Sich-aufeinander-Verlassen gefordert sind.

Kostbare Lektionen fürs Leben

In vielen Ländern der Welt – von Nicaragua über Neuguinea bis Nepal – ist es normal, dass kleine Kinder wichtige Aufgaben erledigen und auf ihre jüngeren Geschwister aufpassen. In vielen Familien in Deutschland fallen ihre Aufgaben jedoch geringfügiger aus, zum Beispiel kleine Dinge im Haushalt erledigen, die Spielsachen wegräumen oder mal beim Einkaufen die Küchenrollen zum Auto tragen. So sieht es zumindest bei uns zu Hause aus, denn wirklich wichtige Aufgaben, die dem Wohle der Familie dienen oder gar unser Überleben sichern, stehen nicht in Dantes Verantwortungsbereich. Wenn mein Kind freudestrahlend angerannt kommt, weil es mir helfen möchte, erwische ich mich immer wieder bei dem Gedanken: ›Oh nein, jetzt dauert es wieder viel länger.‹ Am liebsten würde ich es selbst machen, aber Dante besteht dann vehement darauf, dass *er* jetzt die Tomatensoße kocht. Wenn ich dann sehe, wie stolz er ist, während er pflichtbewusst mit dem Kochlöffel die Soße rührt, dann bekomme ich sogar ein schlechtes Gewissen, dass ich ihn nicht viel wichtigere Aufgaben erledigen lasse – wie auf unseren Reisen oder wie es halt in Nicaragua, Neuguinea und Nepal zum Kindesalltag und zum Größerwerden dazugehört.

Ich fasse meinen Sohn daheim viel zu oft mit Samthandschuhen an, achte akribisch darauf, dass er behütet in einer heilen Welt aufwächst, und verhätschle ihn, damit er ein sorgenfreies Leben führen kann. Das nennt man in deutschen Gefilden wohl bedingungslose Mutterliebe! Doch auf unseren Reisen weht ein anderer Wind. Nicht dass meine Mutterliebe weniger bedingungslos wäre, allerdings sind die Rahmenbedingungen rauer als daheim – oder nennen wir sie mal ›realitätsnäher‹. Unterwegs kennt Dante genau seine Aufgaben, die nicht nur Alibiaufgaben sind, um ihn zu beschäftigen, sondern tatsächlich unserem Wohl dienen. Er weiß, wie wichtig seine Mithilfe ist – und er platzt vor Stolz, dass er auch wirklich gebraucht wird. Oft erledigt er nicht nur seine Aufgaben, sondern ergreift sogar die Initiative, um einen wichtigen Beitrag innerhalb unserer Teamkonstellation zu übernehmen. Wenn er zum Beispiel die hohen Treppenstufen im Zug als Erstes erklommen hat, dann reicht er mir von sich aus die Hand, damit er mir meinen kleinen Rucksack abnehmen kann. Oder er denkt aktiv mit, ob wir auch wirklich alles dabeihaben, und zählt sogar unsere ganzen Gepäckstücke durch. In solchen Situationen wird mir dann immer wieder bewusst, wie sehr mein kleines Kind über sich selbst hinauswächst, weil es wirklich gefordert ist.

Außerdem lernt er als Einzelkind noch eine weitere kostbare Lektion fürs Leben: Die Welt richtet sich nicht nach ihm! Denn anders als zu Hause kann ich ihm auf Reisen oft nicht die volle Aufmerksamkeit schenken oder zu jedem beliebigen Zeitpunkt seine Wünsche erfüllen. Wenn ich unsere Weiterfahrt organisieren muss, dann muss mein Sohn mit seinen Bedürfnissen hintenanstehen, weil andere Dinge gerade wichtiger sind. Oder wenn er unbedingt die Würstchen mit Käse von Edeka haben möchte, es in Myanmar aber nur Reis zu essen gibt, dann muss er erkennen, dass das Leben kein Wunschkonzert ist – und dass er sich mit dem Reis zufriedenstellen muss, weil es ansonsten gar nichts zu essen gibt.

Und weißt du, welche andere Lektion mein Kind auf Reisen lernt, die es zu Hause in dieser Intensität nicht erfahren würde? Es lernt andere Seiten der Welt kennen, die sich immens von den vier Wänden in seinem Kinderzimmer unterscheiden. Dante sieht beispielsweise Armut, in welchen einfachen Verhältnissen Menschen leben oder wie Kinder barfuß mit leuchtenden Augen und voller Enthusiasmus einem abgewetzten kaputten Fußball hinterherlaufen. Es sind genau solche Begegnungen, die sein Weltbild näher an die vielseitige Realität heranrücken.

Was hat Dante auf seinen Reisen noch gelernt?

- Er kann sich in neuen Situationen und fremden Umgebungen schnell einfinden ...

- ... und auf fremde Menschen zugehen und sogar Freundschaften schließen.

- Für ihn ist ›Andersartigkeit‹ völlig normal, und er hat keine Berührungsängste mit anderen Kulturen.

- Er weiß, wie es sich anfühlt, selbst ›fremd‹ zu sein.

- Minimalistisch zu leben, mit wenigen Spielsachen auszukommen, geduldig zu sein und Langeweile mit Kreativität zu trotzen ist für ihn alltäglich.

- Er entwickelt Neugier auf verschiedene Kulturen, Religionen und Länder, ...

- ... lernt ein paar Worte in anderen Sprachen ...

- ... und mit anderen zu teilen, ...

- ... freut sich über die Offenheit und Freundlichkeit anderer Menschen ...

- ... und darüber, wie schön es ist, ständig in Bewegung und an der frischen Luft zu sein.

- Dante probiert neue Dinge aus, statt zu sagen: »Will ich nicht, mag ich nicht.«

- Für jedes Problem gibt es eine Lösung, ...

- ... und auch anstrengende Situation kann man überstehen, wenn man zusammenhält.

Mein Masterplan für den Notfall

Auf Reisen läuft nicht immer alles rund – und dass man krank werden kann, gehört auch manchmal zum Abenteuer dazu. Obwohl ich extreme Vorsicht in puncto Essen walten lasse, vor allem auf asiatischen

Nachtmärkten, hat mich in Myanmar ein fieser Magen-Darm-Virus erwischt. (Ich hatte das vegetarische Sushi im Verdacht!) Zwei Tage ging es mir echt miserabel, und ich pendelte zwischen Bett und Kloschüssel. Das war das erste Mal, dass ich auf meinen ›Masterplan für den Notfall‹, den ich mir zuvor im Kopf zurechtgelegt habe, zumindest ansatzweise zurückgreifen musste. Denn ich war krank, allein mit meinem Sohn und musste dennoch für ihn da sein. Was sollte ich also tun?

Eins möchte ich vorneweg sagen: Ich habe nur einen groben Masterplan für den Notfall, also eine vage Strategie, denn jede Herausforderung steht in Abhängigkeit von den Begebenheiten und dem Schwierigkeitsgrad – halt davon, wie ernst der Notfall tatsächlich ist. Ich habe mir folgendes Vorgehen vorgenommen:

- Ich erzähle der Umgebung vom Notfall und bitte um Hilfe.
- Das Kind beschäftige ich mit Fernsehen oder Tablet.
- Wenn der Notfall schlimmer ist, bitte ich andere, sich um mein Kind zu kümmern, ...
- ... oder bezahle jemanden dafür, dass er sich in meiner unmittelbaren Nähe um mein Kind kümmert.
- Ich kontaktiere den Auslandskrankenschutz, ...
- ... fliege wenn möglich zurück ...
- ... oder rufe zu Hause an und sage meinem Mann, dass er sofort in den nächsten Flieger steigen soll.

- Wenn nötig, kontaktiere ich die Botschaft.

Bis auf meine nächtliche Umarmung mit der Kloschüssel bin ich in Myanmar eher glimpflich davongekommen. Die Mitarbeiter in unserer Unterkunft haben sich rührend um uns gekümmert und, ohne dass ich sie darum bat, sogar für meinen Sohn Essen aufs Zimmer gebracht. Dante freute sich ein Loch in den Bauch, dass er uneingeschränkt *Lightning McQueen*, *Super Wings* und *Tayo der kleine Bus* schauen durfte, und ich schaffte es sogar, mich abends nach draußen zu schleppen, um ihm kurz mal frische Luft, Bewegung und ein ordentliches Abendessen zu gönnen. Nach zwei Tagen war der Vegetarisches-Sushi-auf-einem-burmesischen-Nachtmarkt-Spuk zum Glück vorbei.

FÜNF DINGE, DIE ICH IN MYANMAR GELERNT HABE

- Es gibt immer eine Lösung.
- Wie freundlich die Menschen in Myanmar sind! So herzlich und neugierig. In meiner persönlichen Erfahrung gehören die Burmesen zu den freundlichsten Menschen auf der Welt. Dicht gefolgt von den Menschen in El Salvador und Kosovo.
- Bitte lächeln! Denn in Myanmar möchte jeder mit dir ein Foto machen. Also sei bloß nicht kamerascheu.
- Es macht keinen Sinn, sich im Vorfeld verrückt zu machen. Egal womit.
- Dante ist der allerbeste Reisebegleiter, den ich mir je wünschen könnte.

MEIN STECKBRIEF FÜR MYANMAR

Geeignet für: Reiseerfahrene bis Reiseprofis

Beste Reisezeit: November bis März

Kosten: günstig

Visum: für deutsche Staatsangehörige erforderlich, u. a. online (E-Visa) erhältlich auf der offiziellen Webseite des burmesischen Konsulats oder unter https://evisa.moip.gov.mm/ – Kosten 50 US-Dollar pro Person

Am besten fortbewegen mit: Nachtbussen (warme Klamotten und Decke nicht vergessen, da die Klimaanlage immer eiskalt ist)

Highlights mit Kindern: Bootstrip auf dem Inle-See, Shwedagon Paya in Yangon und die vielen anderen Pagoden im ganzen Land, Tempelruinen in Bagan, mit einem Langheckboot auf dem Ye River durch den Dschungel und zu abgelegenen Dörfern fahren, burmesische Feste, Strände von Maungmagan oder Ngapali, traditionelle Puppenshows in Mandalay

Unser schönster Moment: die wundervollen Begegnungen mit all den freundlichen, offenen und hilfsbereiten Menschen

Unsere größte Herausforderung: die holprigen Busfahrten auf den schlechten Straßen – definitiv kein Spaß für einen empfindlichen Magen

Lieblingsorte: Kalaw, Mawlamyine, Maungmagan

Auf keinen Fall verpassen: Ko Yin Lay auf dem Banana Mountain bei Ye – für mich war das der eindrucksvollste Tempel unserer Reise, der bei Touristen gänzlich unbekannt ist; Sonnenaufgang über dem Inle-See

12. Kapitel

EINE REISE VOLLER DESASTER

- Dantes **27.** Reiseland: **Vietnam**
- Dantes Alter: **3 Jahre und 8 Monate**
- ***Was machen wir, wenn nichts so läuft, wie wir es uns vorgestellt haben?***

Vietnam stand unter keinem guten Stern. Von Anfang an nicht. Denn bereits bei der Ankunft erwartete uns das erste Desaster unserer Reise – und leider nicht das letzte ...

Mein Mann und ich hatten ein Date verabredet. Am Flughafen von Ho Chi Minh. Lars kam aus Deutschland, und Dante und ich reisten aus Myanmar an. Einen konkreten Treffpunkt hatten wir nicht vereinbart. »Irgendwo werden wir uns schon treffen«, hatten wir beide etwas naiv und doch zuversichtlich prophezeit. Und in der Tat, als ich gemeinsam mit meinem Sohn das Flughafengebäude verließ, rannte ich direkt in meinen Mann.

›Klappt ja wie geschmiert‹, dachte ich, als wir uns alle herzlich in die Arme schlossen. Endlich war die Familie nach einem Monat wieder vereint – und wir lechzten alle nach einem erholsamen und unvergesslichen Weihnachtsurlaub im wundervollen Vietnam.

Doch bevor dieser so richtig beginnen konnte, mussten wir ein kleines Problem lösen. Man hatte mir direkt bei der Ankunft erzählt, dass es schwierig werden würde, einen Transport in die Stadt zu bekommen.

»Warum?«, hatte ich die Mitarbeiterin am Schalter gefragt.

»Weil das vietnamesische Fußballteam in der Asienmeisterschaft gerade ein wichtiges Spiel gewonnen hat. Und jetzt sind alle Straßen dicht«, hatte sie freudig geantwortet.

Zu jenem Zeitpunkt war es gerade 21:30 Uhr gewesen, also erkundigte ich mich, wie lange das denn wohl dauern würde.

»Sicherlich die ganze Nacht.«

Als wir unser Familienkuscheln beendet hatten, erzählte ich Lars von dem Gespräch.

»Stimmt«, meinte mein Mann. »Kurz bevor ihr angekommen seid, habe ich gehört, wie Menschen angefangen haben zu jubeln. Das Fußballspiel ist sicherlich erst seit ein paar Minuten vorbei.«

›Was für ein Timing‹, dachte ich. ›Nun gut, aber wir werden schon zu unserer Unterkunft kommen.‹

Wir setzten also Dante in den Buggy, schnappten unsere Rucksäcke und stellten uns auf die Straße in der Hoffnung, ein Taxi zu ergattern. Vergebens! Ich gesellte mich zu einem jungen Vietnamesen, der genauso ratlos aussah wie wir. Er zuckte nur mit den Schultern, als ich ihn fragte, wie er denn in die Stadt kommen wollte.

»Entweder zu Fuß, oder ich schlafe hier«, sagte er ziemlich planlos.

»Hier?! Am Flughafen?«, fragte ich ihn überrascht.

»Ja, ist wohl das Beste, was man gerade tun kann«, antwortete er.

Lars und ich schauten uns an. Wir waren uns einig, dass wir unsere erste Nacht in Vietnam nicht am Flughafen verbringen wollten. Dann schon eher laufen. Der junge Mann schaute auf seinem Handy nach einer passenden Route für uns. Es waren etwa acht Kilometer zu unserem Hotel. Ich fragte ihn, wie viel denn normalerweise ein Taxi dorthin kosten würde.

»Nicht mehr als acht Dollar.«

Wir verabschiedeten uns und wünschten uns gegenseitig viel Erfolg. Den konnten wir jetzt alle gut gebrauchen.

Lars und ich marschierten los. Wir wollten uns ein Bild machen, wie es draußen vor dem Flughafengelände aussah. Sobald wir die Mauern hinter uns gelassen hatten, kam uns ohrenbetäubendes Hupen wie eine Lawine entgegen. Tausende Mopeds fuhren im Schritttempo an uns vorbei. Freudig erregt schwangen die Vietnamesen ihre geliebte rote Fahne mit dem gelben Stern. Es wurde gegrölt, gelacht und vor allem gehupt.

›Unmöglich, die Straßen zu überqueren‹, schoss es mir durch den Kopf. Aber irgendwie mussten wir ja rüber. Wir warteten also eine günstige Millisekunde ab und versuchten unser Glück. Wie ein Fischschwarm teilten sich die hupenden, fahnenschwingenden Mopeds auf und fuhren dicht um uns herum. Wenigstens erreichten wir unversehrt die andere Straßenseite. Das war unser erstes Erfolgserlebnis in Vietnam.

Ich erblickte einen Polizisten und fragte ihn, wie er die aktuelle Verkehrslage in der Innenstadt einschätzte. Konzentriert studierte er unterschiedliche Karten auf seinem Handy und meinte dann nur: »Alle Straßen sind versperrt. Ihr könnt versuchen, mit dem Auto reinzukommen, aber das kann mehrere Stunden dauern. Schneller seid ihr sicherlich zu Fuß.«

Ich schaute auf die Uhr. Mittlerweile war es 23 Uhr und immer noch drückend heiß. ›Acht Kilometer mit den Rucksäcken durchs nächtliche Ho Chi Minh zu Fuß gehen? Mit unserem ganzen Gepäck? Durch die vollgestopften Straßen? Schaffen wir das überhaupt?‹ Fragen über Fragen kreisten unentwegt in meinem Kopf. Ich war am Ende meiner Kräfte, genervt und spürte, wie nass geschwitzt ich unter meinem riesigen Rucksack war. Lars sah nicht besser aus. Dafür machte Dante in seinem Buggy einen recht zufriedenen Eindruck. Kein Wunder, schließlich hatte Lars ihm sein vorgezogenes Weihnachtsgeschenk direkt am Flughafen in die Hand gedrückt: *Micky und die flinken Flitzer* von Duplo.

Plötzlich sprach uns jemand an. »Braucht ihr ein Taxi?«, fragte uns ein Mann.

Zuerst konnten wir unser Glück kaum fassen, doch dann merkten wir sofort, woher der Wind wehte. Der Mann, der kein richtiger Taxifahrer war, wollte für die Fahrt 80 Dollar haben.

»Was?«, fragte ich ihn ungläubig. Verlangte er tatsächlich den zehnfachen Preis? Nicht mit uns, beschlossen wir. Außerdem konnten wir gar nicht einschätzen, ob wir es mit einem Auto in die Stadt schaffen würden.

Ich blickte erneut zu Dante in seinem Buggy. Er war topfit, weil er im Flugzeug geschlafen hatte, aufgeregt, weil Papa endlich wieder da war, bestens gelaunt und beschäftigte sich mit seinem neuen Spielzeug.

»Lass uns laufen. In zwei Stunden müssten wir im Hotel sein – und dann gibt es eine eiskalte Dusche«, beschlossen wir.

Unsere Vietnam-Odyssee ging weiter und schien kein Ende zu nehmen. Dabei hatten wir uns so sehr auf das Land, die Menschen, den Strand und natürlich auch auf unseren lang ersehnten Weihnachtsurlaub gefreut. Doch die Realität vor Ort erwischte uns knallhart. In Ho Chi Minh wurden wir von unserem Hotel beim Kauf von Bustickets mächtig über den Tisch gezogen. Erst als wir am Busbahnhof waren, realisierte ich, dass wir den siebenfachen Preis bezahlt hatten. Ich war nicht mehr zu bremsen und schimpfte noch Stunden später wie ein Rohrspatz über diese Dreistigkeit. Zu jenem Zeitpunkt hatte ich keine Ahnung, dass uns das in Vietnam noch öfter passieren sollte.

Zudem begegnete ich in unserer nächsten Unterkunft im Ort Mui Ne meinem persönlichen Alptraum. Mein Mann hatte ein Hotel gebucht, das sich als Resort entpuppte. Ein Strand war aufgrund der drastischen Küstenerosion nicht mehr vorhanden, und am Pool zischte das überwiegend russische Publikum bereits um 10 Uhr morgens das erste Bier. So hatte ich mir unseren Vietnamurlaub nicht vorgestellt.

Zudem zog pünktlich zu Heiligabend ein heftiger Sturm auf, der das Meer meterhoch aufwirbelte und rabenschwarze Wolken mit sich brachte, die sich schlussendlich in strömendem Regen ergossen. Unsere Laune war am Tiefpunkt angelangt: Wir waren eingesperrt in einem Resort, Weihnachten fiel für uns ins Wasser, und statt das Land zu erkunden, verbrachten wir unsere Nachmittage im Bett und schauten uns auf YouTube alle *Biene-Maja*-Folgen an. Zwischendurch checkte ich immer wieder die Wetterprognose für Vietnam – und die sah düster aus.

Zu allem Übel fing Dante auf unserer Weiterfahrt nach Hoi An aus heiterem Himmel an zu spucken. Das hatte er vorher noch nie auf einer Busfahrt getan. Ich schaffte es gerade noch, meine beiden Hände unter seinen Mund zu halten, als mir ein immenser Schwall Mageninhalt entgegenkam.

»Feuchttücher! Feuchttücher!«, schrie ich Lars panisch an.

Doch es war zu spät. Das Erbrochene lief auf meine Arme und Beine, auf meinen Rucksack, und irgendwie schaffte ich es, auch Lars einzusauen. Wortlos reichte uns der Busfahrer einen Vorrat an Kotztüten nach hinten, der während der restlichen Fahrt wegging wie warme Semmeln. Eine volle Tüte nach der anderen wurde entsorgt – und mein Mama-Herz litt gewaltig mit Dante. Wie ein Häufchen Elend saß er auf seinem Platz und versuchte mir noch rechtzeitig Bescheid zu geben, wenn er wieder spucken musste.

›Hat er etwas Schlechtes gegessen? Oder liegt es an den vielen Kurven und dem rasanten Fahrstil des Busfahrers?‹, fragte ich mich.

In Hoi An hatten wir die kurze Hoffnung, dass ab jetzt endlich alles besser werden würde. Dante hatte sich über Nacht erholt, zwischen den bedrohlichen Regenwolken kam tatsächlich für wenige Minuten die Sonne durch, und auch die Stadt gefiel uns auf den ersten Blick gut. Doch unsere Begegnungen im geschäftigen Hoi An trugen nicht unbedingt zu einem schönen Familienurlaub bei. Die Menschen waren nicht besonders freundlich zu uns, auf den Märkten hielten sie uns einfach am Arm fest, auf den Straßen pfiff man uns mit Trillerpfeifen an, und überall hatten wir das Gefühl, dass wir mächtig über den Tisch gezogen wurden. Außerdem fing es erneut an, in Strömen zu regnen.

So ging es auch die nächsten Tage weiter. Regen. Regen. Und zudem sehr geschäftige, unfreundliche Menschen. Unser Vietnam-Urlaub schien nicht mehr zu retten zu sein. Und je weiter wir uns in den Norden fortbewegten, desto kälter wurde es. Ich hatte großes Mitleid, vor allem mit Lars, denn schließlich musste er ja bald wieder zurück ins kalte Deutschland, während Dante und ich ja weiter nach Laos fahren würden. Was für ein misslungener Weihnachtsurlaub!

Als wir in Ninh Binh – der vorletzten Station unserer Vietnam-Reise – aus dem Nachtzug ausstiegen, wehte uns ein kalter Wind entgegen. Ich hatte das Gefühl, dass mir gleich der Atem zu Eis gefrieren würde. Auf solche frostigen Temperaturen waren wir nicht eingestellt. Sowohl mental als auch kleidungstechnisch nicht. Die paar warmen Klamotten, die wir im Gepäck hatten, trugen wir bereits den dritten Tag. Doch eine kleine Besserung war in Sicht: Der Regen hatte zumindest aufgehört.

Als wir im nahegelegenen Tam Coc in unserer Unterkunft, einem einfachen Homestay, angekommen waren, hielten wir Krisensitzung. Es war Silvester, wir froren uns den Popo ab, vieles war bis jetzt schiefgelaufen, und dennoch wollten wir uns nicht geschlagen geben.

»Vielleicht sollten wir das Beste aus den letzten Tagen unserer Reise machen und den negativen Dingen einfach keine Beachtung schenken«, schlug ich vor.

Lars und ich schauten uns an und mussten plötzlich laut lachen. Dante lachte mit. Wir lachten immer lauter – so als ob wir uns den ganzen Reisefrust von der Seele lachen mussten.

Und plötzlich fühlte sich alles anders an. Wir hatten ihn wiedergewonnen, den Sinn für Humor, mit dem die ganze Reise ab jetzt unter einem anderen Stern stand. Als Allerserstes beschlossen wir, shoppen zu gehen – und zwar Winterjacken. Denn mit warmen Klamotten machte es um einiges mehr Spaß, das Land zu erkunden. Und ja, auf einmal gefiel uns Vietnam richtig gut. Die phänomenal schöne Natur mit ihrer sonderbaren Karstlandschaft, den malerischen Flussarmen und Reisfeldern. Sogar dem sozialistisch geprägten, trist-grauen Stadtbild Ninh Binhs konnten wir etwas abgewinnen. An die schroffere Art der Vietnamesen hatten wir uns mittlerweile gewöhnt, und ihre manchmal ruppig wirkenden Gesten lernten wir als Freundlichkeit zu deuten. Unser absolutes Lieblingsgetränk wurde frisch gemachter Ingwertee. Was für eine herrliche Wohltat es doch war, den heißen Becher in unseren eiskalten Händen zu halten. Doch das Schönste war unser einfaches Homestay. Da waren Lars, Dante und ich uns einig. Nach und nach lernten wir alle Familienmitglieder kennen, die uns so herzlich bewirteten. Und als wir nach Hanoi aufbrachen, mussten wir beim Abschied alle eine kleine Träne verdrücken.

Auf unserer letzten Station verliebten wir uns Hals über Kopf in die vietnamesische Hauptstadt. Hanoi hatte das große Potenzial, unsere Lieblingsstadt in Asien zu werden. Wir genossen den ganzen chaotischen und geschäftigen Trubel um uns herum in vollen Zügen, und die letzten Tage verflogen viel zu schnell.

Bei unserem letzten vietnamesischen Kaffee zogen Lars und ich ein Resümee. Die Reise hatte so gar nicht unseren Erwartungen entsprochen! Dennoch hatten wir es in den letzten Tagen geschafft, das Blatt und unsere Emotionen zu wenden. Und wir konnten uns tatsächlich vorstellen wiederzukommen, um vor allem den Norden auch bei wärmeren Temperaturen zu erleben. Aber mit einer Rückkehr wollten wir uns ein paar Jahre Zeit lassen, um unser Trauma zu verarbeiten.

»Lass uns zu Hause T-Shirts machen mit dem Aufdruck ›*Hell yes, we survived Vietnam*‹«, schlug ich vor.

Wir fingen beide an zu lachen.

REDEN WIR ÜBER
Erwartungen

Es gibt wirklich ätzende Tage. Sowohl daheim als auch im Urlaub. Denn nur weil man weit weg von zu Hause ist, bedeutet das noch lange nicht, dass auf Reisen allezeit eitel Sonnenschein herrscht. Und natürlich kann es noch schlimmer kommen – vor allem wenn die paradiesischen Erwartungen, die man sich in seinem stillen Kämmerlein ausgemalt hat, vor Ort einfach nicht der Realität entsprechen. Da hat man monatelang dem Urlaub entgegengefiebert, womöglich den Großteil seines Jahresurlaubs zusammengekratzt, tief in die Tasche gegriffen, und dann empfängt einen am Reiseziel die große Enttäuschung. Man ist unzufrieden mit der Unterkunft, wird nicht richtig warm mit Land und Leuten, das Essen reißt einen nicht vom Hocker, man wird über den Tisch gezogen, das Wetter hat seine düsteren Launen – und vielleicht kommen noch andere ungeplante Vorkommnisse hinzu, die den eigenen Reisefrust ins Unermessliche wachsen lassen. Plötzlich scheint der ganze Urlaub in einer riesigen unüberwindbaren Katastrophe zu münden. Vor allem wenn man mit Kindern reist, kann das Frustpotenzial in solchen Situationen exorbitant groß sein. Denn Kinder lassen sich schnell vom eigenen Reisefrust anstecken, quengeln rum, beschweren sich lauthals und tragen wenig dazu bei, die eigene Urlaubslaune aufzuhellen. Was tun?

Der Survival-Guide gegen Reisefrust

Vor der Reise

- Mach dir vorab nicht zu große Erwartungen, damit du nicht zu sehr enttäuscht werden kannst.
- Lass bei der Urlaubsplanung nach Möglichkeit viel Raum für Flexibilität und Spontanität.
- Informiere dich, lies zum Beispiel Bewertungen, schaue YouTube-Videos und Fotos an, hole Meinungen bei anderen Reisenden (im Idealfall Eltern!) ein etc. Beachte allerdings, dass alle Eindrücke, Erlebnisse und Erfahrungen subjektiv gefärbt sind und nicht unbedingt deinen eigenen entsprechen müssen.
- Die richtige Einstellung: *Wir lassen alles auf uns zukommen.*

Vor Ort

- Finde heraus, wo genau der Schuh drückt.
- Suche Lösungen, wie der Schuh nicht mehr ganz so doll drückt.
- Disponiere um.
- Entwickle Galgenhumor (und freue dich, dass es nicht noch schlimmer kommt).

- Mach aus der Situation das Beste, und ignoriere das Negative einfach.

Positives Denken

- Vieles spielt sich im Kopf ab.
- Jede Herausforderung bringt uns weiter.
- Das Leben ist ein Abenteuer, im Urlaub ganz besonders.
- Auf Reisen geht immer etwas schief. Sei deswegen lieber dankbar für den Rest, der glattläuft.

Lernen

- Stemple negative Erlebnisse als wertvolle Erfahrung ab, die du bei der nächsten Urlaubsplanung berücksichtigen kannst. Zum Beispiel: »Ist halt nicht unser Land oder unsere Art der Reise gewesen.«

Wo Licht ist, ist auch Schatten

Auch der gewöhnliche Familienalltag mit all seinen Herausforderungen, emotionalen Höhen und Tiefen und durchaus lästigen Seiten bleibt im Urlaub nicht zwingend zu Hause. Schön wär's, wenn unter Palmen mit dem Nachwuchs und dem familiären Stimmungsbarometer alles so einfach und reibungslos klappen würde. Oder wenn man als Erwachsener endlich ungestört den tollen Strand oder den herrlichen Ausblick, auf den man sich so lange gefreut hat, genießen könnte. Doch auch im Paradies holt die Realität des Familienlebens einen mit all ihren Eigenheiten, Macken und Störenfrieden ein. *That's family life!* Und die ständige Achterbahnfahrt zwischen Wut, Furcht, Traurigkeit und Freude – sowohl beim Nachwuchs als auch bei uns Erwachsenen – reist halt ebenfalls mit.

Und welche Familie kennt sie nicht? Die nervigen Momente, in denen man sich wünscht, weit weg zu sein. Zu blöd, wenn man ihnen in der Ferne begegnet. Und unter uns, 24 Stunden (mal x Urlaubstage) familiäres Beisammensein kann sich verdammt lang anfühlen. Hier gilt es meiner Meinung nach, die eigenen Erwartungen an die ersehnte Urlaubszeit nicht zu hoch zu schrauben, an die tatsächliche Realität anzupassen – und einfach das Karussell der Gefühle auch unterwegs zuzulassen. Wie heißt es so schön: Wo Licht ist, ist auch Schatten. Oder: Nach dem Regen kommt Sonnenschein. Wie auch immer, Fakt ist, dass auch im Urlaub das stinknormale Familienleben gelebt wird. Mit all seinen schönen und halt ab und zu auch mal lästigen Seiten.

Angekommen im Paradies – und der Nachwuchs findet alles doof?

Herrlich! Man ist gerade mit der Familie an einem traumhaften Strand angekommen. Es herrschen perfekte Voraussetzungen zum Baden: seichte Wellen, kristallklares Wasser, ideale Temperaturen. Der puderweiße Sand zwischen den Fußzehen fühlt sich angenehm weich und warm an. Weit und breit keine Menschen, dafür reiht sich eine schattenspendende Palme mit saftigen Kokosnüssen an die andere. Vielleicht ist sogar nur ein paar Meter vom Strand entfernt ein farbenprächtiges Riff, wo man mit lustigen Nemo-Fischen, Seepferdchen und anderen sonderbaren Meeresbewohnern auf Tuchfühlung gehen kann. Gerade breitet man die Stranddecke aus und denkt noch: »Was für ein Paradies! Hier möchte ich auf immer und ewig bleiben«, als man unsanft aus seinem tropischen Tagtraum gerissen wird.

»Mama, können wir gehen? Jetzt!?!«, quengelt der Nachwuchs.

Ähm, Moment mal, was hat das Kind da gerade von sich gegeben? Wir sind im Paradies angekommen, und es will wieder los? Ist es denn von allen guten Geistern verlassen? Mit Engelszungen versucht man, den Spross von der Schönheit und Perfektion des Tropenparadieses zu überzeugen – und von den spannenden Aktivitäten, die man hier erleben kann. Vergebens! Nichts zu machen. Das Kind wird immer gnatziger, bis es irgendwann seinen Willen bekommt. Die Eltern beugen sich der schlechten Laune des Kindes, packen die Sachen zusammen und verlassen zähneknirschend dieses traumhafte Strand-Elysium, an dem sie doch auf immer und ewig bleiben wollten ...

Es tut mir wahnsinnig leid, wenn ich an dieser Stelle erneut mit der banalen Floskel ankomme, die ich schon weiter oben verwendet habe, aber: *That's family life!* Und ich weiß aus eigener Erfahrung, wie sehr man in solchen Situationen seinen heiß geliebten Nachwuchs innerlich verflucht. Aber auch auf solche Momente muss man sich im gemeinsamen Familienurlaub einstellen. Man kommt im Paradies an – und der Nachwuchs findet alles doof und langweilig. Unvorstellbar, aber trotzdem wahr. Da heißt es, sich bloß nicht die Laune verderben zu lassen – und einfach mal zu schauen, wie man das Kind anderweitig begeistern kann. Vielleicht ist es heute das kleine Café an der Ecke. Oder der Fluss am Dorfrand, an dem abends die einheimischen Kinder spielen. Ich bin mir sicher, dass spitzfindige Eltern auf Reisen eine Menge

Alternativen finden, für die sie ihre kleinen Begleiter gewinnen können. Und ja, unsere Kinder können in vielen Situationen kleine Diktatoren sein. Das ist das harte Los von uns Eltern, mit dem wir uns abfinden müssen. Dennoch vertrete ich die Meinung, dass Kinder nicht das Recht haben, uns das Leben ständig zu diktieren. Das gilt zu Hause und vor allem auch auf Reisen. Dementsprechend sollte man lieber gemeinsam den goldenen Mittelweg verfolgen. Mal kann das Kind bestimmen, und dann sind wieder die Eltern dran.

FÜNF DINGE, DIE ICH IN VIETNAM GELERNT HABE

- Lache, wenn es nicht zum Weinen reicht! In blöden Situationen einen gewissen Galgenhumor zu entwickeln kann die eigene Stimmung wieder anheben.
- Vietnamesen ticken anders als die Menschen in den Nachbarländern. Eine Mischung aus asiatischer Gelassenheit und osteuropäischer Ruppigkeit. Absolut spannend, wenn man sich darauf einlassen kann.
- Es gibt kein schlechtes Wetter, es gibt nur falsche Kleidung!
- Alle Touristen werden wohl am Anfang in Vietnam mächtig über den Tisch gezogen. Da heißt es, Lehrgeld zahlen, sich schnell einen Überblick übers vietnamesische Preisgefüge verschaffen und Paroli bieten.
- Noch nie habe ich so viele Mopeds gesehen, die wie ein wuseliger Fischschwarm durch die Straßen fließen. Absolut verrückt, faszinierend – und ein wahres Wunder, dass es nicht viel mehr Unfälle gibt.

MEIN STECKBRIEF FÜR VIETNAM

Geeignet für: Reiseanfänger

Beste Reisezeit: November bis Februar (Südvietnam), Februar bis Mai (Zentralvietnam), Juli bis November (Nordvietnam)

Kosten: günstig

Visum: Bis 14 Tage ist für deutsche Staatsbürger kein Visum notwendig. Wer länger bleiben will, kann u. a. online ein eVisa auf der offiziellen Seite https://visa.mofa.gov.vn erhalten. Kosten: 25 US-Dollar.

Am besten fortbewegen mit: Sleeper Bus (die allerbesten Busse, die ich je gesehen habe), Nachtzügen, Mopeds

Highlights mit Kindern: Bootsfahrt auf dem Mekong zu den schwimmenden Märkten und in der trockenen Halong Bucht, Marble Mountain (Hoi An), Strand bei Hoi An und Quy Nhon, mit dem Fahrrad Hoi An erkunden, Nachtzug fahren, Train Street in Hanoi, traditionelles Wasserpuppenspiel in Hanoi, Gassenlabyrinth in Hanoi

Unsere schönsten Momente: Bootsfahrt in der Lan-Ha-Bucht (Trockene Halong Bucht) und der spektakuläre Ausblick von der Mua Cave

Unsere größten Herausforderungen: die oft ruppig wirkende Art der Vietnamesen; die rasante Busfahrt von Quy Nhon nach Hoi An

Lieblingsorte: Tam Coc, Hanoi

Auf keinen Fall verpassen: Mua Cave, Bootsfahrten, Reisfelder in Sapa, Altstadt von Hoi An, Hue, Kokosnuss-Kaffee in den charmanten Cafés Hanois, Literaturtempel in Hanoi, Sanddünen von Mui Ne, spektakuläre Zugfahrt von Hoi An nach Hue, Cham-Ruinen My Son

Interview: Island

ELIJAH, DER BESONDERE WELTENTDECKER – REISEN MIT TRISOMIE 21

Alle drei Minuten kommt ein Kind mit Trisomie 21, umgangssprachlich Downsyndrom genannt, zur Welt. Patrizias Sohn Elijah war vor ein paar Jahren einer davon. Einen Tag nach der Geburt sprach der Arzt eher beiläufig bei der Routinevisite den Verdacht der Chromosomenanomalie aus. Diese Nachricht traf die damals 22-jährige Mutter ganz unerwartet, denn sie war davon ausgegangen, dass Elijah ein kerngesundes Kind sei. In den Folgetagen erwartete Patrizia ein zähes Bangen und Zittern, bis dann aus dem Anfangsverdacht Gewissheit wurde: Diagnose freie Trisomie 21, die sich später als Mosaik-Trisomie herausstellte, eine abgeschwächte Form. Elijahs Körper besitzt eine Mischung aus gesunden und genetisch veränderten Zellen. Im Klartext bedeutet das, dass im Vergleich zur durchgehenden Trisomie 21 die physischen und psychischen Symptome, Einschränkungen und Defizite bei Elijah ein wenig milder ausfallen. Nachdem Patrizia die Nachricht verdaut hatte, schöpfte sie schnell wieder neuen Mut – und noch im Krankenhaus beschloss die alleinerziehende Mutter, dass ihr Sohn und sie gemeinsam der Welt da draußen beweisen würden, wie herrlich besonders Elijah ist.

Ab wann war für dich klar, dass du mit deinem Kind trotz Trisomie 21 reisen möchtest?

In dem Moment, als der Arzt im Krankenhaus die Diagnose aussprach, war mir bewusst, dass Elijah und ich trotzdem reisen werden. Denn für mich war von Anfang an klar, dass das Downsyndrom kein Grund ist, nicht zu reisen. Vor der Geburt war ich selbst sehr reiseaffin, und meine Reisebegeisterung wollte ich trotz Elijahs Besonderheit nach Möglichkeiten weiterleben. Deswegen nahm ich mir vor, zumindest das gemeinsame Reisen auszuprobieren.

Wie waren eure ersten gemeinsamen Reiseerfahrungen? Und wohin haben euch eure ersten Reisen geführt?

Als Elijah ein halbes Jahr alt war, machten wir gemeinsam mit meiner Oma und meiner Mutter einen Pauschalurlaub in der Türkei, der super entspannt war. Eigentlich haben wir da nicht viel gemacht, außer am Pool oder am Strand zu liegen und das Leben zu genießen. Und weil es in der Türkei so gut mit Elijah geklappt hat, fühlte ich mich in meiner Reisemotivation bestätigt.

Obwohl es mir damals schwerfiel, weil es mir wie ein Abstempeln vorkam, beantragte ich für meinen Sohn einen Schwerbehindertenausweis, der mir viele Vorteile brachte. Denn mit einem Schwerbehindertenausweis können zum Beispiel bei der Deutschen Bahn die Begleitpersonen gratis reisen. Und auch bei Tierparks, Schwimmbädern oder anderen Attraktionen und Sehenswürdigkeiten bekommen wir Ermäßigungen oder sogar den Eintritt erlassen. Von da an reisten Elijah und ich kreuz und quer durch Deutschland und unternahmen praktisch jedes Wochenende etwas. Elijah liebte das ständige Unterwegssein von Anfang an, und es störte ihn nicht, viele Stunden im Zug oder später im Flugzeug zu verbringen. Im Gegenteil! Für ihn war das Herumreisen richtig cool, und er entwickelte schnell seine Freude dran. Ich denke, dass das halt eine Sache der Gewohnheit ist. Und es scheint so, als ob ich Elijah – trotz Trisomie 21 – von klein auf mit meiner eigenen Reiselust angesteckt habe.

Bevor eure gemeinsame Reiselust entfacht ist, was galt es aus medizinischer Sicht zu beachten? Gab es in eurem Fall besondere Risiken? Oder hattest du bezüglich Elijahs Trisomie 21 spezielle Ängste?

Überhaupt nicht. Da Elijah aufgrund seines abgeschwächten Downsyndroms zum Glück keine wesentlichen organischen Beeinträchtigungen, etwa einen Herzfehler, hat, haben sich meine Bedenken vor der ersten Reise von den Bedenken anderer Mütter nicht unterschieden. Vor unserem Türkei-Urlaub habe ich mir lediglich Gedanken über ausreichenden Sonnenschutz gemacht und darüber, wie Elijah auf die Hitze reagieren und wie es mit Beikost ausschauen würde. Das war's.

Bei anderen Eltern, die ein Kind mit Downsyndrom oder vielleicht anderen Behinderungen haben, kann das natürlich anders aussehen. Viele Kinder müssen erst mal operiert werden oder haben ein schwaches Immunsystem, wo bereits ein harmloser Schnupfen gefährlich sein kann. In solchen Fällen empfiehlt es sich selbstverständlich nicht, mit seinem Kind sofort um die Welt zu reisen, sondern abzuwarten, bis sich der gesundheitliche Zustand des Kindes verbessert und stabilisiert hat.

Was waren deine konkreten Sorgen vor der ersten Reise? Und wie sah dann die Realität vor Ort aus?

Ich habe mir im Vorfeld keine speziellen Sorgen gemacht, die unmittelbar mit Elijahs Diagnose zu tun haben. Meine Gedanken kreisten eher um die Fragen: Wie mein Baby den Flug überstehen würde? Ob er im Flugzeug Druck auf den Ohren haben würde? Oder wie er mit dem Klimawechsel in der Türkei klarkommen würde? Doch meine ganzen Sorgen waren überflüssig, denn Elijah schlief den ganzen Flug über, und auch mit der Akklimatisierung vor Ort kam er super zurecht.

Und wie sahen eure nächsten Reisen aus? In welche Länder seid ihr noch gereist?

Gemeinsam mit einer Freundin, die ebenfalls eine Tochter mit Downsyndrom hat, waren wir viel unterwegs. Wir waren zum Beispiel in Paris im Disneyland, haben eine Italienreise gemacht, waren in Barcelona und sind sogar zusammen nach Brasilien geflogen. Zu dem Zeitpunkt war Elijah dreieinhalb Jahre alt. Sein Vater ist Brasilianer, und deswegen war es mir besonders wichtig, meinem

Sohn zu zeigen, wo seine Wurzeln liegen. In Rio de Janeiro waren wir insgesamt zwei Wochen lang und haben da einen tollen Mix aus typischem Touri-Programm mit Zuckerhut, Jesusstatue, einer Favela-Besichtigung und natürlich faulen Strandtagen gemacht.

Wie waren die Begegnungen in anderen Ländern für euch? Wie haben die Menschen auf dein Kind mit Downsyndrom reagiert?
Ich kann sagen, dass die Menschen auf unseren Reisen uns gegenüber immer viel offener sind und ohne Scheu mit uns interagieren – halt ganz normal. Das ist in Deutschland anders, wo Kinder mit Downsyndrom oder anderen Behinderungen oft ausgeschlossen werden oder man ihnen eben *anders* begegnet. Verhaltener und teilweise auch etwas angeekelt. In Brasilien zum Beispiel hatten wir am Strand an der Copacabana eine tolle Begegnung. Wir haben eine ältere Brasilianerin kennengelernt. Elijah ging zu ihr hin, und sie ging liebevoll auf ihn ein, streichelte seinen Kopf und machte Späßchen mit ihm. Offensichtlich hatte sie keine Berührungsängste, und es schien für sie keine Rolle zu spielen, dass mein Sohn Downsyndrom hat. Irgendwann sah ich, dass Elijah eine Rotznase hatte, und wollte gerade zu ihm rübergehen, um ihm mit einem Taschentuch die Nase abzuwischen, doch ehe ich bei ihm ankam, hatte sie meinem Kind mit ihrem feinen Seidentuch, das sicherlich teuer war, die Nase abgewischt. So, als ob es das Normalste der Welt wäre.

Als wir dann wieder in Deutschland waren, erlebten wir das krasse Gegenteil. In einem Restaurant saß uns gegenüber ein Pärchen. Elijah ging mit seiner unbefangenen Art rüber und hatte sich kurz an die Frau rangeschmiegt. In dem Moment konnte ich klar erkennen, wie die beiden angewidert das Gesicht verzogen. Dabei hatte Elijah jetzt keine laufende Nase, Sabber am Mund oder schmutzige Hände. Ich weiß nicht, ob die beiden vielleicht allgemein Kinder nicht mochten oder ihre übertriebene Reaktion auf die Besonderheit meines Sohnes zurückzuführen war, dennoch hat mich ihr Verhalten sprachlos und natürlich auch traurig gemacht. Und ich muss sagen, dass wir solche Begegnungen ausschließlich in Deutschland und nicht im Ausland gemacht haben.

Kommen wir auf eine ganz besondere Reise von dir und Elijah zu sprechen. Ihr beiden und deine Mama habt zusammen einen Roadtrip durch Island gemacht. Warum Island?
Island war für mich schon immer eine Top-Destination, wo ich unbedingt mal hinwollte, weil es einfach im Vergleich zu anderen Ländern so anders ist. Die wilde Natur, das raue Klima und die wunderschönen Landschaften machen für mich den besonderen Island-Reiz aus. Außerdem wollte ich unbedingt mal die faszinierenden Nordlichter erleben. Das war auch der Grund, warum Elijah, meine Mama und ich im Oktober und nicht im Sommer nach Island geflogen sind. Wir haben uns dort ein Auto gemietet und sind einfach losgefahren. Zu dem Zeitpunkt war Elijah sechs Jahre alt.

Wie hast du dich auf eure Island-Reise vorbereitet?
In erster Linie habe ich ordentlich Geld gespart, denn Island ist teuer. Dann habe ich selbstverständlich viel gelesen, mir Sehenswürdigkeiten rausgeschrieben, die wir auf jeden Fall besuchen wollten, und mir auch Informationen besorgt, welche Straßen im Herbst passierbar sind und welche nicht, weil sie bereits mit Schnee bedeckt sind. Dann habe ich ein passendes und vor allem robustes Auto mit Allradantrieb gebucht. Super wichtig für Island! Und dann habe ich mir Gedanken gemacht, wie wir am besten Sightseeing und abwechslungsreiches Kinderprogramm miteinander kombinieren können.

Aber Elijah hat ja glücklicherweise auch am Sighseeing-Programm seinen Spaß.

Was sollte man unbedingt für einen Roadtrip durch Island dabeihaben?

Das kommt ein wenig darauf an, wann man nach Island fährt. Wie bereits gesagt, waren wir im Oktober da. Zu dieser Jahreszeit ist natürlich wetterfeste Regenkleidung – die sollte man übrigens wegen der vielen Wetterumschwünge auch im Sommer dabeihaben – Pflicht. Dann müssen auf jeden Fall auch warme Jacken, Schuhe, Mützen, Schal und Handschuhe ins Gepäck. Außerdem kann ich empfehlen, sich für eine Island-Reise drei super praktische und vor allem wichtige Apps runterzuladen: Erstens *112 Iceland*, die den aktuellen GPS-Standort an die isländische Notrufzentrale übermittelt. Zweitens *Vegagerðin*, mit der du dich über die aktuelle Straßenlage auf deiner gewünschten Route auf dem Laufenden halten kannst. Drittens *Aurora Forecast*, eine App für die Vorhersage von Nordlichtern. Ach ja, und vor allem sollte man in Island viel Geld dabeihaben.

Wie sah eure Route aus? An welchen Orten seid ihr wie lange geblieben?

Die ersten vier Tage haben wir in der Nähe der Hauptstadt Reykjavík in Hafnarfjörður verbracht und uns von dort aus alle Attraktionen südlich der Insel angeschaut. Dazu gehörten Vulkankrater Kerið, die Wasserfälle Selfoss und Gullfoss, die Geysire, Þingvellir und natürlich auch Reykjavík. Danach begingen wir unsere Rundreise entlang der Ringstraße im Uhrzeigersinn, wir sind also von Reykjavík in den Nordwesten hoch in Richtung Akureyri und später nach Mývatn gefahren. Anschließend sind wir die Ostküste runtergefahren, von der wir aber leider nichts mitbekommen haben, weil es bereits dunkel war und zudem in Strömen geregnet hat. Im Süden waren wir in Eyvindarhólar und sind dann zur Blauen Lagune gefahren, wo wir in den berühmten Thermalquellen gebadet haben. Die letzten zwei Tage haben wir auf einer Halbinsel in der Nähe von Reykjavík verbracht. Da wir für unseren Rückflug bereits um 4 Uhr morgens am Flughafen sein mussten, haben wir die letzte Nacht im Auto vor dem Wahrzeichen Reykjavíks verbracht. Das war ein wahres Abenteuer, aber super lustig. Und Elijah hat alles ohne Probleme mitgemacht. Und das finde ich erstaunlich, denn ich weiß nicht, ob jedes Kind so flexibel ist ...

Was waren eure schönsten Highlights in Island?
Natürlich die Nordlichter, die wir gleich an unserem ersten Abend in Reykjavík erleben durften. Einfach wunder-, wunderschön! Dann haben uns die schwarzen Lavastrände und die zahlreichen gewaltigen Wasserfälle begeistert. Und natürlich auch die Geysire! Das sind heiße Quellen, die ihr brodelndes Wasser in gewissen zeitlichen Abständen als gewaltige Fontäne ausstoßen. Das fand Elijah faszinierend. Und wir haben viele Regenbögen gesehen, die in Island aufgrund der krassen Wetterumschwünge zum Alltag gehören.

Und was hat euch nicht so gefallen?
Eigentlich nur, dass alles so teuer ist.

Gab es spezielle Herausforderungen für euch in Island? Und wie habt ihr sie gemeistert?
Die größte Herausforderung waren die Straßenverhältnisse. Da wir unseren Roadtrip im Oktober gemacht haben, lag auf manchen Straßen oder Abzweigungen schon Schnee. An das Fahren in Island musste ich mich echt gewöhnen. Auf vielen Straßen sind Schlaglöcher, und dann kommen ja die heftigen Wetterbedingungen wie

strömender Regen oder plötzliches Glatteis hinzu. Das bin ich als Autofahrerin aus Deutschland ja nicht unbedingt gewohnt. Aber irgendwann hatte ich den Dreh raus, und wenn die Straßenverhältnisse schlecht wurden, bin ich halt sehr langsam gefahren. Außerdem war die App *Vegagerðin*, über die ich immer aktuelle Informationen über die Straßenverhältnisse erhalten habe, echt Gold wert.

Kannst du mir sagen, wie viel eure Islandreise gekostet hat?

Insgesamt haben wir für zwei Erwachsene und ein Kind für zehn Tage 3.500 Euro ausgegeben – und das, obwohl wir versucht haben, sparsam mit unserem Reisebudget umzugehen. Teilweise haben wir uns im Supermarkt mit Snacks oder Fertigsuppen eingedeckt, aber wir haben uns natürlich immer wieder auch etwas gegönnt. Für den Flug haben wir insgesamt 500 Euro, für Unterkünfte zirka 1.000 Euro und fürs Auto und Benzin etwa 600 Euro ausgegeben.

Mit dem Auto durch Island mit Kind – dein Fazit?

Island ist auf jeden Fall eine Reise wert – und meiner Meinung nach sollte dieses Ziel auf jeder Reise-Bucket-List stehen, vor allem, wenn man Outdoor-Aktivitäten und raue Natur mag. Ich finde, dass zehn Tage für eine Island-Rundreise durchaus ausreichend sind – und man sollte sich unbedingt ein Auto mieten, damit man auf eigene Faust das Land erkunden kann. Island mit Kleinkindern finde ich persönlich schwierig, denn Spielplätze oder andere Angebote sind dort rar. Aber mit größeren Kindern, so ab sechs Jahren, die Bock auf Wandern und Natur haben, ist Island perfekt.

Plant ihr, noch mal nach Island zu reisen? Und wenn ja, wohin?

Oh ja, ich möchte unbedingt noch mal nach Island. Dann würde ich mir mehr Zeit für die Nordküste lassen.

Was würdest du bei deiner nächsten Island-Reise eventuell anders machen?
Eventuell gegen den Uhrzeigersinn fahren, da man so mehr von Island sehen kann. Aber ansonsten war ich mit unserer Rundreise sehr zufrieden.

Und hast du eine Idee, wohin die nächste Reise mit deinem wunderbaren Sohn geht?
Als nächstes wird es wohl nach Fuerteventura oder Ägypten gehen. Aber ich spare schon fleißig für unsere nächste Fernreise, und zwar nach Mauritius oder auf die Seychellen. Elijah und ich wollen nämlich unbedingt mal mit Wasserschildkröten schnorcheln. Und ich träume davon, mit Elijah eine Delfintherapie zu machen.

Zum Abschluss: Welche Botschaft würdest du Eltern, die ein Kind mit Trisomie 21 oder anderen Einschränkungen haben und sich deswegen nicht zu reisen trauen, mitgeben?
Egal ob das Kind eine Behinderung hat oder nicht, traut euch einfach! Macht es, denn dann weiß man auch, wie es ist, mit seinem Kind zu reisen, und ob es funktioniert oder nicht. Und schaltet eure Angst ab, denn Angst hemmt uns, die Welt zu entdecken und Abenteuer zuzulassen.

PATRIZIAS STECKBRIEF FÜR ISLAND

Geeignet für: Reiseanfänger

Beste Reisezeit: generell Mitte Juni bis Ende August, aber für die Nordlichter eignen sich die Monate zwischen Oktober und März am besten

Kosten: sehr, sehr teuer

Am besten fortbewegen mit: Mietwagen mit Allradantrieb

Highlights für Kinder: Reiten auf Islandpferden, Geysire, Nordlichter, Wale beobachten

Unser schönster Moment: Eigentlich waren wir fast immer am Staunen, aber unsere schönsten Momente waren die Nordlichter und die vielen Regenbögen.

Unsere größte Herausforderung: die Straßenverhältnisse

Lieblingsorte: Reynisfjara, Vulkankrater Kerið

Auf keinen Fall verpassen: Nordlichter, Wasserfälle, Geysire

Über Patrizia Kurdziel

Ich bin Patrizia, Masterstudentin, alleinerziehend und genieße das Leben mit meinem Sohn Elijah. Wir haben die Herausforderung mit seiner Besonderheit angenommen und versuchen in jeder Situation das Beste zu machen. Mit unserem Instagram-Kanal @tree.21 wollen wir aufklären, zum Thema ›Inklusion‹ beitragen und die gesellschaftlichen Berührungsängste mit Behinderungen abbauen. Wenn du unseren Alltag und unsere weiteren Projekte verfolgen möchtest, schau gerne vorbei. Zudem haben wir unsere eigene Kollektion rausgebracht, um Elijah eine Delfintherapie zu ermöglichen. Weitere Infos hierzu findest du auf Instagram in den Story-Highlights.

13. Kapitel

BUDDHA TRINKT BIER?

- Dantes **28.** Reiseland: **Laos**
- Dantes Alter: **3 Jahre und 9 Monate**
- ***Was haben kleine Kinder vom Reisen? Können sie sich überhaupt erinnern?***

»Mama, können wir heute in einen Tempel gehen? Und schauen, wie die Mönche zu Buddha beten?«, fragte mich Dante.

Unsere Asienreise durch Myanmar, Vietnam und jetzt Laos hatte bei meinem dreijährigen Weltenbummler deutliche Spuren hinterlassen. Vor allem Buddha hatte auf dieser Reise sein kindliches Interesse geweckt – und Dante wollte ALLES über ihn wissen: Wie alt ist Buddha? Ist Buddha in der Sonne warm? Kann Buddha lachen? Was isst Buddha? Wo wohnt Buddha? Ist Buddha ein Mensch oder eine Puppe? Ist Buddha ein Mann oder eine Frau? Wo schläft Buddha? Und warum beten die Menschen zu Buddha? Mit meinen spärlichen Antworten auf seine vielen Fragen schien mein wissbegieriger Sohn nicht unbedingt zufrieden zu sein. Er pflegte dann stets seine Stirn zu runzeln und beobachtete weiter das Treiben um sich herum. Immer wieder inspizierte er die Menschen, wie sie sich hinknieten, ihre Hände vor der Stirn falteten und mit geschlossenen Augen und monotonem Singsang zur Buddha-Statue beteten, die sich über ihren Köpfen erhob.

»Mama, können wir jetzt in einen Tempel gehen!!!«, forderte Dante ungeduldig. Er ließ keinen Zweifel dran, dass seine ursprüngliche Frage mittlerweile ein klarer Befehl war. Um seinem Vorhaben mehr Nachdruck und Autorität zu verleihen, zupfte er energisch an meinem Rock.

Gehorsam setzte ich Dante in den Kinderbuggy und schob diesen durch die Straßen der Stadt Pakse im Süden Laos', wohlwissend, dass wir sicherlich nicht lange gehen müssten, um einen Tempel zu finden. Und in der Tat, ein paar Minuten später erblickten wir hinter Mauern das vergoldete Dach des Tempels Wat Luang. Ehrfürchtig betraten wir gemeinsam das Gelände. Während ich den Buggy im Schatten einer Palme parkte, lief Dante bereits los. In kleinen Schritten rannte er zum Tempel und schaute sich dabei immer wieder zu mir um.

»Oh Mann. Komm jetzt endlich, Mama!«, rief er mir ziemlich genervt entgegen.

›Er hat es eilig, wieder zu Buddha zu kommen‹, dachte ich. Ich trabte hinterher, und als ich die Stufen des Tempels erreicht hatte, erinnerte mich mein kleiner Buddha-Insider daran, dass ich mir ein Tuch um die Schultern binden und meine Schuhe ausziehen sollte.

Auf leisen Sohlen gingen wir gemeinsam in den Tempel hinein. Drinnen war keine Menschenseele. Die Wände waren mit bunten religiösen Bildern bemalt, die großen Säulen waren mit vergoldeten Ornamenten verziert, auf dem knallroten Teppich standen verschiedene Gefäße, und durch die halboffenen Fenster aus kunstvoll geschnitztem Holz drang gedämpftes Licht.

»Da, da! Da ist Buddha!«, flüsterte Dante plötzlich und zeigte aufgeregt zur anderen Seite des Raumes. Demütig näherte er sich der etwa zwei Meter hohen vergoldeten Statue, die auf einer hohen Empore im Schneidersitz thronte. Dantes Blick richtete sich nach oben und wanderte langsam die Statue hinunter. Er inspizierte das transparente Tuch, das nur die rechte Schulter Buddhas bedeckte. Danach schaute er sich die Position von Buddhas Händen genau an: Die linke geöffnete Hand ruhte auf seinem Bein, die Handfläche zeigte zum Himmel.

»Warum hat Buddha Blumen in der Hand da?«, wollte Dante wissen.

Wieder so eine Frage, auf die ich leider nur eine vage Antwort geben konnte. Ich stammelte etwas von »Geschenke für Buddha, um ihn zu ehren«, doch richtig zufrieden war ich mit meiner Auskunft auch nicht. Ich nahm mir vor, mich mehr in den Buddhismus einzulesen, um zukünftig besser auf den religiösen Wissensdurst meines kleinen Begleiters eingehen zu können.

Dante lenkte seine Aufmerksamkeit auf die anderen Buddha-Statuen, die auf kleinen Holzsockeln zu Füßen des großen goldenen Buddhas hockten. Plötzlich rannte er zu einem Altar und fing an zu lachen: »Mama, schau mal, der Buddha sieht aber lustig aus. Der hat soooo einen dicken Bauch«, dabei krümmte er seinen kleinen Rücken nach vorne und formte eine riesige Kugel.

Ich musste ebenfalls lachen, nicht zwingend über die Buddha-Statue mit dem runden Gesicht, den knuffigen Pausbacken, einem roten Punkt auf der Stirn und einem Holzarmband ums Handgelenk. Vielmehr war ich entzückt von Dantes unbefangener Entdeckerfreude, und es machte mich glücklich, zu sehen, wie mein kleiner Kosmopolit eine fremde Welt entdeckte. Wie er souverän durch diese hindurchschritt, sie ohne Furcht und Vorurteile inspizierte und sich seine eigenen Gedanken machte ...

Vor dem dicken Buddha, dessen Mund zu einem breiten Lachen geformt war, standen mehrere aufgereihte Schnapsgläser mit brauner Flüssigkeit und daneben eine Falsche Bier.

»Mama, Buddha trinkt Bier?« Dantes riesige Augen schauten mich voller Verwunderung an.

Ich hielt inne und kramte fieberhaft in meiner rechten Gehirnhälfte nach einer einigermaßen plausiblen Erklärung. Vergebens!

Doch ehe mein wissbegieriges Kind mich weiter mit unzähligen Fragen löchern konnte, nahte die ersehnte Rettung. Ein Mönch in schulterfreier oranger Kutte und mit rasiertem Kopf betrat den Raum. Wie auf Kommando und völlig synchron falteten Dante und ich unsere Hände vor der Stirn, mit einer leichten Verbeugung senkten wir unseren Blick gen Boden und sagten dabei wie aus einem Munde *»sabai dee«*. Der Mönch begrüßte uns ebenfalls mit einem freundlichen Lächeln. Ich griff nach Dantes Hand und bedeutete ihm, dass wir den Tempel jetzt verlassen sollten, damit der Mönch in Ruhe beten konnte. Der junge Mann im orangen Gewand verstand mich sofort. Er schaute mich gutmütig an und gab mir mit einer beschwichtigenden Handbewegung zu verstehen, dass wir gerne weiterhin im Tempel bleiben durften. Anschließend wandte er sich von uns ab, ging in behutsamen Schritten in die Mitte des Tempels und setzte sich im Schneidersitz auf einen blumengemusterten lila Teppich. Dabei legte der Mönch seine offenen Handflächen ineinander, schloss die Augen und versank unmittelbar in eine Meditation.

Dante tat haargenau dasselbe. Ein paar Meter vom Mönch entfernt, ließ er sich auf den Boden fallen, versuchte seine kleinen Händchen in exakt die gleiche Stellung zu bringen, schaute dabei abwechselnd zu Buddha nach oben und wieder zum Mönch zu seiner rechten Seite. Er verharrte mehrere Minuten lang andächtig in derselben Position.

›Wie still doch mein Kind sitzen kann‹, dachte ich verwundert. Das wäre zu Hause niemals möglich gewesen. Denn daheim rannte Dante meistens unruhig und in polternden Schritten von einer Ecke zur anderen. Ich konnte mich nicht daran erinnern, dass ich ihn jemals so still und vor allem andächtig sitzen gesehen habe.

Aus einer gewissen Entfernung beobachtete ich die Szenerie, die mich tief im Herzen berührte. Ich spürte, wie ein Gefühl von Dankbarkeit meinen ganzen Körper durchströmte. Dankbarkeit, dass ich diesen kostbaren Moment hier in Laos erleben durfte. An der Seite von Dante und mit dem unbekannten sanftmütigen Mann in oranger Kutte neben ihm. Ich spürte, wie eine unbeschreibliche Ruhe und Verbundenheit den heiligen Raum erfüllte. Draußen ertönte zartes Vogelgezwitscher. In der Ferne krähte ein Hahn. Ich beobachtete, wie Dante es sich auf dem lila Teppich langsam gemütlich machte. Er wechselte in die Bauchlage, stützte seinen neugierigen Kopf auf den kleinen Händchen ab und beobachtete weiter abwechselnd den großen golden Buddha und den still meditierenden Mönch. Dabei pendelten seine Kinderfüße in der Luft hin und her. Hin und her. Hin und her …

Ich wünschte mir, dass dieser Moment nie zu Ende gehen würde. Doch nach einer halben Stunde wurden wir drei aus unseren Tagträumen und Gedanken zurück ins Hier und Jetzt geholt. Zahlreiche Menschenstimmen verdrängten die Stille. Ihre resoluten Schritte kamen immer näher. Eine thailändische Reisegruppe betrat den Tempel. Der Mönch öffnete die Augen und hockte sich auf eine Empore. Die vielen Menschen versammelten sich um ihn herum. Knieten sich ebenfalls nieder. Das Menschengewusel wurde immer lauter. Alle warteten ehrfürchtig auf den Segen des Mönchs.

Dante versteckte sich hinter einer großen Säule. Immer wieder lugte sein strohblonder Kopf zwischen den vergoldeten Ornamenten hervor. Er schaute sich das Treiben genau an. Wie die Menschen beteten, sich tief verbeugten und der Mönch ihnen jeweils ein Bändchen ums Handgelenk knotete. Anschließend warfen sie als Spende ein paar zerknitterte Geldscheine in eine Schüssel. Dante wartete geduldig, bis die Menschenmasse wieder zurück zu ihrem Reisebus kehrte. Dann stand er auf, ging zum Mönch, kniete sich vor ihm nieder, faltete seine Hände vor der Stirn, verbeugte sich und hielt ihm seinen rechten Arm entgegen. Der Mönch knotete ihm ebenfalls ein Bändchen ums Handgelenk. Dante bedankte sich auf Laotisch mit *»korp jai«* und faltete dabei seine Kinderhändchen erneut zur Gebetshaltung.

»Dieses Armband möchte ich nie wieder abmachen«, sagte mein Sohn zu mir, als wir den Wat Luang wieder verließen. »Nieeemals!« Dabei strahlten seine Kinderaugen so voller Lebensfreude.

In diesem Moment wurde mir bewusst, dass Dante sich trotz seiner jungen Jahre mit großer Wahrscheinlichkeit ein ganzes Leben lang an diese Begegnung mit dem Mönch erinnern würde. Wie sie gemeinsam versunken und still zu Buddha gebetet haben. Jeder auf seine eigene Art.

REDEN WIR ÜBER
das, was bleibt

Immer wieder begegnen mir folgende zwei Sätze: »Aber was haben denn kleine Kinder vom Reisen? Sie können sich doch später gar nicht mehr daran erinnern.«

Stimmt! Gehirnforscher haben herausgefunden, dass sich Kinder in der Regel erst ab drei oder vier Jahren an konkrete Dinge erinnern können. Zudem ist ihre Erinnerung zuerst eher bruchstückhaft, das bedeutet, dass sie sich nur an wenige konkrete Ereignisse in einem gewissen Raum-Zeit-Kontext erinnern können, aber nicht an das Ganze an sich. Laut wissenschaftlichen Erkenntnissen haben Kinder erst ab dem Eintritt in die Schule ein beständigeres Erinnerungsvermögen. So gesehen, muss ich den Skeptikern Recht geben. Dante wird sich niemals an seine erste Fernreise nach Bali, unseren Roadtrip durch Malaysia, seinen innig geliebten Tuk-Tuk-Fahrer Rithisak oder seinen bühnenreifen Trotzanfall unter der Sonne Nicaraguas erinnern.

Und dennoch überrascht er mich immer wieder aufs Neue. Wenn er in der hintersten Ecke seines Erinnerungsvermögens, das ja laut Gehirnforschern frühestens von seinem dritten Geburtstag an bruchstückhaft funktioniert, die lebendigsten Geschichten hervorholt, die sogar ich mittlerweile größtenteils vergessen habe.

Voller Inbrunst zeigt er mir dann zum Beispiel, wie man Pupusa macht, das Nationalgericht El Salvadors. Er klatscht in die Hände, wendet einen imaginären Fladen in der Luft und fragt mich, ob ich eine Pupusa mit Fleisch oder Käse gefüllt haben möchte. Damals in El Salvador war er zwei Jahre und acht Monate alt. Und als ich ihn neulich aus der Kita abholte, meinte er entschlossen zu mir, dass er jetzt gleich nach Kambodscha fliegen und dort Tuk Tuk fahren möchte. Eigentlich ist es unmöglich, dass er sich an seine Kambodscha-Reise erinnern kann, denn zu jenem Zeitpunkt war er ein Jahr und sieben Monate alt gewesen. Und dennoch scheint ihn das Land immer noch nachhaltig zu beschäftigen. Lange nach unserer Elternzeit auf Bali (zur Erinnerung: damals war er sieben Monate alt gewesen), reagierte Dante in Deutschland ganz wuschig auf alle asiatisch aussehenden Menschen in seiner Umgebung. Er strahlte dann über beide Ohren, wurde zappelig und hob freudig erregt seine dünnen Ärmchen in Richtung dieser Person. Ich war mir sicher, dass er sich noch gut daran erinnern konnte, dass ihn auf Bali die Menschen mit schwarzen Haaren, dunkler Haut und anders geformten Augen immer auf den Arm nahmen und herzlich knuddelten. Ich konnte klar erkennen, wie enttäuscht Dante dann war, wenn die asiatische Person neben uns in der Hamburger S-Bahn ihn nicht auf den Arm nahm. ›Aber, schau mich an! Du findest mich doch so süß, wieso nimmst du mich nicht auf den Arm???‹, so in etwa malte ich mir belustigt die Gedanken meines Kindes aus. Doch ich muss zugeben, dass mich diese Beobachtung fasziniert hat. Denn offensichtlich konnte das Bewusstsein meines Babys zwischen asiatisch und nicht asiatisch aussehenden Menschen differenzieren. Zudem stand in seiner Weltanschauung eine klare Verbindung zwischen asiatisch und auf den Arm nehmen. Faszinierend, oder?

Und dementsprechend kann ich den Skeptikern nur erwidern: Ist es tatsächlich so? Können sich kleine Kinder wirklich an rein gar nichts von ihrer Reise erinnern? Oder ist es zumindest so, dass die Begegnungen und Erlebnisse ihr Bild von der Welt nachhaltig prägen? Egal in welchem Alter?

Der kleine Weltentdecker

Täglich bekommen wir in den Nachrichten und Medien Bilder vermittelt, die uns das Gefühl geben, dass das Zusammenleben von Menschen aus unterschiedlichen Kulturen, Religionen oder Ländern schwieriger und diffuser würde. Wir sehen dunkelhäutige Menschen, die übers Meer kommen. Wir lesen von gewaltbereiten Muslimen, die einen Glaubenskrieg führen. Wir hören Meldungen über Atomwaffen und Militärübungen in einem abgeschotteten Land. Wir schauen zu, wie die einstige Idee von einem gemeinsamen Europa immer mehr in die Brüche geht. Wir hören gellende Rufe von rechtsradikalen Gruppierungen, die ihr Land für sich fordern und dem Fremden den Zutritt verwehren.

Ich habe das Gefühl, dass unser Miteinander an einem großen Problem leidet: an der Angst vorm Fremden.

Auch unsere Kinder haben oft Angst vor dem Unbekannten. Sie verstecken sich hinter unseren Beinen, wenn eine fremde Person an sie herantritt. Sie werden verlegen, wenn sie von jemandem angesprochen werden, den sie nicht kennen. Sie bleiben am Rand stehen, weil sie sich nicht trauen, auf fremde Menschen zuzugehen. Doch meist treibt sie ihre kindliche Neugier an weiterzugehen. Es liegt in ihrer unbedarften Natur, dass sie mehr sehen, erfahren und kennenlernen wollen. Dann lugen sie zwischen unseren Beinen hervor, um die fremde Person beobachten zu können. Sie behalten ihr Gegenüber genau im Blick, um den Menschen besser einzuschätzen. Und oft werden sie nach einer Weile mutiger und wagen den ersten Schritt. Sie ziehen los, um das Fremde zu entdecken, das bereits nach kurzer Zeit zu etwas Bekanntem wird, vor dem sie keine Angst mehr haben.

Das Reisen steckt voller Erlebnisse, Begegnungen und Berührungen mit der großen unbekannten Welt. Es fordert unsere Kinder, aber auch uns Erwachsene jeden Tag heraus, diesen ersten Schritt zu wagen. Das Fremde zu entdecken. Uns in einer anderen Welt zu orientieren und zurechtzufinden. Dinge und Zusammenhänge besser zu verstehen. Und vielleicht auch unser Herz in der Fremde zu verlieren. Oft werden dann aus Vorurteilen vertraute Emotionen und herzerwärmende Erlebnisse, die unsere Angst vorm Fremden in Luft auflösen.

Ich erinnere mich noch gut an den Moment, als Dante mit zehn Monaten zum ersten Mal eine Frau in Burka gesehen hat. Ich war mir sicher, dass mein Baby gleich fürchterlich anfangen würde zu weinen, weil es Angst vor dem schwarzen Schleier hatte. Fehlalarm! Er fing laut zu lachen an, weil die dunkel gekleidete Frau komische Fratzen gemacht und ihn gekitzelt hat. Das dunkle Kleidungsstück spielte keine Rolle. Wichtiger war für ihn, dass diese Frau so lustig war.

Auf unseren Reisen führte mir Dante immer wieder vor Augen, wie vorurteilsfrei er Andersartigkeit begegnet. Vielfalt ist für ihn etwas Selbstverständliches. Mit großem Interesse, unbändiger Neugier und gefühlt 100.000 Fragen entdeckt er die fremde Umgebung, macht Bekanntschaften und schließt sogar Freundschaften. Und dann wird mir immer wieder bewusst, wie viel wir Erwachsene von unseren Kindern lernen können. Und wie einfach das Zusammenleben von unterschiedlichen Kulturen, Religionen, Ländern und Menschen sein kann, wenn wir uns gegenseitig mit dieser kindlichen Haltung begegnen würden. Vorurteilsfrei und voller Neugier. Tolerant und voller Respekt.

Und es gibt noch eine weitere Lektion, die unsere Kinder und auch wir auf Reisen lernen. Wie es sich anfühlt, selbst fremd zu sein. Anders zu sein als die Menschen, die einen umgeben. Und wie sehr man sich freut, wenn die anderen Menschen an deiner Andersartigkeit Interesse zeigen und dir herzlich und unbefangen begegnen.

Ein großartiges Geschenk

Wir Eltern machen intuitiv das meiste richtig. Und das, obwohl es keine Schule oder Ausbildung zum richtigen Elternsein gibt. Dennoch tun wir Dinge, über die wir nicht großartig nachdenken oder deren pädagogischen Sinn wir nicht hinterfragen – und stellen im Nachhinein fest, dass sie goldrichtig sind. Bereits früh habe ich auf unseren Reisen mit Dante ein Ritual eingeführt: Jeden Abend vorm Schlafengehen nehmen wir uns fest in den Arm und lassen zusammen den Tag Revue passieren. »Was haben wir denn heute alles erlebt?« Mit dieser Standardfrage eröffne ich immer unser Ritual.

Als Dante noch nicht sprechen konnte, folgte er mit großen funkelnden Augen meinen täglichen Schilderungen: wo wir überall hingefahren sind, wen wir getroffen haben, was wir besonderes erlebt haben, unseren schönsten Moment oder welche Herausforderungen wir gemeinsam gemeistert haben. Ich kann mich nicht mehr genau erinnern, in welchem Land Dante anfing, ebenfalls mit in die Erzählung einzusteigen. Doch irgendwann war dieser Zeitpunkt da:

»Und dann haben wir meinen Freund Jay getroffen. Der ist ans Boot gekommen. Und dann ist er mitgefahren. Da war soooo ein großer Fisch im Wasser. Dem Fisch haben wir Brot zugeschmeißt. Und dann haben wir zusammen Chips gegessen. Und dann … «

Mein Mama-Herz macht Luftsprünge, wenn ich zuhöre, wie mein Sohn euphorisch und fantasievoll von seinen kleinen, großen Reiseabenteuern erzählt – und es ist super spannend für mich, zu erfahren, was für ihn am jeweiligen Reisetag besonders war und welche Dinge für ihn eine große Rolle gespielt haben. So lerne ich, unsere Reise und insbesondere auch die Welt mit seinen Augen zu sehen. Eine wunderbare Bereicherung, die uns als Team um Welten näherbringt!

Außerdem bin ich davon überzeugt, dass es dieses gemeinsame Ritual ist, das die Reiseerinnerung meines Kindes und auch die Erinnerungen an die unterschiedlichen Länder so lebendig hält. Auch wenn sie nur bruchstückhaft am Rande seines Bewusstseins existieren und irgendwann vielleicht völlig erlöschen. Mir ist egal, dass er sich später nicht mehr an unsere große Asienreise erinnern wird. Viel wichtiger ist es für mich, dass ihn großartige Reisemomente weiter durchs Leben begleiten werden, wie zum Beispiel seine Begegnung mit dem Mönch und das gemeinsame Beten zu Buddha. Und schließlich sind es auch diese Erlebnisse, die nachhaltigen Einfluss auf seine Weltanschauung ausüben. Sein Bild von der kunterbunten, vielseitigen und spannenden Welt prägen. Ist das nicht ein großartiges Geschenk? Vielleicht sogar eins der größten, das wir Eltern unseren Kindern mit auf ihren Weg geben können?

FÜNF DINGE, DIE ICH IN LAOS GELERNT HABE

- Das Reisen prägt langlebig die Weltanschauung unserer Kinder.
- Reisen mit Kindern eröffnet uns die Möglichkeit, die Welt mit anderen Augen zu sehen.
- Wenn man der kindlichen Neugier folgt, erlebt man die Welt aus einer neuen Perspektive.
- Der Alltag von uns Erwachsenen ist die Kindheit unserer Sprösslinge. Deswegen ist es wichtig, ihnen viele besondere Momente zu schenken.
- Fragen zu stellen erweitert unseren Horizont.

MEIN STECKBRIEF FÜR LAOS

Geeignet für: Reiseanfänger

Beste Reisezeit: November bis März

Kosten: günstig

Visum: für deutsche Staatsangehörige erforderlich, u. a. *on arrival* möglich, aktuelles biometrisches Foto notwendig; Kosten: 30 US-Dollar

Am besten fortbewegen mit: Bussen und Tuk-Tuks

Highlights mit Kindern: Bootsfahrt durch die surreale Kalksteinhöhle Kong Lor; das kleine Dorf Muang Ngoi Neua am Fluss, wo es bis jetzt noch keine Autos gibt; Delfin-Tour auf dem Mekong und natürlich die vielen Tempel

Unser schönster Moment: abgesehen von der unvergesslichen Begegnung mit dem Mönch im Wat Luang war es schön zu erleben, wie Dante in einem kleinen Flussdorf Freundschaften mit den Kindern schloss

Unsere größte Herausforderung: die holprige fünfstündige Tuk-Tuk-Fahrt von Tham Kong Lo nach Thakhek

Lieblingsorte: Muang Ngoi Neua, Tham Kong Lo, Pakse, Champasak, Don Det

Auf keinen Fall verpassen: das chillige Hängematten-Leben auf Don Det mit Blick auf den Mekong

14. Kapitel

WENN ICH GROSS BIN, WERD' ICH AUCH EIN MACHU PICCHU

- Dantes **30.** Reiseland: **Albanien**
- Dantes Alter: **4 Jahre und 2 Monate**
- ***Wohin führen unsere nächsten Reisen, bevor die Schulglocken läuten?***

»Mama, da, da!« Aufgeregt zeigt Dante auf den Kiefernwald hinter dem Fluss. »Mama, da ist Alis Esel!«, schreit er, um das laute Flussrauschen zu übertönen.

Ich muss lachen. Ali ist Dantes Kindergärtner und einer der Gründe, warum wir gerade in Albanien sind. Die Kinder in seiner Gruppe lieben Alis Geschichten. Immer wieder erzählt er ihnen, wie er als kleiner Junge aus seinem Dorf in den Bergen Albaniens auf einem Esel nach Deutschland geritten kam.

»Mama, das ist Alis Esel, oder?«, fragt mich Dante mit leuchtenden Augen.

»Ja, bestimmt«, entgegne ich meinem Sohn.

»Hallo, Alis Esel«, ruft Dante gewissenhaft in Richtung des grauen Vierbeiners mit den lustigen Ohren. Kurz vor unserer Reise nach Albanien hatte Dante nämlich seinem Kindergärtner versprochen, dass er den Esel von ihm grüßt, wenn er ihn sieht. Dante schaut noch eine Weile zum Esel. In seinem kleinen Köpfchen scheint es gerade mächtig zu rattern. Höchstwahrscheinlich kann er es immer noch nicht so recht glauben, dass er tatsächlich Alis Esel hier im Valbona-Tal in den Albanischen Alpen begegnet ist. Kurze Zeit später wendet sich Dante wieder seiner Lieblingsbeschäftigung zu: Angeln. Oder zumindest tut er so, als ob er angeln würde. Er hält einen großen Stock ins glasklare Wasser, wartet geduldig, dass endlich mal ein Fisch anbeißt, und wirft hin und wieder einen Stein in den Fluss. Platsch, platsch ... und noch mal platsch.

Ich beobachte, wie sich das Wasser geschmeidig seinen Weg an großen und kleinen Steinen im weißen Kiesbett entlang bahnt und höre dabei dem monotonen Rauschen zu. Ein paar Meter von mir entfernt verfolgt eine Eidechse aufmerksam den Flug eines zitronengelben Falters. Ihr schuppiger Körper wirkt wie erstarrt, doch ihre Augen verraten, dass sie sich gerade bereit macht, die farbenprächtige Beute zu schnappen. In der nächsten Sekunde macht die Eidechse einen großen Sprung und verpasst nur knapp ihr Ziel. Der zitronengelbe Falter fliegt davon zur nächsten Blume und dann wieder zur nächsten. Die Bergluft riecht so klar und frisch. Ich hebe meinen Blick zu den schneebedeckten Felszacken der Zweitausender, die in der Ferne so majestätisch thronen. Über den Berggipfeln kreist ein großer Adler. Dante spielt immer noch verträumt mit seiner imaginären Angelrute. Mein Mann Lars liegt mit geschlossenen Augen auf den Kiessteinen und lässt sich die Sonne ins Gesicht scheinen. Alles um uns herum wirkt so friedlich und wunderschön, fast wie in einem Märchen aus vergangenen Zeiten, in dem kleine albanische Jungs auf dem Rücken eines Esels zu großen Abenteuern aufbrechen ...

Ich lasse die Umgebung und das Naturschauspiel in sanfter Demut auf mich wirken und klammere mich an dem dargebotenen Bild fest. Dieser Moment im Kreise meiner Familie hier im ursprünglichen Valbona-Tal ist besonders. ›Einfach perfekt‹, denke ich. Ich bekomme Gänsehaut. In meiner Bauchgegend fängt es kräftig zu kribbeln an bei dem Gedanken, dass vor uns noch viele weitere Reiseabenteuer liegen. Es fühlt sich an, als ob in meiner Körpermitte Flugzeuge Loopings fliegen würden.

Was für ein Glück ich doch habe, Hand in Hand mit meinem Sohn die Welt entdecken zu dürfen. Definitiv das kostbarste Geschenk, das wir uns machen können. Doch ich weiß auch, dass dieses Glück nicht für immer anhalten wird. Klammheimlich habe ich bereits angefangen, die verbleibenden Tage zu zählen, bis für uns im Sommer 2021 die Schulglocken läuten werden. Der Beginn der Schulzeit wird das Ende unseres wilden Reiselebens bedeuten. Vorbei werden dann unsere schillernden Abenteuer sein. Doch das ist jetzt noch Zukunftsmusik. Der Moment, in dem ich Dante bis an die Türschwelle seines neuen Klassenzimmers begleiten werde, liegt noch weit entfernt. Noch haben wir die kostbare Zeit und die unbezahlbare Flexibilität, um zu reisen. Und das wollen wir auch tun! Nach Albanien fahren Dante und ich in den Kosovo und anschließend nach Nordmazedonien – und bald steht auch die nächste lange Reise an. Dante durfte diesmal entscheiden.

»Südameeerika«, rief er freudestrahlend, als ich ihn vor ein paar Wochen gefragt hatte, wohin er gerne im Winter reisen möchte.

Ich musste lachen. Schuld an seinem Südamerika-Fernweh war ein Bilderbuch über Peru, das wir gelesen hatten. Feuer und Flamme wollte Dante bei unserer damaligen Lektüre alles über die alte Kultur der Inkas wissen, die einst vom Sonnengott auf die Erde geschickt worden waren, um ein großes Reich zu gründen. Dabei inspizierte er haargenau die goldene Kopfbedeckung mit den langen Federn des abgebildeten Inkas im Buch.

Wir blätterten um, und ich las ihm etwas über die bedeutendste Sehenswürdigkeit Perus vor: »Vor über 100 Jahren entdeckten Forscher eine rätselhafte Stadt. Sie lag hoch oben in den Bergen, war umgeben von steilen Felswänden, und ihre Ruinen wurden von wilden Pflanzen überwuchert. Diese Stadt wurde vor langer, langer Zeit von einem mächtigen Inka-König erbaut, der ihr einen geheimnisvollen Namen gab: Machu Picchu.«

Dante schaute mich mit seinen riesigen Kulleraugen an, die voller Abenteuerlust zu funkeln schienen. Dann sagte er entschlossen: »Wenn ich groß bin, werd' ich auch ein Machu Picchu.«

Vier Monate lang wird es für Dante und mich nach Ecuador, Peru, Bolivien und Paraguay gehen. Lars will uns in Südamerika über Weihnachten besuchen kommen. Diesmal aber für einen ganzen Monat und nicht nur für drei Wochen, wie er es sonst immer tut. Auch mein Mann merkt, dass wir unsere verbleibende Freiheit in vollsten Zügen nutzen müssen. Auch ihm graut es davor, wenn wir unsere Reiselust und unser Fernweh den Schulferien unterordnen müssen. Deswegen versucht er neuerdings, sich mehr berufliche Freiräume zu schaffen, um uns länger auf unseren Reisen begleiten zu können. Was für ein Sinneswandel! Denn eigentlich fällt es ihm immer so schwer, sich von seiner Firma zu lösen ...

Ich beobachte, wie Dante gerade mehrere Kieselsteine aufeinandertürmt. Drei, vier, beim fünften Kieselstein fällt der Turm um. Dante startet seinen nächsten Versuch. Der Turm fällt wieder um. Doch mein Sohn lässt sich davon nicht beirren und setzt mit einer bemerkenswerten Geduld neu an.

Meine Gedanken schweifen wieder ab. ›Was wird nach unserer Reise auf den Spuren der Inkas kommen?‹, überlege ich. Oh, ich habe eine Menge Ideen. Ich träume von einer langen Reise durch Asien und Zentralasien. Sozusagen die allerletzte Reise, bevor das Kapitel Schule für uns beginnen wird. In meiner Fantasie male ich mir bereits aus, wie Dante und ich in Südostasien starten werden und uns dann mit Bussen, Zügen und Schiffen unseren Weg zurück nach Hamburg bahnen. Über China, Kasachstan, Tadschikistan, Kirgistan, Usbekistan, Aserbaidschan, Armenien, Georgien, die Türkei, Bulgarien und so weiter, um pünktlich zum Läuten der Schulglocken zurück in unserer beschaulichen Heimat zu sein.

»Ich werde euch besuchen«, sagt dann auch Lars enthusiastisch, wenn ich ihm von meinen fulminanten Reiseträumen erzähle. »Oder vielleicht bekomme ich es sogar hin, dass mich jemand in der Firma für mehrere Monate vertritt ...«

Während ich dem Rauschen des Flusses lausche, erwische ich mich bei dem Gedanken, wie unser Leben wohl anschließend aussehen wird. Wie es sich anfühlen wird, an die teuren Schulferien gebunden zu sein und unsere selbst geschaffene Freiheit am Eingang des Schulgebäudes abzugeben. Diese Fragen beschäftigen mich in der letzten Zeit immer häufiger, doch ich wische sie fort. Nicht weil ich sie krampfhaft verdrängen möchte, sondern weil ich weiß, dass für uns alle ein neues Kapitel im Leben beginnen wird. Doch jetzt ist erst mal jetzt! Noch haben wir die Möglichkeit, zu gehen, wohin uns unsere Reiselust führt.

›Ach, Fernweh ist etwas Schönes, denn es lässt uns von der weiten Welt träumen‹, denke ich.

Plötzlich taucht neben mir wieder die Eidechse auf. Ihre glitzernden Augen schauen mich neugierig an. Auch Dante hat sie mittlerweile bemerkt. Mit kleinen Schritten nähert er sich dem Reptil und mustert es genau. Auch die Eidechse macht einen Sprung auf ihn zu. Sie blicken sich beide an. Hocken da von Angesicht zu Angesicht. Einen klitzekleinen Moment. Dann dreht sich die Eidechse um und verschwindet hinterm nächsten Felsen.

Auch für uns ist es Zeit, zu gehen. Schließlich wollen wir heute noch in den Bergen wandern. Ich stehe auf und streichle Dante liebevoll über den Kopf.

»Was ist, Mama?« Mein Sohn schaut mich mit seinen großen, neugierigen Augen an.

»Nichts«, antworte ich lapidar und denke mir dabei, wie wundervoll es doch ist, in kleinen Schritten mit meinem Kind die Welt zu entdecken. Mit meinem kleinen Machu Picchu. Ein unbezahlbares Glück!

Interview: China

WELTREISE MIT EINEM SCHULPFLICHTIGEN KIND UND ZWEI GESCHWISTERN

Nicole und ihr Mann Karim hatten schon lange den Wunsch, mit ihren drei Kindern eine Weltreise zu machen. Seit zwölf Jahren fliegt die Familie jedes Jahr für mehrere Wochen nach Asien, und mit jeder Reise wurde der Drang, noch tiefer in diesen faszinierenden Kontinent eintauchen zu können, immer größer. Eines Tages saßen die beiden im Auto, sprachen über ihre zukünftigen Reisepläne, und plötzlich merkten sie, dass der Punkt gekommen war, endlich die langersehnte Reise mit ihrer mittlerweile schulpflichtigen Tochter Yara (acht Jahre) und den beiden Söhnen Ilyas (fünf Jahre) und Niam (zwei Jahre) zu unternehmen. Sie waren sich einig: Wenn nicht jetzt, wann dann? Ein paar Tage später hatten sie einen Termin in der Schule der Tochter. Das war der erste Schritt ins große Asien-Abenteuer: acht Länder in neun Monaten.

Wie genau seid ihr vorgegangen, um eure schulpflichtige Tochter von der Schule zu befreien?
Als Erstes haben wir einen Termin mit Yaras Klassenlehrerin gemacht. Wir dachten, dass sie die Hauptperson ist, und wussten, dass sie selbst ein Jahr lang gereist ist. Denn in der Waldorfschule bekommt jeder Lehrer nach acht Schuljahren ein Sabbatical. Sie fand unsere Idee von Anfang an toll und hat uns zu 100 Prozent unterstützt. Im Endeffekt hat es aber der Schulleiter genehmigt.

Welche Formalitäten musstet ihr erledigen?
An Formalitäten mussten wir lediglich ein Schreiben aufsetzen, in dem wir erklärten, was wir genau vorhatten und dass wir den Unterrichtsstoff mitnehmen werden, damit Yara nach der neunmonatigen Weltreise keinen Nachteil hätte und auch übergangslos wieder in ihre alte Klasse zurückkönnte. Das war nämlich unsere eigene Voraussetzung für die Reise.

Auf Reisen den Schulstoff pauken – klappt das wirklich?
Ehrlich gesagt, mal ja, mal nein! Es gibt Phasen, da klappt das richtig gut und auch regelmäßig, und dann gibt es aber auch wieder Phasen,

in denen wir ein paar Wochen lang nichts gemacht haben. Da aber unserer Meinung nach das Eins-zu-eins-Lernen viel effektiver ist als im Klassenraum, empfinden wir das nicht wirklich als ein Problem.

Wann habt ihr angefangen, eure Weltreise zu planen? Wie habt ihr euch vorbereitet?

Wirklich angefangen zu planen haben wir erst, als wir das schriftliche Okay von der Schule hatten. Das war im Mai 2018. Wir hatten also knapp sieben Monate Zeit zum Planen.

Als Erstes haben wir uns eine ungefähre Route überlegt, dabei hatten natürlich auch unsere Kinder ein gleichberechtigtes Mitspracherecht. Danach haben wir uns über die Visabestimmungen der jeweiligen Reiseländer grob informiert und ein One-Way-Ticket gebucht.

Hier mal eine grobe Zusammenfassung, welche Aufgaben wir vor unserer Weltreise alle erledigt haben:

Schriftlicher und behördlicher Kram:

- neue Reisepässe für alle beantragt, damit auch genügend freie Seiten zur Verfügung stehen
- Verträge gekündigt oder ruhend gestellt
- ein Inserat für die Vermietung unseres Hauses aufgegeben
- Auslandskrankenversicherung abgeschlossen
- internationalen Führerschein beantragt
- Ilyas Einschulung im kommenden Jahr beantragt (die Zusage haben wir dann in Myanmar bekommen)
- Niam im Kindergarten angemeldet (für ihn haben wir bis heute noch keinen Platz)

Persönlicher Kram:

- das Haus, so gut es ging, ausgemistet, Sachen verkauft oder verschenkt
- Abschiedsgeschenke für Schule und Kindergarten gekauft
- eine große Abschiedsparty geplant
- nach und nach alle notwendigen Sachen für die Reise gekauft

Wie finanziert ihr eure Weltreise?
Wir haben vorab einiges gespart, und mein Mann arbeitet auch immer wieder von unterwegs.

Kannst du mir einen groben Überblick geben, was euch die Weltreise kostet? Was gebt ihr durchschnittlich im Monat aus?
Da wir uns zurzeit immer noch auf unserer Weltreise befinden, kann ich das nur Pi mal Daumen abschätzen. Durchschnittlich sind wir für fünf Personen mit etwa 60 bis 100 Euro am Tag ausgekommen – an manchen Tagen sogar mit weniger. Das ist von Land zu Land verschieden und hängt auch davon ab, ob wir länger an einem Ort gewesen sind.

Hast du Tipps, wie man auf einer Weltreise mit Kindern Kosten sparen kann?
Es ist natürlich immer günstiger, wenn man lange an einem Ort bleibt, da dann die Unterkünfte meist um einiges günstiger sind. Ansonsten – was wir allerdings nicht gemacht haben – Couchsurfing oder auch mal als Volunteer arbeiten.

Was habt ihr an Gepäck dabei?
Jeder von uns (außer der Kleinste) hat einen Rucksack dabei. Zusätzlich haben wir noch Yaras Geige und einen Handgepäckkoffer dabei. Unsere Rucksäcke haben in etwa folgendes Gewicht:

- Karim: 17 Kilo
- Yara: 4 Kilo
- Ilyas: 2 Kilo
- Ich: 12 Kilo

Während der Reise haben wir auch etwas aussortiert und ein paar Klamotten – zum Beispiel die Wintersachen für China – nach Deutschland zurückgeschickt. Bei unserer nächsten Weltreise würden wir allerdings noch weniger mitnehmen.

Kannst du ein wenig von eurer Weltreise erzählen? In welchen Ländern wart ihr schon?

Wir haben unsere Reise in Thailand begonnen, um langsam anzukommen und uns einzugewöhnen. Außerdem wollte Yara gerne Muay Thai trainieren, und da gibt es auf Phuket das berühmte ›Tiger Muay Thai‹. Von Phuket aus sind wir günstig weiter nach Myanmar geflogen.

Nach einem Monat in Myanmar reisten wir über Chiang Mai in Thailand nach Pai. In Pai waren wir bereits 2016 gewesen, und wir hatten uns in dieses kleine, chillige Örtchen verliebt. Damals waren wir acht Tage dort gewesen, was für uns schon eine echt lange Zeit am Stück ist. Schon damals haben wir gesagt, dass wir, wenn wir mal eine Weltreise machen sollten, auf jeden Fall länger in Pai bleiben wollen. Das haben wir dann auch getan und waren insgesamt einen ganzen Monat dort. Anschließend sind wir über Bangkok nach Laos geflogen und dort mit dem Mietauto vom Norden in den Süden gefahren. Auf Laos hatte ich mich persönlich sehr gefreut, da es schon lange auf meiner Reisewunschliste gestanden hatte. Leider war es so gar nicht unser Land. Von Laos ging es weiter nach Vietnam – ein Land, dem ich vorab mit zwiegespaltenen Gefühlen gegenüberstand. Aber Vietnam hat uns extrem positiv überrascht, und wir alle haben dieses Land in unsere Herzen geschlossen und werden mit Sicherheit noch einmal den wunderschönen Norden bereisen. Und natürlich auch die Hauptstadt Hanoi – für mich persönlich die schönste Stadt in Asien. Nach Vietnam ging es für uns zu Fuß über die Grenze nach China. Und China hat uns in so vielen Aspekten positiv umgehauen. Wir hatten alles erwartet, aber nicht, dass das Land uns so gut gefallen würde. Die letzten drei Stationen unserer Weltreise waren dann Borneo, Bali und Nepal.

Mit China hast du mich ja gerade neugierig gemacht. Warum hat euch das Land so umgehauen?
Wir lieben es ja generell, abseits der gewöhnlichen Touristenpfade zu reisen – und genau das haben wir in China gefunden. Außerdem sind die Menschen in China unglaublich offen und liebevoll, die gewaltige Natur ist beeindruckend und natürlich auch die Kultur sehr interessant. Nicht zu vergessen die super spannende Großstadt Kunming und die tollen Unterkünfte, die ohne Ausnahme traumhaft schön, urig und traditionell waren.

Wie waren vorab deine Erwartungen an China? Welche Vorstellung hattest du von China? Und wie sah dann die Realität aus?
Ehrlich gesagt, hatten wir China eigentlich aufgrund unserer Vorurteile von unserer Reiseroute gestrichen. In Thailand und Laos hatten wir so viele chinesische Reisegruppen angetroffen, die unsere Lust auf China nicht unbedingt gefördert haben. Außerdem hatten wir auch ein wenig Angst vorm Essen in China. Wir sind nämlich alle Vegetarier, und in unseren Köpfen schwirrten Bilder von gebratenen Enten, die kopfüber am Straßenrand hängen – oder auch von Hühnerfüßen, Schweinenasen und gebratenen Affen. Und wir hat-

ten auch Befürchtungen bezüglich der Mentalität der Chinesen, da man ja oft so einiges hört.

Zum Glück siegte dann unsere Neugier. Die Realität, die uns in China – oder besser gesagt in der südwestlichen Provinz Yunnan – begegnete, sah so anders aus als unsere Vorurteile und was wir zuvor alles über China gehört haben. Die Menschen sind unglaublich hilfsbereit, obwohl sie zu 98 Prozent kein Englisch sprechen. Nie haben wir uns unwillkommen oder unsicher gefühlt. Im Gegenteil: Wir wurden sehr oft zum Tee eingeladen. Und das Essen ist gar nicht mal so schlecht. Vegetarier müssen in China keine Angst haben zu verhungern, denn in den Restaurants gibt es viel Gemüse. Wir haben dann einfach immer auf die Zutaten gezeigt, die wir haben wollten. Und schon wurde für uns das Essen frisch zubereitet.

Deine Tochter Yara war für einen längeren Zeitraum in einem Shaolin-Tempel. Kannst du uns davon erzählen? Was hat sie da gemacht?
Yara macht seit ihrem dritten Lebensjahr Kung-Fu, und es ist schon lange ihr Traum gewesen, einmal in einem echten Shaolin-Tempel Kung-Fu zu trainieren. Diesen Wunsch konnten wir ihr dann in China endlich erfüllen.

Im Shaolin-Tempel kann grundsätzlich jeder trainieren. Die meisten Schüler bleiben mindestens einen Monat, viele auch bis zu einem Jahr. Sie leben dann im Tempel. Die Woche sieht so aus: Morgens steht man früh auf, nimmt an buddhistischen Zeremonien teil, meditiert, und anschließend werden verschiedene Arten des Kung-Fus und auch Tai-Chis trainiert. Am Mittag und Abend essen die Schüler zusammen mit den Mönchen im Tempel. Yara war die jüngste Schülerin und hat insgesamt zehn Tage im Shaolin-Tempel trainiert. Wir haben sie morgens um 8 Uhr zum Tempel gebracht und abends um 17:30 Uhr wieder abgeholt. Während ihrer Ausbildung hat sie eine neue Kung-Fu-Form gelernt, die sie in einer Abschlussperformance im Tempel vorgeführt hat. Außerdem hat sie dort viele Erfahrungen und Erlebnisse für ihr weiteres Leben mitgenommen und wundervolle Freundschaften geschlossen. Am liebsten wäre sie viel länger dortgeblieben.

Was waren eure Highlights in China?

Es gab wirklich nichts, was nicht ein Highlight war. Aber unsere Favoriten waren:

- der Shaolin-Tempel für Yara
- Yuanyang mit seinen unsagbar schönen Reisterrassen
- Shaxi, die uralte Karawanenstadt, in der wir uns vorkamen wie im Mittelalter
- Kunming, die Sieben-Millionen-Metropole, in der man sich aber vorkam wie in einer normalen Stadt
- Dali mit seiner tollen typisch chinesischen Altstadt
- Shangri-La und das tibetische Hochland
- der Tacheng-Nationalpark mit den lustigen Nasenaffen
- der Balagezong-Nationalpark, einfach wunderschön

Und was war nicht so schön?

Nichts!

China mit Kindern – dein Fazit?

Unbedingt machen. Die Chinesen in Yunnan sind so unglaublich kinderlieb, und nirgendwo in Asien habe ich so viele tolle Spielplätze gesehen.

Plant ihr noch eine Reise nach China? Und wenn ja, wohin würdet ihr gerne das nächste Mal reisen?
Auf jeden Fall. Dann möchten wir gerne wieder nach Shangri-La und noch weiter nördlich und dann mit dem Zug nach Tibet. Und Yara möchte für eine längere Zeit in den Shaolin-Tempel.

Was denkst du, was haben deine Kinder von der Reise mitgenommen?
So einiges – und jedes Kind auf seine eigene Art und Weise ...

Yara hat vor allem ihre einmaligen Erfahrungen im Shaolin-Tempel mitgenommen. Außerdem wird sie auf Bali für zwei Wochen zur Schule gehen. Und dann hat sie natürlich ihr Englisch extrem verbessert und sich zu einer besonders weltoffenen Person entwickelt.

Ilyas hat ebenfalls etwas Englisch gelernt. Er ist unser kleiner Freigeist und sehr familienbezogen und genießt daher vor allem die intensive Familienzeit. Außerdem liebt er es, draußen zu spielen.

Unser zweijähriger Niam ist vor allem emotional gewachsen und kann sowohl Tempel und Moscheen als auch Buddha und Ganesha voneinander unterscheiden und weiß zum Beispiel, dass man in einem buddhistischen Tempel im Uhrzeigersinn gehen muss. Niam ist unser kleiner wilder Mogli, der gerne nackt durch den Garten läuft oder auf dem Tisch tanzt. Allerdings glaube ich auch, dass es für ihn von uns fünf am schwierigsten sein wird, diese Freiheit in Deutschland wieder aufzugeben.

Und *last but not least* bin ich mir sicher, dass die Weltreise unsere drei Kinder als Geschwister um ein großes Stück näher zueinander gebracht hat.

Hast du schon eine Idee, wohin es nach eurer Weltreise als nächstes gehen wird?
Ja, im Oktober nach Marokko in die Wüste.

NICOLES STECKBRIEF ZU CHINA (PROVINZ YUNNAN)

Geeignet für: Reiserfahrene bis Reiseprofis

Beste Reisezeit: Mai bis Juli

Kosten: Unterkünfte günstig, Essen günstig, Transport teuer (ungefähr deutsches Preisniveau)

Visum: Wir haben unser Visum im chinesischen Konsulat in Hanoi beantragt. Es galt 30 Tage. Wir haben es dann unproblematisch in Dali um weitere 30 Tage verlängert.

Am besten fortbewegen mit: Zug

Highlights mit Kindern: eigentlich alles

Unser schönster Moment: Als wir nach unserer ersten Zugfahrt in Kunming angekommen sind und der Aufzug in den neunten Stock kaputt war. Ich hatte meinen Rucksack auf dem Rücken und Niam in der Trage, hinter mir im Treppenhaus ging ein Mann, der mir gleich angeboten hatte, meinen Rucksack hochzutragen. Auf einmal tippte er mir von hinten auf die Schulter und deutete auf meine Schuhe – mein Schnürsenkel war offen. Ich wollte mich bücken, aber er hielt mich fest, kniete sich nieder und machte meinen Schuh zu. Ich war so überwältigt und gerührt von dieser Geste, so etwas hatte ich noch nie und nirgends zuvor erlebt.

Unsere größte Herausforderung: das erste Mal ein Zugticket am Bahnhof kaufen

Lieblingsorte: Yuanyang, Jianshui, Kunming, Dali, Shaxi, Shangri-La

Lieblingsessen unserer Kinder: Dumpling und Reis mit Erdnüssen

Auf keinen Fall verpassen: die Menschen in Yunnan

WELTREISE MIT SCHULPFLICHTIGEN KINDERN

Das musst du vorher beachten:

- Plane nur grob, denn meist kommt sowieso alles anders, als geplant.
- Ich würde beim nächsten Mal weniger Gepäck mitnehmen, schließlich kann man Klamotten immer nachkaufen.
- Vergiss nicht, dich vorab zu freuen. Denn die Vorfreude auf eine Reise ist einfach wunderschön.

Nicoles drei Reisetipps für eine Weltreise:

1. Unsere nützlichsten Reiseutensilien: Schweizer Taschenmesser, zwei Tupper-Dosen, Barfußschuhe (sowohl zum Klettern als auch fürs Wasser), Bite Away (gegen Insektenstiche)
2. Nimm genügend Passfotos mit (Visa).
3. Notiere die wichtigsten Daten der Pässe in einer Datei, damit du bei Buchungen von Flügen oder sonstigem nicht immer wieder in jeden einzelnen Pass reinschauen musst (bei fünf Personen schon echt lästig), sondern die Daten nur kopieren brauchst.

Das muss bei uns immer mit: Babytrage, Moskitonetz

Besser nicht: zu viele Anziehsachen

Ein weiteres Highlight auf unserer Weltreise: die Menschen in Myanmar; die Halong Bay, Hanoi und der Norden Vietnams

Über Nicole Lazrak

Ich bin 38 Jahre alt und eigentlich gelernte Rechtsanwaltsfachangestellte. Durch meine drei Kinder bin ich seit 2010 in Elternzeit. Meine erste Fernreise machte ich mit meiner Mama, da war ich 15 Jahre alt, und es ging nach Costa Rica. Meinen Mann musste ich zu seiner ersten Asienreise fast ›zwingen‹, aber ich wusste, dass er es lieben wird. Seitdem sind wir jedes Jahr in Asien. Ich bin seit meinem zwölften Lebensjahr Vegetarierin.

Nachwort

IN HAMBURG SAGT MAN TSCHÜSS

Wir haben es geschafft. Lieber Leser, liebe Leserin, in diesem Buch sind wir gemeinsam um die Welt gereist, haben uns unserer Reiselust hingegeben, sind unserem Fernweh gefolgt, haben die kühnsten Abenteuer erlebt und die weite Welt entdeckt. Und dafür möchte ich dir vom ganzen Herzen danken. Danke, dass du ein Teil dieser Reise warst. Ich hoffe, dass es mir gelungen ist, dir zu zeigen, dass Reisen mit Kindern nicht nur machbar, sondern ein besonderes Abenteuer sind – man muss sich nur trauen und den ersten Schritt wagen, der Rest ergibt sich dann von selbst. Und wer weiß, vielleicht habe ich es auch geschafft, in dir die Entdeckerlust zu wecken, dich zu inspirieren oder deine Reiseleidenschaft zu entfachen.

Was denkst du? Bist du bereit für dein Reiseabenteuer gemeinsam mit der Familie? Egal wohin und für wie lang. Egal ob als Pauschaltourist oder Backpacker, möchtest auch du deinen Kindern zeigen, wie faszinierend die Welt da draußen ist? Dann mach es!

Wenn du dir bei der Entscheidung, Vorbereitung oder Konkretisierung deiner Urlaubspläne mehr Input wünschst, dann schau doch gerne auf meinem Blog www.mami-bloggt.de vorbei. Dort findest du eine Menge weiterführende Informationen, Tipps und Fotos zu allen möglichen Reisethemen sowie zu den jeweiligen Ländern, die Dante und ich gemeinsam bereist haben. Und natürlich möchte ich dir an dieser Stelle unbedingt mein anderes Buch *Wie Buddha im Gegenwind* sowie meinen Instagram-, meinen YouTube-Channel und meinen Reisepodcast wärmstens empfehlen. Außerdem kannst du dir auf der Seite www.mami-bloggt.de/fotos-wenn-ich-gross-bin-werd-ich-auch-ein-machu-picchu ganz viele Fotos zu den jeweiligen Reisegeschichten aus diesem Buch anschauen.

Falls du noch weitere konkrete Fragen haben solltest oder dich mit mir austauschen möchtest, dann kontaktiere mich doch gerne über Instagram und Co. oder schreibe mir eine Mail an mami.bloggt@yahoo.de – ich freue mich auf dich! Und ja, du darfst mir wirklich *jede* Frage stellen! Bitte hab Verständnis dafür, falls ich nicht sofort antworten sollte. Das liegt entweder daran, dass sich die Arbeit auf meinem Schreibtisch meterhoch türmt oder ich mich gemeinsam mit meinem Sohn irgendwo auf dieser weiten Welt herumtreibe. Dennoch werde ich nach bestem Wissen und Gewissen alle Nachrichten und Fragen beantworten. Großes Mama-Backpacker-Ehrenwort.

Und wer weiß, vielleicht schickst du mir dann ein Urlaubsfoto von deiner Familienreise, oder du markierst mich in deinem Post oder verwendest den Hashtag #wennichgroßbinwerdichaucheinmachupicchu bei Instagram, in deinen Storys oder auf anderen Social-Media-Kanälen ... Ich würde mich megamäßig freuen.

Viel Spaß beim Träumen, Planen und Reisen!

Tschüss. Auf Wiedersehen. Und bis bald.

Deine Gabriela

Anhang

FRAGEN, DIE ICH HÄUFIG GESTELLT BEKOMME

Auf ihrem Weg von der Entscheidungsfindung bis zur Realisierung ihrer Reisepläne beschäftigen sich Eltern mit vielen Fragen, und manche Mutter, mancher Vater wendet sich damit an mich. Bist du neugierig, welche Fragen das sind? Dann lass uns eine reiselustige FAQ-Runde starten. Hier findest du die Fragen, die ich am häufigsten gestellt bekomme, und meine typischen Antworten.

Was sind die größten Herausforderungen auf einer Reise mit Kind?
Ich weiß, dass viele Eltern davon ausgehen, dass eine Reise mit Kind, vor allem eine Fernreise, total anstrengend ist. Oft zerbrechen sie sich vorab den Kopf: ›Wie sollen wir nur den langen Flug überstehen? Was soll unser Kind im Urlaub essen? Und was machen wir, wenn es auf der Reise krank wird?‹ Doch wenn sie dann vor Ort sind, erkennen sie fix, dass sie sich im Vorfeld viel zu viele Gedanken gemacht haben. In der Regel passen sich Kinder den neuen Bedingungen schnell an.

Die meisten tatsächlichen Probleme sind eher banaler Natur. So finde ich zum Beispiel das Gepäck am anstrengendsten. Vor allem wenn man allein mit Kind reist, wie ich es oft tue. Dann muss man in vielen Situationen sowohl das Gepäck als auch das Kind managen – und womöglich noch ein Busticket organisieren. Zugegeben, das ist manchmal ganz schön schweißtreibend. Aber ich finde, dass man sich daran gewöhnt und schnell eine Routine entwickelt.

Wie sieht es mit der medizinischen Vorsorge und Impfungen aus? Und wie schützt du dein Kind vor Mücken?
Ich informiere mich vor jeder Fernreise auf den Seiten der Deutschen Gesellschaft für Tropenmedizin und internationale Gesundheit e. V. und des Bernhard-Nocht-Instituts. Im Zweifelsfall hole ich noch weiteren Rat bei unserem Kinderarzt oder konsultiere einen Facharzt für Reise- und Tropenmedizin, ob vielleicht zu den Standardimpfungen noch andere Impfungen notwendig sind, wie zum Beispiel eine Gelbfieberimpfung. Außerdem nehme ich insbesondere in exotische Länder eine gut ausgestattete Reiseapotheke mit – auch wenn das ordentlich Zusatzgewicht bedeutet

Um meinen Sohn effektiv vor Mücken zu schützen, habe ich mehrere Tricks: Ich verwende einen guten Repellent gegen Insekten, trage zusätzlich punktuell Nelkenöl (diesen super wirksamen

Tipp habe ich mal von einer Apothekerin bekommen) und bei Bedarf auch Kokosöl auf. In kritischen Regionen macht lange, leichte Kleidung vor allem abends Sinn – und auch ein eigenes Moskitonetz kann nicht schaden. Außerdem mache ich in den Tropen nachts die Klimaanlage an, denn so wird die Lufttemperatur gesenkt, was den Mücken überhaupt nicht gefällt. Doch Vorsicht, dann besteht natürlich ein gewisses Risiko, sich zu erkälten. Deswegen ziehe ich meinem Sohn immer einen langen Schlafanzug an.

Ich bin nicht besonders reiseerfahren. Was meinst du, was sollte ich bei der Wahl unseres Urlaubszieles beachten?

Die oberste Regel ist, wähle dein Urlaubsziel so aus, dass du dich mit der Wahl auf jeden Fall wohlfühlst. Wenn du zum Beispiel panische Angst vor Insekten hast, dir Hitze zu schaffen macht oder du großen Wert auf Hygiene legst, dann wirst du mit großer Wahrscheinlichkeit in vielen Regionen der Tropen nicht unbedingt glücklich. Achte also darauf, dass das Land gut zu deinen und den Bedürfnissen der ganzen Familie passt.

Außerdem solltest du dich grundsätzlich mit folgenden Fragen auseinandersetzen: Wie gut ist der hygienische und medizinische Standard vor Ort? Wie hoch ist das Malariarisiko, und welche Regionen sind vor allem betroffen? Gibt es andere bedenkliche Tropenkrankheiten? Wann ist die beste Reisezeit für die jeweilige Destination? Wie gut ist die Infrastruktur? Wie sieht es mit der Sicherheitslage aus? Gelten die üblichen Sicherheitshinweise? Oder wird vor politischen Unruhen, hoher Kriminalität oder möglichen Naturkatastrophen gewarnt? Ist das Reiseziel auch für Einsteiger – also nicht so Reiseerfahrene geeignet? Oder doch eher für Profis?

Wie viel Gepäck braucht man wirklich auf einer Reise mit Kind? Und welche Gepäckstücke empfiehlst du?

Das kommt darauf an, was für eine Art von Reise du machst, ob du rumreist und wenn ja, wie du dich fortbewegst. Bei einem Pauschalurlaub, in der Ferienwohnung oder mit dem Mietwagen ist es im Grunde egal, wie viel Gepäck man als Familie mitnimmt. Obwohl natürlich auch hier gilt: je weniger, desto mehr Entlastung! Wenn du allerdings das jeweilige Land individuell mit öffentlichen Verkehrsmitteln oder als Backpacker bereist, dann freust du dich über jedes überflüssige Kilo, das zu Hause geblieben ist.

Ob du drei Wochen oder gar ein halbes Jahr unterwegs bist, spielt bei der Menge des Gepäcks keine großartige Rolle. Ich empfehle generell, Kleidung für höchstens eine Woche einzupacken. Das reicht absolut! Ich packe sogar nur Kleidung für vier bis fünf Tage ein. Denn in den meisten Ländern kann man entweder vor Ort waschen lassen, eine Waschmaschine nutzen, oder man wäscht selbst mit der Hand. Das mache ich fast immer. Für die Handwäsche kann ich dir Gallseife empfehlen. Was für ein Fleckenwunder! Außerdem reise ich immer mit einem großen Rucksack, denn so habe ich stets beide Hände frei und kann mich besser um meinen Sohn kümmern. Als Handgepäck habe ich noch einen kleinen Rucksack und einen Beutel für Essensproviant dabei. Seit mein Sohn zweieinhalb Jahre alt ist, trägt er einen eigenen Kinderrucksack mit Spielsachen – vorher hatte er einen kleinen Ziehkoffer.

Hast du ein bestimmtes System beim Packen?

Ich packe alles in sogenannte Packing Cubes, auf Deutsch Packwürfel. Das sind rechteckige Beutel aus Kunststoff, die das Packen erleichtern, weil im Rucksack oder Koffer alles übersichtlich angeordnet ist – und wer einmal mit Packing Cubes gereist ist, möchte nie wieder ohne unterwegs sein. In einen Packing Cube kommt die Kleidung meines Kinds und in einen anderen meine eigene hinein. Dann habe ich einen kleinen Packing Cube für Unterwäsche, Socken, Badesachen und Co., und in einen großen kommen dann noch die dickeren Sachen rein wie Mikrofaserhandtuch, Strandtücher, Jacken und Hosen. Außerdem rolle ich die Kleidung, das spart enorm viel Platz, und die Anziehsachen zerknittern nicht so schnell. Die restlichen Dinge, wie zum Beispiel Reiseapotheke, Ladekabel etc., packe ich dann in durchsichtige Beutel. So kann ich immer auf einen Blick sehen, wo was ist, und nichts fliegt lose im Gepäck rum.

Was lässt du grundsätzlich zu Hause? Was bekommt man überall?

Es gibt viele Dinge, die man nicht wirklich braucht und die nur unnötigen Ballast darstellen. Windeln und Feuchttücher zum Beispiel kann man fast in allen Ländern kaufen. Deswegen nehme ich in der Regel einen Windelvorrat für eine Woche mit, den Rest kaufe ich dann vor Ort, auch wenn Windeln in den meisten Ländern teurer als in Deutschland sind. Das spart aber enorm Gewicht. Bei Milchpulver würde ich allerdings vor allem bei Reisen in asiatische, südamerikanische oder afrikanische Länder empfehlen, einen großen Vorrat mitzunehmen, da es dort in der Regel schwieriger ist, Milchpulver ohne Zucker zu bekommen. Auch beim Thema ›Spielsachen‹ fürs Kind versuche ich minimalistisch zu packen, denn erfahrungsgemäß ist der Nachwuchs auf Reisen eh mit viel interessanteren Dingen beschäftigt. Deswegen sind zum Beispiel ein paar Autos, zwei bis drei Bücher, Malsachen, ein kleiner Ball, Duplo-Steine, magnetische Bausteine oder ähnliches absolut ausreichend. In puncto Kosmetika spare ich tatsächlich sehr viel Gepäck. Denn bei mir bleiben Duschgel und Shampoo immer zu Hause, auch wenn wir für mehrere Monate unterwegs sind. Stattdessen nehme ich festes Shampoo mit und verwende es für Haare und den ganzen Körper – auch bei meinem Sohn. Festes Shampoo wiegt zirka 100 Gramm und ist extrem ergiebig, sodass wir zu zweit mit einem Stück meistens zwei Monate auskommen! Bodylotion, Gesichtscreme, Schminke, Stylingprodukte für die Haare kommen bei mir eh nicht großartig mit – und wenn doch, dann fülle ich sie in kleinen Behältern ab.

Soll ich einen Kinderbuggy mitnehmen? Oder lieber nur eine Trage?

Beim Thema ›Kinderbuggy‹ scheiden sich die Geister. Viele Eltern nehmen keinen Buggy mit, weil für sie das Fahrgestell zusätzlichen Ballast bedeutet und es wirklich viele Orte auf der Welt gibt, wo man mit einem Buggy einfach nicht weiterkommt. Dennoch hat unser Kinderbuggy uns überallhin begleitet – und ich habe es auf keiner Reise bereut. Selbst in Südamerika nicht, wo Dante schon auf seinen fünften Geburtstag zusteuerte. Dante ist generell ein gehfaules Kind. Laufen, Fangenspielen und Klettern findet er super, aber Gehen ist für ihn »laaangweilig«. Deswegen würde ich ohne Buggy kaum etwas mit ihm erkunden oder sehen können. Dank unseres Buggys sind wir von morgens bis abends unterwegs – und manchmal schläft Dante noch drin.

Mittlerweile bin ich geübt darin, einen Buggy auch über katastrophale Straßen zu manövrieren. Außerdem kann man in einem Buggy gut weitere Dinge transportieren. Wenn wir herumreisen, klemme ich ihn mir zusammengeklappt einfach in die linke Armbeuge, und wenn wir wo sind, wo es absolut keinen Sinn macht, mit einem Buggy unterwegs zu sein, dann bleibt er halt in der Unterkunft.

Außerdem habe ich immer eine gute Trage dabei, denn wenn es die Situation mal erfordert, trage ich meinen Sohn immer noch auf dem Rücken. Andere Eltern schwören wiederum auf Kraxen, die ich persönlich allerdings sperrig finde.

Planst du deine Reisen mit deinem Sohn vor, also zum Beispiel die Reiseroute? Oder buchst du die Hotels vorab?
Nein und noch mal nein. Ich plane nie meine Reisen vor, zumindest meine Fernreisen nicht. Ich buche eigentlich nur den Flug, die ersten zwei bis drei Übernachtungen am Ankunftsort, und das war's. Der Rest ergibt sich immer von selbst. Und das finde ich persönlich auch gut so, denn während unserer Reisen komme ich mit anderen Backpackern ins Gespräch, und dann entscheide ich spontan, wo es als nächstes hingeht. Dementsprechend kurzfristig buche ich die Unterkünfte. Oft erst einen Tag vorher oder gar im Bus oder Zug, wenn ich mir zu 100 Prozent sicher bin, dass wir tatsächlich am selben Tag am gewünschten Ziel ankommen. Hierfür kaufe ich mir immer im jeweiligen Land eine SIM-Karte, damit ich überall Internet habe und flexibel bin – das ist praktisch meine erste Amtshandlung, wenn ich in einem neuen Land ankomme.

Ich weiß, dass sich bei Weitem nicht alle Eltern mit so einer spontanen Art des Reisens wohlfühlen würden. Vielen Eltern gibt es die notwendige Sicherheit, zu wissen, wie genau die Route ihrer Rundreise aussehen wird und wo sie übernachten werden. Und das ist absolut legitim. Jeder muss für sich selbst entscheiden, wie er sich am wohlsten fühlt.

Wie war eigentlich deine Art zu reisen, bevor dein Sohn zur Welt kam?
Ganz ehrlich? Genauso wie jetzt mit Kind. Ich persönlich bin kein Freund von Pauschalurlauben, auch wenn ich diese Art des Reisens keineswegs verurteile, aber die ganze Zeit in einem Hotel zu verweilen und tagelang faul am Strand zu liegen ist halt nicht mein Ding. Vielmehr liebe ich es – und mein Kind glücklicherweise auch –, mit dem Rucksack von einem spannenden Ort zum nächsten zu ziehen. Allerdings war mir vorm Muttersein nicht klar, dass ich mit Kind

so weiterreisen könnte. Doch mein Sohn hat mir bewiesen, dass es geht – und dass mit Kindern viel mehr möglich und machbar ist, als wir Erwachsenen oft denken. Außerdem wachsen Eltern bekanntermaßen mit ihren Herausforderungen.

Gibt es etwas, wovor du auf deinen Reisen Angst hast?
Oh ja, natürlich! Ich habe zum Beispiel panische Höhenangst, auf kleinen Booten auf dem Meer wird mir immer ganz schwummrig, und außerdem habe ich Angst, dass wir etwas Wichtiges verlieren, ausgeraubt werden oder Dante ernsthaft krank wird. Dennoch versuche ich, diesen Ängsten nicht allzu viel Raum zu gewähren, denn: Angst ist ein schlechter Reisebegleiter. Statt mich also mit unterschiedlichen Szenarien, was alles passieren könnte, verrückt zu machen, höre ich lieber auf mein Bauchgefühl, halte überall die gängigen Sicherheitsmaßnahmen ein und reise zudem mit viel Respekt und offenen Augen durch die Welt.

Meistens reist du mit deinem Kind alleine. Ist der Papa nicht traurig? Und vermisst er sein Kind nicht?
Natürlich ist mein Mann traurig. Und jedes Mal muss ich den passenden Zeitpunkt abwarten, wann genau ich ihm von meinen weiteren Reiseideen erzähle. Aber mein Mann kennt meine Reiselust nur zu gut, weiß, wie sehr auch unser Sohn das Reisen liebt – und im Grunde würde er auch gerne so viel auf Reisen sein, wenn er die beruflichen und zeitlichen Möglichkeiten hätte. Deswegen gibt er uns – nach anfänglichem Knurren und Brummen – seinen Segen. Via Skype und WhatsApp lassen wir ihn dann täglich an unseren Reisen teilhaben. Und auf längeren Reisen kommt er uns zwischendurch besuchen, so muss er nicht zu lange am Stück auf Dante verzichten.

Wie sorgst du dafür, dass deinem Kind auf den langen Flügen oder Busfahrten nicht langweilig wird?
Manchmal habe ich das Gefühl, dass Dante die langen Flüge und Busfahrten viel besser wegsteckt als ich. Der entscheidende Punkt ist, dass mein Sohn aktuell noch gar kein Gefühl für Zeit hat – und ihm vorab nicht bewusst ist, wie lange beispielsweise ein Flug nach Mittelamerika oder Kambodscha tatsächlich dauert. Bevor wir also in einen Flieger steigen, habe ich immer die Flugzeit im Kopf, er nicht. Für ihn ist es viel aufregender, dass so viele Flugbegleiterinnen ihm Aufmerksamkeit schenken, das Entertainment-Programm ist ja auch spannend – und oft sind auch andere Kinder im Flugzeug, mit denen man sich über mehrere Reihen hinweg unterhalten kann. Außerdem ist Dante das ständige Herumreisen von klein auf gewohnt, und er liebt es, mit jeglicher Art von Transportmitteln unterwegs zu sein. Sogar mit Bussen! Erst schaut er aus dem Fenster, schläft, isst, spielt, turnt auf mir rum, unterhält sich mit den Sitznachbarn – und schon ist eine achtstündige Busfahrt durch Südamerika vorbei. Unsere längste Busfahrt am Stück war tatsächlich 28 Stunden lang! Von Hanoi in Vietnam nach Luang Prabang in Laos. Mich konntest du nach der Busfahrt in die Tonne treten. Dante wollte gleich noch mit einem anderen Bus weiterfahren. Obwohl: Wer die vietnamesischen *Sleeper Buses* tatsächlich kennt, kann vielleicht nachvollziehen, dass Dante noch weiterfahren wollte. Diese Busse sind nämlich echt die allerbesten, die ich kenne.

Wie steckt dein Kind den Jetlag und die Klimaveränderungen weg?
Ähnlich wie bei den langen Fahrten, besser als ich. Vor allem auf Fernreisen nehmen wir uns sowieso Zeit zum Ankommen und Akklimatisieren – und gehen alles mit der notwendigen Ruhe an. Spätestens nach zwei Tagen ist der Jetlag überwunden, und wir sind

in der neuen Zeitzone angekommen. Wenn es für uns in tropische Gefilde geht, dann haben wir beide kaum Probleme mit den klimatischen Veränderungen, sondern freuen uns eher, dass wir jetzt endlich mit ausreichend Sonnenschutz unsere Runden im Pool drehen können.

Du bist mit deinem Kind mindestens sechs Monate im Jahr auf Reisen. Arbeitest du von unterwegs? Und wie finanzierst du eigentlich die ganzen Reisen?
Während unserer Reisen arbeite ich weiter, aber reduziert, zwischen zehn und 15 Stunden in der Woche. Klar muss weiterhin Geld aufs Konto fließen, denn das Reisen kostet, und zu Hause habe ich eine Menge Rechnungen, die mein Mann und ich uns teilen. Außerdem habe ich ein paar feste Kunden, für die ich mein monatliches Pensum das ganze Jahr über abarbeite – egal wo ich mich gerade befinde. Dennoch versuche ich nach Möglichkeit weniger zu arbeiten als zu Hause, denn schließlich will ich die gemeinsame Zeit mit meinem Kind genießen. Außerdem bin ich ja auf Reisen, um neue Geschichten, Fotos und Videos für meine Arbeit und Projekte zu sammeln, um damit wieder Geld zu verdienen.

Viele gehen davon aus, dass ich einen gut verdienenden Mann zu Hause habe, der mein kostspieliges Hobby finanziert. Dem ist nicht so! Ich bezahle unsere ganzen Reisen zu 100 Prozent von meinem eigenen Geld. Obwohl wir in der Regel sparsam reisen, muss ich oft an mein Konto ran, aber das ist für mich okay, denn für mich ist Reisen die beste Investition im Leben. Dafür versuche ich in Deutschland, bescheiden zu leben. Mein Mann hat zum Beispiel nur ein Firmenauto, das er unter der Woche immer braucht, und ich bringe dementsprechend meinen Sohn bei Wind und Wetter (auch im Winter!) mit Fahrrad und Anhänger zur Kita.

Gibt es Länder, in die du dich mit deinem Kind noch nicht getraut hast? Und warum nicht?
Diese Länder gibt es auf jeden Fall. Indien ist zum Beispiel so ein Ziel. Warum ich mich da bis jetzt noch nicht hingetraut habe? Weil ich einen extremen Respekt (übrigens habe ich den vor jeder Reise, egal wohin) vor diesem Land habe. Ich habe schon viel über Indien gelesen und weiß, dass die meisten Menschen das Land entweder lieben oder es hassen oder eine gewisse Hassliebe entwickelt haben. Zu welcher Fraktion ich gehören könnte, weiß ich nicht, aber ich bin mir sicher, dass ich das Abenteuer Indien irgendwann wagen werde.

Außerdem ist Afrika auf meiner persönlichen Weltkarte noch ein weitgehend unentdeckter Kontinent. Bis jetzt war ich nur einmal in Gambia. Ähnlich wie bei Indien habe ich vor dem afrikanischen Kontinent einen riesigen Respekt, dennoch bin ich mir sicher, dass mein Sohn und ich uns trotzdem irgendwann dorthin trauen werden. Ach ja, Iran, China und die Mongolei sind auch solche Respekt-Länder, die trotzdem auf meiner Bucket List stehen.

Was wirst du machen, wenn dein Kind schulpflichtig wird?
Die schlimmste Frage, die du mir stellen kannst! Klar graut es mir vor dem Sommer 2021, in dem für uns die Schulglocken läuten und die großen Reisefreiheiten vorerst vorbei sein werden. Dennoch gehört die Schule zum Leben mit Kindern dazu – und natürlich möchte ich auch für Dante, dass er gemeinsam mit seinen Freunden zur Schule geht. Denn Schule ist für seine Entwicklung und das weitere Leben genauso wichtig wie das Reisen. Mal schauen, ob ich versuchen werde, meinen Sohn für ein paar Monate beurlauben zu lassen – das weiß ich noch nicht. Schließlich gibt es auch die Sommerferien, in denen es zwar fast überall teuer ist, wir aber wenigstens ein paar Wochen lang Zeit haben werden, weiterhin die Welt zu entdecken.

INSIDER-WISSEN TO GO

Hat dich die Reiselust gepackt? Möchtest du dein Fernweh mit deiner Familie stillen? Dann habe ich noch eine Menge geballtes Insider-Wissen und Profitipps für dich.

Alles beginnt mit den entscheidenden Fragen …

Im Laufe dieses Buches habe ich meine Haupt-Message mehrmals wiederholt: Es gibt eine vielfältige Bandbreite an Möglichkeiten, seine Familienreise zu gestalten. Zusammen mit Kindern ist viel mehr möglich, als wir Erwachsenen oft denken. Dennoch ist es wichtig, dass sich Eltern mit ihrer Entscheidung für eine Art zu reisen und ein Reiseziel wohlfühlen. Manche Eltern haben ein größeres Sicherheitsbedürfnis, andere sind total erholungsbedürftig und bevorzugen den All-inclusive-Urlaub am Strand. Wieder andere lieben das nicht kalkulierbare Abenteuer, packen den Rucksack, schnallen das Baby in der Trage an und erkunden auf eigene Faust exotische Länder. Beim Reisen mit Kindern gibt es kein klares Richtig oder Falsch, Passend oder Unpassend. Und wie auch immer deine Vorstellung einer gelungenen Familienreise aussehen mag, wichtig ist, dass du dir deine eigenen Bedürfnisse, Interessen und Präferenzen bewusst machst – und dementsprechend deine Reise konzipierst. Oft hilft es, sich Klarheit zu verschaffen, welcher Reisetyp man eigentlich ist, wie man sich seinen idealen Urlaub vorstellt und unter welchen Rahmenbedingungen man sich am wohlsten fühlt.

Bevorzugen du und deine Familie eher:

- tropische Länder?
- Urlaub im Schnee?
- Pauschalurlaub?
- Hotelurlaub?
- Individuell organisierte Reisen durch Spezialisten?
- Selbst organisierte Rundreisen?
- Ferienwohnungen?
- Roadtrips mit einem Mietwagen?
- Oder mit dem Wohnmobil?
- Öffentlichen Transport?
- Interrail?
- Städtetrips?
- Wanderurlaube?
- Kreuzfahrten?
- Zelten oder Camping?
- Backpacking?
- Couchsurfing?
- Langzeitreisen?
- Weltreise?
- Oder ...?

Ich bin mir sicher, dass du deiner Traumreise bereits ein großes Stück nähergekommen bist, wenn du deine individuellen Antworten auf diese Fragen gefunden hast – und natürlich ist es auch möglich, mehrere Reiseformen miteinander zu kombinieren. An dieser Stelle möchte ich dich aber auch daran erinnern, deine Wohlfühlzone nicht mit deiner Komfortzone zu verwechseln (siehe 6. Kapitel, Seite 95).

Impfungen fürs Kind

Natürlich beschäftigt alle Eltern vor der Reise, welche medizinischen Vorbereitungen sie treffen und ob sie ihr Kind extra impfen lassen müssen. Ich empfehle, sich vorab auf der Homepage der Deutschen Gesellschaft für Tropenmedizin und internationale Gesundheit e. V. zu informieren und einen groben Überblick zu verschaffen. Anschließend lässt sich in einem Gespräch mit dem Kinder- und/oder Facharzt klären, ob weitere Impfungen für den Nachwuchs notwendig sind. Ich weiß, dass sich beim Thema ›Kinder impfen‹ die Geister scheiden. Ich vertrete klar die Meinung, dass man sicherstellen sollte, dass die empfohlenen Standardimpfungen der STIKO (Ständige Impfkommission) fürs Kind vor der Reise aktuell sind. Diese wären vor allem: Masern, Tetanus, Diphtherie und Kinderlähmung.

Außerdem informiert dich der Facharzt oder Tropenmediziner, ob andere Impfungen, wie zum Beispiel gegen Hepatitis A, Cholera, Typhus, Gelbfieber, Tollwut, Meningokokken-Meningitis und/oder eine Prophylaxe gegen Malaria empfehlenswert oder gar notwendig sind.

Die Vorbereitungen können beginnen

Viele Eltern fühlen sich kurz vor der Familienreise überfordert. Das ist völlig normal – und war bei mir genauso. Und ja, es stimmt, man muss vorab wirklich an viele Dinge denken. Doch wenn man mit ein wenig Organisation, System und vor allem einem kühlen Kopf an die Sache herangeht, ist alles nur noch halb so wild. Ich empfehle, vorab mit Checklisten zu planen, die man systematisch abarbeiten und abhaken kann. Denn so ist die Wahrscheinlichkeit gering, dass man im Eifer des Gefechts etwas Wichtiges vergisst. Außerdem vermitteln Checklisten einem das Gefühl, dass man alles im Griff hat. Welche Punkte beispielsweise auf einer Checkliste vor der Reise stehen sollten, siehst du im Folgenden.

Checkliste zur Grundabsicherung

Medizinische Vorsorge

- Kinder-, Facharzt und/oder Tropeninstitut konsultieren
- ggf. Impfungen und/oder Prophylaxe

Empfehlenswerte Versicherungen

- Auslandskrankenschutz (medizinische Maßnahmen und Rücktransport)
- Reiserücktrittsversicherung
- Reiseabbruchversicherung

Notwendige Dokumente (v. a. bei einer Fernreise)

- Reisepass der Eltern
- Kinderreisepass oder Reisepass fürs Kind? In den meisten Ländern reicht für die Einreise ein Kinderreisepass mit einem aktuellen Foto aus. Allerdings kann man zum Beispiel in die USA nur mit einem sogenannte ePass (also Reisepass) mit einem maschinenlesbaren Chip zur Speicherung der biometrischen Daten einreisen. Informiere dich am besten auf der Homepage des Auswärtigen Amtes, wie die Einreisebestimmungen des gewünschten Reisezieles sind.
- Visum? Wenn du deutscher Staatsbürger bist, kannst du dich ebenfalls auf der Seite des Auswärtigen Amtes über die Visabe-

stimmungen des jeweiligen Landes informieren. Falls du oder deine Familie eine andere Staatsbürgerschaft besitzen solltet, empfehle ich, dich auf der offiziellen Homepage der jeweiligen Botschaft zu informieren oder die Botschaft oder ein vertretendes Konsulat direkt zu kontaktieren. Sollte ein Visum für die Einreise erforderlich sein, gibt es in der Regel vier Wege, dieses zu bekommen: 1. *Visa on arrival* (also bei der Ankunft), 2. Online-Visa (eVisa), 3. Visa bei der jeweiligen Botschaft beantragen oder 4. Visa über eine Agentur oder Reisespezialisten besorgen lassen. Am besten informierst du dich diesbezüglich bei der Botschaft. Übrigens: In der Regel kostet ein Visum für Kinder genauso viel wie für Erwachsene.

- Internationale Geburtsurkunde (Kosten circa 20 Euro)
- Impfpass
- Zahlungsmittel (Bargeld, EC- & Kreditkarte)
- Internationaler Führerschein
- Flugticket, Bahnticket etc. (entweder in ausgedruckter Form, in einer App oder gespeichert in einer Cloud)
- Buchungsbestätigungen (Hotel, Ferienwohnung etc.)
- Nachweis des Auslandskrankenschutzes
- Zettel mit allen notwendigen Kontaktdaten (z. B. Versicherungen, Bank, Kreditkarteninstitut, Botschaft etc.)
- Notfallzettel (Wer soll im Notfall kontaktiert werden? Namen aller Familienmitglieder, Staatsangehörigkeit etc.)
- Kopien persönlicher Dokumente (Reisepass, internationale Geburtsurkunde, Impfpass): Am besten hast du von jedem Dokument jeweils zwei Kopien dabei. Eine im Handgepäck, und die andere bewahrst du an einem anderen Ort, z. B. im Koffer auf. Zusätzlich solltest du alle Dokumente online in einer Cloud speichern.

Falls du planst, allein mit deinem Nachwuchs zu reisen, findest du im 2. Kapitel (siehe Seite 33) weiterführende Informationen darüber, welche Dokumente du unbedingt dabeihaben solltest.

Tipps zum Packen

Ich hatte es bereits erwähnt, das Gepäck stellt mich auch noch nach zig Reisen vor die allergrößte Herausforderung. Deswegen kann ich jeder Familie raten, so minimalistisch und übersichtlich wie möglich zu packen, vor allem wenn man eine individuelle Rundreise plant. Hier sind meine ultimativen Tipps zum Packen:

- Nimm so wenig mit wie möglich.
- Packlisten sind Gold wert – und bewahren einen davor, im Chaos zu versinken.
- Jedes Kleidungsstück sollte zu jedem anderen passen.
- Weiße und helle Kleidung lieber zu Hause lassen, da sie logischerweise schneller schmutzig wird und anfälliger für unschöne Flecken ist.
- Lege alles, wovon du meinst, es dringend auf der Reise zu brauchen, auf einen Stapel. Anschließend halbiere den Stapel einmal und noch einmal – glaub mir, es geht und reicht bestimmt aus!
- Ob zwei Wochen, zwei Monate oder ein ganzes Jahr – unabhängig von der Reisedauer sollte die Kleidung maximal für eine Woche reichen. Nicht länger! Denn vor Ort gibt es sicherlich einen *laundry service*, eine Waschmaschine, oder man kann auch gut ein paar Kleidungsstücke mit der Hand waschen. Mein altbewährter Tipp: Gallseife für die Handwäsche.
- Jedes Kleidungsstück und jeder Gegenstand muss funktional und minimalistisch sein. Erfüllt er diese Kriterien nicht, sollte er wieder aussortiert werden.

- Kleidung rollen und in sogenannte Packing Cubes verstauen. Das spart Platz und ist zudem sehr übersichtlich.

Nützliche Reisebegleiter fürs Baby oder für Kleinkinder

- Babytrage oder Kraxe
- Buggy (leicht und wendig, am besten mit einer Hand zusammenklappbar)
- Babyfon
- ausreichend Milchpulver (in vielen Ländern ist das Milchpulver stark gezuckert)
- Sonnenhut
- Moltontücher (multifunktional)
- Regenschutz
- Sonnensegel
- Schwimmflügel
- reichlich Ersatzschnuller (in vielen Ländern sind diese schwer erhältlich)
- Reisebett
- Moskitonetz

Allgemein nützliche Reisebegleiter

- Mikrofaserhandtuch
- Fleecedecke
- großes Halstuch
- Strandtuch
- Gallseife
- Schere
- Messer
- Karabinerhaken
- Taschenlampe/Stirnlampe

- Kugelschreiber
- Sicherheitsnadeln
- Wäscheklammern
- Tupper-Dose
- Ersatzladekabel
- Powerbank
- externe Festplatte
- universeller Reiseadapter für Strom

Info: Auf meinem Blog www.mami-bloggt.de findest du verschiedene detaillierte Packlisten für unterschiedliche Reiseziele, die du bei Bedarf downloaden kannst.

Was muss alles in die Reiseapotheke?

Ich folge einer wichtigen Regel: Je weiter Dante und ich reisen und je exotischer das Reiseziel ist, desto umfassender ist unsere Reiseapotheke. Wenn wir in Europa unterwegs sind, dann nehme ich nur *basic* Dinge wie Pflaster, Zäpfchen, Mückenschutz mit. Sobald wir die europäischen Grenzen verlassen, ist eine gut ausgestattete Reiseapotheke insbesondere fürs Kind absolut unverzichtbar, auch wenn dadurch das Gepäck wesentlich schwerer wird. Hier findest du zur Orientierung, was ich in meiner Reiseapotheke vor allem für Dante dabeihabe:

Mittel zur Wundvorsorge

- Pflaster (in verschiedenen Größen)
- Mullbinden
- Kompressen (steril)
- Desinfektionsspray

- Wund- und Heilsalbe
- Wundcreme für den Po
- Antiseptische Creme

Mittel gegen Fieber, Schmerzen, Erkältungen und Co.

- Fiebersaft
- Zäpfchen
- Hustensaft
- Nasentropfen
- Nasenspray
- Fieberthermometer
- Schmerztabletten für mich
- Reiseübelkeitstabletten für mich

Mittel für die Haut

- Mücken- und Insektenschutz
- Sonnencreme (mindestens LSF 30)
- Creme/Gel gegen Insektenstiche
- Nelkenöl (zum Schutz gegen Insekten)
- Kokosöl

Sonstiges

- Pinzette
- Nagelschere
- Kinderzahnpasta
- ggf. Zahnungsgel

Zusätzlich empfehle ich dir, dich in der Apotheke und/oder vom Kinderarzt beraten zu lassen.

Fliegen – praktische Reisetipps

Ich weiß, dass es den meisten Eltern vorm ersten Langstreckenflug mit ihrem kleinen Familienmitglied graut. Doch auch hier gilt, dass die meisten Bedenken unbegründet sind. Denn aus dem Austausch mit anderen reiseerfahrenen Eltern weiß ich, dass die meisten Kinder im Flugzeug wesentlich entspannter sind als zu Hause. Kein Wunder, schließlich ist auch das ganze Drumherum für unsere kleinen Begleiter spannend. Es gibt viel zu sehen und entdecken, dann das Entertainment-Programm, alles schaukelt so schön, und irgendwann fallen die Augen von allein zu.

Was ich damit sagen möchte: Versuche, an das Thema ›Fliegen‹ entspannt ranzugehen. Und erinnere dich daran, dass es durchaus vorkommt, dass eine heimische S-Bahnfahrt viel anstrengender als ein Flug nach Asien war. Außerdem haben kleine Kinder noch keine Vorstellung, wie lang der Flug tatsächlich ist, während wir Eltern uns ständig damit verrückt machen, wie viele Stunden noch verbleiben.

Und damit du perfekt vorbereitet bist, kommen hier meine Reisetipps zum Fliegen:

Was du vor dem Ticketkauf beachten solltest

- Kinder bis zwei Jahre haben generell keinen Sitzplatzanspruch. Wenn du trotzdem für dein Kleinkind einen eigenen Platz möchtest, musst du ein vollständiges Ticket buchen.

- Die Kosten für Kinder variieren von Fluggesellschaft zu Fluggesellschaft. In der Regel zahlt man für Kleinkinder bis zum zweiten Geburtstag (auf der Rückreise) zehn bis 50 Prozent des regulären Flugpreises. Danach wird es leider teuer, meistens zahlt man fürs Flugticket dasselbe wie für einen Erwachsenen.

- Bei den meisten Fluggesellschaften können für Langstreckenflüge sogenannte Baby-Bassinets oder Baby-Baskets für Kinder bis zu einem Jahr bestellt werden. Hierfür solltest du am besten telefonischen Kontakt mit der Fluggesellschaft aufnehmen.

- Für Kinder unter zwei Jahren variieren die Bestimmungen fürs Gepäck ebenfalls. Genauere Informationen bekommst du am besten auf der Homepage der jeweiligen Airline. Für Kinder ab zwei Jahren gelten die gleichen Bestimmungen wie für Erwachsene. In der Regel dürfen zwei Sondergepäckstücke (zum Beispiel Kinderwagen, Kinderautositz, Reisebett) kostenlos transportiert werden.

- Für Babys und Kleinkinder (an den meisten Flughäfen bis vier Jahre) darf Wasser, Milch, Milchpulver, Babynahrung etc. problemlos im Handgepäck mitgenommen werden.

- Packe in dein Handgepäck unbedingt Wechselklamotten fürs Kind und gegebenenfalls auch für dich selbst ein.

Das solltest du wissen, bevor es ins Flugzeug geht

- Der Online-Check-in spart nervige Wartezeit am Flughafen. Daher unbedingt nutzen!

- Je nach Fluggesellschaft und Flughafen darf ein zusammenfaltbarer Kinderwagen oder Buggy bis zum Gate mitgenommen und dann am Flugzeug abgegeben werden. Informiere dich vorab, ob du am Ankunftsziel den Buggy bereits am Flugzeug oder erst am Gepäckband (meistens beim Sperrgepäck) ausgehändigt bekommst. Bei Zwischenlandungen stehen oft Leihbuggys zur Verfügung.

- Gerade mit Kindern solltest du viel Zeit für die Sicherheitskontrolle einplanen – und auch hier gilt: Lass dich bloß nicht von anderen ungeduldigen Passagieren stressen. Nimm dir die Zeit, die du benötigst!

- Wenn der Flug aufgerufen wird, können Reisende mit Kindern normalerweise preboarden, also vor den anderen Passagieren an Bord gehen. Der Nachteil ist natürlich, dass du dann längere Zeit im Flieger sitzt. Dennoch solltest du die Möglichkeit des Preboardings nutzen. Denn so kannst du gemütlich mit deiner Familie einsteigen, musst dich nicht durch die Menschenmassen drängen, kannst in Ruhe deinen Platz einrichten, das Handgepäck griffbereit über deinem Sitzplatz verstauen und bei Bedarf die Flugbegleiter um Hilfe fragen.

Profitipps an Board

- Wer mit einem Baby oder Kleinkind reist, sollte eine Trage mit an Bord nehmen. Das ist um einiges praktischer, da man so beide Hände frei hat und auch der Kopf des Kindes geschützter ist.

- Kleinkinder unter zwei Jahren sitzen auf dem Schoß eines Erwachsenen und werden mit einem zusätzlichen Schlaufengurt

(Loop Belt) gesichert, der am normalen Anschnallgurt befestigt ist.

- Wickeln an Bord ist echt eine Herausforderung, denn der Platz auf Flugzeugtoiletten ist begrenzt. Über der Toilette befindet sich ein kleiner Tisch, der aufgeklappt werden kann. Wer etwas größere Kinder hat, wickelt sie am besten im Stehen. Wenn gar nichts mehr geht, dann frag doch einen Flugbegleiter, ob du die Toilette in der Business Class benutzen darfst. Erfahrungsgemäß wird das kaum einer verweigern.

- Für Babys und Kleinkinder sind auf Langstreckenflügen in der Regel Wasser, Milch und Babynahrung erhältlich. Dennoch ist es empfehlenswert, sich vorab selbst einzudecken.

- Für Kinder gibt es ein Kindermenü. Auch hier empfehle ich, zusätzlichen Essensproviant mitzubringen, falls dem kleinen Fluggast die kulinarische Auswahl nicht zusagt.

- Wenn Kinder erkältet sind, sollten sie vor dem Start und der Landung abschwellende Nasentropfen bekommen.

Meine Profitipps für eine entspannte und sichere Familienreise

Zum Abschluss möchte ich dir zusammenfassend noch ein paar Profitipps an die Hand geben, wie deine nächste Familienreise entspannt, sicher und unvergesslich wird.

- Lass dich **nicht stressen** und auch nicht verrückt machen! Weder zu Hause bei den Vorbereitungen, am Flughafen an der Sicherheitskontrolle oder auf der Reise, wenn mal etwas nicht nach Plan läuft.

- Lass deine Angst daheim, denn **Angst ist ein schlechter Reisebegleiter!**

- Hör immer auf dein **Bauchgefühl.** Ist es nicht gut, dann solltest du etwas ändern.

- Thema ›Sicherheit‹: Reise mit **viel Respekt, offenen Augen und allen Sinnen** durchs Land.

- **Alles schön langsam angehen!** Am besten ihr kombiniert Sightseeing mit Ruhepausen und Freizeitspaß.

- Trau dich, auch mal was Neues zu wagen (Stichwort: die eigene **Komfortzone verlassen**).

- **Weniger Gepäck** = stressfreieres Reisen.

- Plane immer **ausreichend Zeit** ein. Auf die letzte Minute den Zug zu erwischen kann sehr nervenaufreibend sein. Lieber viel zu früh da sein, als rennen zu müssen.

- Immer **Essensproviant** dabeihaben.

- Mach dich davon frei, dass ihr auf eurer Familienreise alles unbedingt gesehen und erlebt haben müsst. Wenn ihr es nicht schaffen solltet, eine wichtige Attraktion zu besuchen, **dann ist es halt so.** Das wäre übrigens ein wunderbarer Grund, um wiederzukommen.

- Lege zwischendurch einen **Kindertag** ein. Je nachdem, wie alt der Nachwuchs ist, darf er an diesem Tag bestimmen, was gemacht wird.

- Vor allem etwas ältere Kinder sollten **bei der Programmgestaltung mitwirken** dürfen.

- Lass deine **Fantasie** spielen – und mach die Orte, die ihr gemeinsam besucht, durch spannende Geschichten und Figuren fürs Kind erlebbar.

- Lass dein Kind seine **eigenen Begegnungen** machen, und greife nicht immer in die Situation ein.

- **Eis als Belohnung** ist immer eine gute Idee.

- Auf Reisen herrschen andere Regeln als im Alltag. Deswegen sind **ab und zu mal Pommes** absolut okay. Und auch das Zubettgehen darf sich um einige Stunden verschieben. Schließlich sind ja alle Familienmitglieder im Urlaubsmodus.

- Wenn ihr an einem Ort neu angekommen seid, dann haltet **gleich die Augen nach einer passenden Essensmöglichkeit offen**. Denn ein Restaurant mit Bärenhunger zu suchen, kann schnell zu einem Desaster führen.

- Entwickelt **gemeinsame Reiserituale**, zum Beispiel beim Sonnenuntergang Muscheln sammeln gehen, auf der Busfahrt *Ich sehe was, was du nicht siehst* spielen oder vorm Zubettgehen gemeinsam den Tag Revue passieren lassen.

- Lege dir bereits vor der Reise im Kopf einen **groben Masterplan für den Notfall** zurecht. Wie gehst du vor, wenn die Kreditkarte nicht funktioniert, das Kind krank wird oder etwas Wichtiges gestohlen wird? So ein Masterplan hilft ungemein, weil man sich bereits im Vorfeld mit sämtlichen Eventualitäten beschäftigt und Lösungsansätze gefunden hat.

- Apropos Notfall, ich habe auf jeder Reise mein sogenanntes ***emergency money***, also Bargeld (entweder Euro oder US-Dollar), das ich an verschiedenen Stellen in meinem Gepäck verstecke. Für den Fall, dass ich an einem Ort kein Geld abheben kann oder blöderweise die Kreditkarte im Geldautomaten stecken lasse (ist alles schon mal vorgekommen!). Dieses *emergency money* versuche ich während der Reise nicht anzurühren. Nicht dass es weg ist, wenn ich es tatsächlich dringend brauche (ist mir in El Salvador mal passiert: Ich habe in einem kleinen Dorf kein Geld abheben können, und Bargeld hatte ich auch nicht mehr ...).

- Hebe am besten nicht erst Geld ab, wenn du kaum noch welches hast. Lieber immer **genug Puffer** haben.

- Jedes Familienmitglied übernimmt seinen **Verantwortungsbereich**, für den es die ganze Zeit zuständig ist. Wer ist fürs Handgepäck zuständig? Wer hat die Reisepässe bei sich? Wer zählt nach, dass auch alle Gepäckstücke dabei sind? Größeren Kindern kann durchaus auch ein Verantwortungsbereich übertragen werden.

- Wenn man das Zimmer verlässt, immer den **finalen Check** durchführen, ob man auch ja nichts vergessen hat. Das bedeutet: unterm Bett nachschauen, alle Bettdecken und Kissen anheben, ins Badezimmer blicken, alle Steckdosen überprüfen etc. Den finalen Check solltest du überall beim Losgehen durchführen, also auch im Bus oder Restaurant.

- Gewöhne dir an, die wichtigen Dinge wie Reisepässe, Geld, Kreditkarten, Handy etc. **immer an derselben Stelle zu verstauen**. So kannst du verhindern, dass du kurz vom Herzinfarkt bist, weil du glaubst, etwas verloren zu haben, was du nur in ein anderes Gepäckstück gelegt hast.

- Mit Kindern ab vier Jahren solltest du **Regeln festlegen**, wie man sich verhält, wenn das Kind zum Beispiel in einer Menschenmenge verloren geht. Am besten sprecht ihr immer wieder in einem sachlichen und ruhigen Ton darüber.

- Es gibt sogenannte **SOS-Armbänder für Kinder**, auf denen man zum Beispiel den Namen des Kindes und die eigene Telefonnummer schreiben kann. Oder es bekommt eine kleine Brusttasche, in der ein Zettel mit euren Kontaktdaten ist.

- Achte darauf, dass dein Kind sich auch mal **allein beschäftigt**.

- Vor allem in **Menschenmengen** am Flughafen oder Bahnhof achte darauf, dass dein Kind nicht vom Gepäck der anderen Passagiere umgehauen wird.

- Professionelle Reiseführer bieten oft einen guten und informativen Überblick übers jeweilige Reiseland, allerdings würde ich dir empfehlen, dich zusätzlich auf (Familien-)**Reiseblogs** zu informieren, da du hier weitaus passenderes Hintergrundwissen und gleichzeitig authentische Erfahrungsberichte bekommst. Außerdem macht es Sinn, zu schauen, ob es nicht spezifische Bücher oder eBooks zum Thema gibt.

- Im Internet gibt es so viele Eltern, die bereits das große Reiseabenteuer mit ihren Kindern gewagt haben oder schon in dem jeweiligen Reiseland waren. Schreib sie an und tausche dich mit ihnen aus! **Gleichgesinnte Eltern** findest du zum Beispiel in speziellen Facebook-Gruppen, in Foren oder auch auf Instagram.

BRIEF AN DANTE

Mein liebes Kind,

bevor ich deine Mama wurde, hatte ich gedacht, dass ich meine Abenteuerlust für die nächsten zwei Jahrzehnte an den Nagel hängen müsste. Doch ich irrte! Du hast mir bewiesen, dass man mit euch kleinen Geschöpfen viel mehr machen, sehen und erleben kann, als wir Erwachsene oft denken. Du hast mir gezeigt, was für ein kostbares Geschenk es ist, mit dir Hand in Hand und in kleinen Schritten um die Welt zu reisen. Gemeinsam an den unterschiedlichsten Orten so viel intensive Zeit miteinander zu verbringen. Und durch dich habe ich erkannt, dass genau jetzt der richtige Zeitpunkt ist, unsere Wünsche und Träume zu leben.

Danke dafür! Danke, dass du mich auf diese aufregende Reise mitnimmst. Danke, dass ich immer wieder die Welt mit deinen Augen entdecken darf. Und danke für all die spannenden Abenteuer, die wir gemeinsam erleben. Du bist der allerbeste Reisebegleiter, den ich mir je vorstellen könnte, und bereicherst mein Leben. Immer! Und überall!

Deine Mama,
die mit hoher Wahrscheinlichkeit ihr Reise-Gen an dich weitervererbt hat

Register

A

Alleinreisen mit Kind 30
Auslandskrankenschutz 131
Australien 171

B

Bali 25
Belize 148

C

China 235, 244

D

Dokumente 265

E

Elternzeit 21
Entwicklungssprünge 179
Erwartungen 197
Essen 160, 162

F

Fahrten, lange 73
FAQ 251
Fliegen 271

G

Gepäck 254
Grundabsicherung 265
Guatemala 135

H

Herausforderungen 252

I

Impfungen 252, 264
Interrail 86
Island 213

J

Jetlag 259

K

Kambodscha 66
Kinderbuggy 256
Klimaveränderungen 259
Kolumbien 98
Komfortzone 95
Krank 127
Kulturprogramm 54

L

Langeweile 143
Laos 227

M

Madrid 56
Malaysia 36
Masterplan für den Notfall 34, 185
Medizinische Vorsorge 252, 265
Mücken 252
Myanmar 188

N

Nicaragua 111
Notfall 131

P

Packen 254, 267
Planungssicherheit 158
Profitipps 274

R

Reiseapotheke 269
Reisebegleiter, nützliche 268
Reisefrust 198
Reisemöglichkeiten 94
Reisen mit Trisomie 21 204
Reiserücktritt- und Reiseabbruchversicherung 131
Reisetyp 262
Roadtrip 166
Rumänien 164
Russland 85

S

schulpflichtige Kinder 235, 245
Schweden 113, 118
Spielsachen 146
Spontanität 158
Sri Lanka 78
Städte, alternative 53
Städtereisen 51

T

Trage 256
Transsibirische Eisenbahn 79
Trotzphasen 101, 106

U

USA 43

V

Verantwortung 181
Versicherungen 265
Vietnam 203
Vorbereitungen 264

W

Weltreise 235, 245
Wohlfühlzone 95
Wohnmobil 38, 44, 112, 118

ISBN 978-3-95889-199-9
ISBN 978-3-95889-206-4

Die ungeschönte Wahrheit über das Reisen

Reisen erweitert bekanntlich den Horizont, doch wer weiß schon, dass man sich auf der Fähre in den Ruin telefonieren kann? Dass im Fall der Fälle nur die wenigsten Länder einen Rettungsdienst haben? Auch über die Regeln beim Kampf um den besten Sitzplatz auf Gruppenreise sind sich die meisten nicht im Klaren und müssen zur Strafe zwei Wochen lang ganz hinten sitzen.

Erfahren Sie, warum es keinen Platz zurück aus der Ersten Klasse gibt, warum Rollkoffer uncool sind und Luxushotels in manchen Ländern der unsicherste Ort der Stadt sein können – und natürlich, warum Reisen trotzdem richtig Spaß machen kann.

Françoise Hauser
Was Sie dachten, NIEMALS über das REISEN wissen zu wollen
55 unwillkommene Einblicke unterwegs

ISBN 978-3-95889-337-5
ISBN 978-3-95889-346-7

CON
BOOK.